国家社会科学基金委员会青年基金项目"环城市乡村地区多途径城镇化的发展模式、动力机制与质量研究",项目编号13CJY034；2021年北京市社会科学基金决策咨询重大项目"基于旅游传播的北京国际形象提升路径与策略研究",项目编号：21JCA042；国家民委民族研究项目"基于大数据的民族地区文化评估与保护发展对策研究",项目编号：2020-GMD-089

| 光明社科文库 |

环城市乡村地区多途径城镇化研究
发展模式、动力机制与质量评估

钟栎娜◎著

光明日报出版社

图书在版编目（CIP）数据

环城市乡村地区多途径城镇化研究：发展模式、动
力机制与质量评估 / 钟栎娜著 . -- 北京：光明日报出
版社，2021.9

ISBN 978 - 7 - 5194 - 6227 - 7

Ⅰ. ①环… Ⅱ. ①钟… Ⅲ. ①农村—城市化—建设—
研究—中国 Ⅳ. ①F299.21

中国版本图书馆 CIP 数据核字（2021）第 165293 号

环城市乡村地区多途径城镇化研究：
发展模式、动力机制与质量评估
HUANCHENGSHI XIANGCUN DIQU DUOTUJING CHENGZHENHUA YANJIU：
FAZHAN MOSHI、DONGLI JIZHI YU ZHILIANG PINGGU

著　　者：钟栎娜

责任编辑：李壬杰　　　　　　　责任校对：李小蒙
封面设计：中联华文　　　　　　责任印制：曹　净

出版发行：光明日报出版社
地　　址：北京市西城区永安路 106 号，100050
电　　话：010 - 63169890（咨询），010 - 63131930（邮购）
传　　真：010 - 63131930
网　　址：http：// book. gmw. cn
E - mail：gmrbcbs@ gmw. cn
法律顾问：北京市兰台律师事务所龚柳方律师

印　　刷：三河市华东印刷有限公司
装　　订：三河市华东印刷有限公司
本书如有破损、缺页、装订错误，请与本社联系调换，电话：010-63131930

开　　本：170mm×240mm
字　　数：229 千字　　　　　　印　　张：16
版　　次：2022 年 1 月第 1 版　　印　　次：2022 年 1 月第 1 次印刷
书　　号：ISBN 978 - 7 - 5194 - 6227 - 7
定　　价：95.00 元

序言1

党的十八大以来，党中央、国务院高度重视新型城镇化工作。2013年召开改革开放以来的第一次中央城镇化工作会议之后，党中央、国务院及相关部委陆续印发了《国家新型城镇化规划》《关于深入推进新型城镇化建设的若干意见》《2019年新型城镇化建设重点任务》《2020年新型城镇化建设和城乡融合发展重点任务》等文件，持之以恒地推动了新型城镇化高质量发展，并不断取得新进展。

在此背景下，北京第二外国语学院钟栎娜教授，长期潜心研究我国城镇化建设领域的重点、难点问题，取得一系列研究成果，其中，专著《环城市乡村地区多途径城镇化研究——发展模式、动力机制与质量评估》就是重要的代表作。

党的十八大以来，特别是党的十九大以后，中国城镇化正在进入多元驱动、多途径发展的崭新阶段。依据不同城镇的地域特点、发展特点和需求，借助工业、规模农业、商业、物流运输业、旅游度假业和文化创意产业等多种要素，推动城镇化的发展逐渐成为我国城镇化发展的趋势。环城市乡村作为城市的生态屏障，是城市环境向乡村环境转换、城市功能向乡村功能过渡的中间地带，面临城镇化机遇与挑战都更加复杂，城镇化模式、动力因素、机制与体制异常多样。选择环城市乡村地区多途径城镇化作为研究主题，具有重要的学术价值和现实意义。

本专著创新性地提炼出多途径城镇化的模式，包括"旅游""地产""农业""商贸""科教"和"交通"六种内涵极为丰富的城镇化模式。通过构建产业结构综合性指标，积极探索了城镇化的动力机制。从经济、社会、文化、民生等方面入手，定性方法与定量方法相结合，对不同的区域进行了多途径城镇化质量评估。最后，作者根据理论探讨和实证分析等研究结果，提出了切实可行的政策建议。

　　我认为，钟栎娜教授的专著《环城市乡村地区多途径城镇化研究——发展模式、动力机制与质量评估》是一部力作，对学习贯彻习近平总书记就深入推进新型城镇化建设做出的一系列重要论述，对促进新型城镇化建设和城乡融合发展一定会发挥重要作用。同时，也会为国家和地方推动新型城镇化高质量发展制定政策提供借鉴。

中国社会科学院数量经济与技术经济研究所

大数据与经济模型研究室主任、研究员

2020. 9. 22

序言 2

在当今国内外经济政治局势风云变化中，中央根据我国长远发展战略，同时观照国际形势变化，明确提出国家发展加速从出口导向型转向内需驱动为主。中国的经济优势在于韧性强、市场余地大，内循环是中国经济"育新机、开新局"并赢得国际竞争新优势的重要战略选择。而通过新型城镇化和乡村振兴的挖掘潜力，破解发展不平衡，打造优势互补、高质量发展的区域经济布局正是我国内循环时代巨大的发展空间所在。

2019 年年末，我国常住人口城镇化率已超过 60%。数字背后，是中国不断加快的城镇化进程。然而，在这一历史进程中，催生了许多中国特色的问题，也涌现出了基于中国实践探索的中国成功经验和理论。北京第二外国语学院是中国旅游产业人才培养和科研创新的摇篮，钟栎娜博士作为我校优秀的中青代教育科研骨干，充分发挥我校在文化旅游领域的优势，将环城市地区的乡村转型作为她的研究主题。她带领学生深入中国的乡村去，在东部选取了北京，中部地区选择了株洲，西部选择了成都，以这三个城市周边的乡村地区作为典型研究区域，在假期的时候和学生在田间地头进行了扎实的田野调查和访问。在 15 个环城市的乡村地区搜集了 1459 份问卷，深度采访了 120 位当地居民，整理了近百个小时的访谈录音，通过这些丰富的文字和语音材料去观察"旅游""地产""农业""商贸""科教"和"交通"六种不同城镇化模式对于当地乡村城镇化进程的影响。她的研究本着以人为本的思想，从居民的视角为主要切入点，通过问卷和访谈去采集不同城镇化模式下居民在乡村城镇化进程中对经济、社会和环境的感知，取得了非常难得的一手调研资料。研究通过不同的计量手段分析了不同类型城镇化方式和不同地区的城镇化下居民对自己所居住的乡村转变为城镇化感知的差异，明确了不同模式城镇化的地区适用性以及优劣势所在，对于中国正在并即将进行的更为深刻的乡村振兴和新型城镇化来说，这样地深入一手研究为社会发展提供了非常宝贵的研究素材和科学指引。

习总书记说："广大科技工作者要把论文写在祖国的大地上，把科技成果应用在实现现代化的伟大事业中。"钟栎娜博士的研究成果正是一位社会学研究者努力用科学手段对社会现象的描述和解释，正是将论文写在祖国大地上的真实写照。在即将到来的中国经济内循环时代，希望她的成果能够帮助在丰饶多姿的中国大地，涌现更多欣欣向荣的城市，振兴更多生机勃勃的乡村，在大力推进城乡协调中，将科研转化为发展的新动能，帮助人们把对幸福生活的向往变为现实。

北京第二外国语学院旅游科学学院院长

谷慧敏

前　言

我国的城镇化建设处于快速发展阶段，传统单一的工业驱动模式带来产业转型升级慢、资源损耗严重、社会矛盾增多、城乡发展不协调等一系列问题，已经不能满足我国城镇化发展的需求。2013 年，中共中央提出新型城镇化以来的五年里，提升质量、个性鲜明、途径多元、以人为本已经成为中国新型城镇化的新特点。中国地域辽阔、情况复杂，发展很不平衡，中国东、中、西部不一样，山区、平原不一样，不同的发展阶段要求不一样，不同地域特色不一样，在基本原则的要求下，中国城镇化实现的途径应当是多元的。当下，中国城镇化正在进入多元驱动、多途径发展的阶段。依据不同城镇的地域特点、发展特点和需求，借助工业、规模农业、商业、物流运输业、旅游度假业和文化创意产业等多种要素，推动城镇化的发展逐渐成为我国五年来城镇化发展的趋势。环城市乡村作为城市的生态屏障，是城市环境向乡村环境转换、城市功能向乡村功能过渡的中间地带，面临城镇化机遇与挑战都更加复杂，城镇化模式、动力因素、机制与体制异常多样。本课题选择具有鲜明特征的环城市乡村地区作为研究对象，以北京市及其周边地区（东部）、株洲（中部）和成都（西部）的典型地区作为研究区域，将研究尺度深入县级行政区，以实证研究和政策研究相结合的研究形式，通过文献综述、数据收集与分析，构建环城市乡村地区多途径城镇化概念体系；结合规划文件和全网大数据挖掘方法，归纳环城市乡村地区多途径城镇化的模式；依据回归分析、主成分分析和方差分析法，剖析环城市乡村地区多途径城镇化的动力机制；耦合高频词对比和扎根理论的定性分析与多元变量方差理论的定量分析，双重评估环城市乡村地区多途径城镇化的质量。

研究结果表明，多途径城镇化概念体系包括多途径城镇化的定义、内涵和特征，强调的是一种城镇化发展的新理念与模式，体现整体城镇化发展中实践"多途径"思路上的整体推进与创新。多途径城镇化的模式包括"旅游""地产""农业""商贸""科教"和"交通"六种内涵极为丰富的城镇化模式。动力机制研究表明，产业结构综合指标（"第一产业就业人口占比"和"第二、三产业就业人口占比"）对不同城镇化模式的选择有显著性的影响。产业结构演进不仅能推动城镇化的发展，还能影响城镇化发展的方向和特征，决定城镇的主导产业，从而决定城镇的主导功能。随着我国城镇化进入了以提升质量为主的转型发展阶段，服务业的发展与新兴产业的创新将成为城镇化中后期主要的推动力。政策支持综合指标（"万人拥有学校数""万人拥有医疗机构数""万人拥有景区数""人均耕地面积""城市等级"和"网络政策指数"）对于不同地区的城镇化过程有显著性差异。

多途径城镇化质量评估定性研究表明，不同城镇化类型的居民对城镇化整体感知明显，说明居民对城镇化整体的概念、城镇发展现状和城镇化带来的变化有较强的感受；城镇化在带来诸如收入水平提高、居住环境改善、教育社保普及范围扩大、交通医疗卫生设施的配套建设等优势的同时，出现一些类似于环境污染、配套设施不完善、收入不稳定、医疗教育不健全、就业竞争压力大等问题。政府在城镇化过程中扮演重要角色，引导城镇化建设中既要注重经济利益又要保障社会利益。多途径城镇化质量评估定量研究表明，从居民感知的角度，城镇化进程对居民经济方面最突出的影响体现在本地城镇化、土地用途变化以及物价上涨等，社会生活方面既有社会生活现代化的便利，又有农转非后福利的担忧，而环境方面，大多数人都比较正面认可城镇化过程对于环境的影响。

研究表明，不同类型城镇化方式和不同地区的城镇化对于居民城镇化感知有一定差异。对比不同城镇化途径的城镇化质量差异分析表明，在经济影响指标方面，有显著性差异的指标8个，比较显著性差异的指标2个；在社会生活方面，有显著差异的指标11个；在环境方面，有显著性差异的指标3个，可见不同途径城镇化模式之间差异比较显著。农业型城镇化直接带动农民收入的提高，较好地保护生态环境和人居环境，但是城镇化发展缺乏系统性的详细规划，城镇公共服务设施、基础设施建设不完善，与其他城市相比仍有较大的差距。旅游型城镇化改变居民的就业方式，带动收入增长，缩小城乡居民之间的收入差距，基础设施和旅游服务设施有较大提升，注重生态环境和人文环境保护，但单一旅游消费收入结构薄弱，且旅游业的发展具有季节性的特征。商贸型城镇化创造就业机会，提高居民收入，但出现居民收入分配不均、居民贫富差距变大、房地产价格上涨和物价上涨等问题。商务型城镇化着重改善区域内的交通、教育、文化和卫生条件，提高人居环境和文化素质水平，但大规模拆迁导致当地生态环境被破坏，环境保护不足。交通型城镇化使失地农民被迫转变就业方式，就业和收入没有得到有效的保障，由于紧靠综合交通枢纽，带来了房地产价格上涨、社会治安差、邻里关系变得淡漠等问题。地产型城镇化促进经济发展，改善社区环境和区域交通条件，提升环境保护和城市绿化，完善社区设施配套，但对居民就业保障和收入提高作用不明显。科教型城镇化促进当地经济发展，带动房地产、商场等行业发展，提升当地文化建设，聚拢高素质人才，但科技园区、大学校区和公共社区的建设，对原本生态环境破坏较大，同时带来了噪声污染、环境污染，房地产需求增加，房地产价格、物价上涨等问题。

从不同的区域来看，东部地区的城镇化发展水平优于中部和西部地区，行政级别高的城镇化发展水平优于行政级别低的城镇化发展水平。但是，结合本次不同区域城镇化质量定性评估表明，环东部首都城市的乡村地区城镇化的居民感知城镇化质量最低，中部普通地级市最高，西部省会城市次之。从定量评估分析来看，中西部地区感知到多途径城镇化的经济变化和社会变化非常明显，多途径城镇化为中西部地区居民创造了很好的产业经济环境，更好的社会服务力，更美丽的生活环境，所以中部地区参照之前的乡村到城镇变化非常明显。影响不同地区城镇化居民的幸福感关键因素是城乡差距。由于中国区域经济发展和城镇化发展的不平衡性，城镇化对城乡收入差距、城乡社会保障差距、城乡建设水平差距的影响存在显著的地区差异。特别是在环城市地区，新城镇化地区和原有城市完全接壤，城乡对比感受相比其他地区更为明显，更容易对居民的满意度造成重大的影响。在东部地区，城镇化对城乡收入差距的影响显著；在中、西部地区，城镇化对城乡收入差距的影响并不显著。城乡差距对居民感知城镇化质量存在负面影响，因而从经济、社会、环境三个方面缩小城乡差距，对于提高环城市乡村地区居民的整体幸福感，提高城镇化质量具有重要意义。

为促进我国城镇化质量的提高，报告的最后，根据之前研究的结果，结合中国环城市乡村地区多途径城镇化的特点，建议经济方面统筹规划帮助新市民融入城镇经济，积极发展新城镇产业。在社会方面，坚持以人为本保障农民切身利益。在环境方面，保留地方地脉文脉，促进人与自然和谐发展。从经济、社会、环境三方面推动环城市乡村地区多途径城镇化发展。

目　录
CONTENTS

第一章

引　言

第一节　研究背景

我国城镇化发展是为了更好地进行现代化建设和扩大内需，推动我国经济走可持续健康发展的道路，实现全面建设小康社会的伟大目标。中国目前正处在国家发展的关键时期，经济社会发展进入新常态，结构转型增效，城镇化比例持续升高，在转型时期更需要加深对我国城镇化发展新模式和新特点的研究，以此应对社会经济新变化中城镇化发展带来的机遇和挑战。

1978—2017年，我国城镇常住人口从1.7亿人增加到8.1亿人，城镇化率从17.9%提高到58.52%。这个快速城镇化的过程中，工业化起到了巨大的推动作用[1,2]，但单纯依托工业的城镇化带来了环境污染、拆迁矛盾、农民保障、城乡同质等问题。传统城镇化过程中，不少地区追求工业化和城镇化的速度，忽略生态承载力和环境容量，导致生态破坏、环境恶化、土地等自然资源消耗严重等后果[3]。快速城镇化导致大量农业转移人口难以在较短时间内融入城镇生活，此外，户籍管理、土地管理、社会福利保障等机制体制不健全，制约城镇化和城乡一体化进程。城镇化建设直接照搬城市建设模式，严重忽视了当地的传统文化、风土人情和乡村特色，偏离了城镇化的初衷。现阶段我国仍属于城镇化快速发展阶段，单一

1

的城镇化模式已不能满足我国城镇化发展的需求，甚至导致产业转型升级慢、生态环境恶化、资源损耗严重、社会矛盾激增、城乡发展不协调等一系列问题，继而影响我国社会主义现代化建设进程[4]。

为了更好地推进城镇化进程，必须结合我国国情，一切从实际出发，遵循城镇化的发展规律，熟悉我国城镇化模式及其特点，走中国特色的新型城镇化道路。2017年，党的十九大明确提出建立健全城乡融合发展的体制机制和政策体系。习近平总书记在党的十九大报告中指出："以城市群为主体构建大中小城市和小城镇协调发展的城镇格局，加快农业转移人口市民化。①"这为新时代我国推进新型城镇化指明了方向和路径：加快推进城乡发展一体化，健全城乡发展一体化体制机制，继续推进新农村建设，使之与新型城镇化协调发展、互惠一体，让广大农民共享改革发展和社会主义现代化建设的成果。中共中央政治局常委、国务院总理李克强强调，推进以人为核心的新型城镇化，做到四化同步、优化布局、生态文明和传承文化，遵循发展规律，着力提升城镇化质量。

改革开放以来，我国经济快速增长，国民生产总值和总收入均有了较大的提高，为新型城镇化的发展提供了坚实的物质基础。然而，农村劳动力锐减和人口老龄化的趋势迫使我们转变以往主要依靠廉价劳动力推动的城镇化发展模式；户籍制度和外来人口社会保障制度带来的城乡发展矛盾迫使我们转变以往主要依靠非均等化的社会福利制度以压低成本推动的城镇化发展模式；资源的日益短缺迫使我们转变以往主要依靠资源推动的城镇化发展模式[5]。随着我国政策环境和经济条件的深化，城镇化已经进入以质量为主的转型升级阶段。在实施"五位一体"战略和实现城乡发展一体化的背景下，探索城镇化的新模式和新途径已经成为一个重要的命题[6]。理论界论证了中国新型城镇化趋势的多样性理念[7]，认为多元城镇化将代替一元或二元城镇化动力[8]，而且城镇化应该走量与质并重的集约型多元化发展模式[9]。

---

① 中国共产党第十九次全国代表大会文件汇编［M］. 北京：人民出版社，2017.

　　2013 年，中共中央提出，在新型城镇化以来的五年里，提升质量、个性鲜明、途径多元、以人为本已经成为中国新型城镇化的新特点。中国地域辽阔、情况复杂，发展很不平衡，中国东、中、西部不一样，山区、平原不一样，不同的发展阶段要求不一样，不同地域特色不一样，在基本原则的要求下，中国城镇化实现的途径应当是多元的。当下，中国城镇化正在进入多元驱动、多途径发展的阶段。依据不同城镇的地域特点、发展特点和需求，借助工业、规模农业、商业、物流运输业、旅游度假业和文化创意产业等多种要素，推动城镇化特色建设逐渐成为我国五年来城镇化发展的趋势。这种理念强调了中国城市多元化发展的需求，重视城市自身的特色可持续发展，反映了对城乡协调发展、环境资源保护、社会文化传承等问题的关注，体现了城镇化理论与实践越来越关注质量的提升。实际上，我国已经出现大量由旅游、教育、商贸、现代农业等非工业产业驱动的多途径城镇化现象[10,11]，虽然工业发展仍是中西部地区城镇化的核心驱动力，但是服务业的驱动作用已经超过第二产业[12]，城市服务业的发展与新兴产业的创新将成为城镇化中后期主要的推动力[13]。由非工业化驱动的多途径城镇化将带来什么样的发展模式，它的动力机制如何，城镇化质量如何，这些都是急需解决而又对中国未来城镇化发展有重大意义的课题。特别是对于多途径城镇化的质量评估，以往的城镇化质量评估体系偏重于城市发展速度，如城镇化率、城市基础设施建设等指标，但仅关注城市发展速度是远远不够的，我们不仅需要关注城镇化发展速度，还要注重城镇化发展质量，更要注重评估新兴多途径城镇化与城市发展的可持续发展水平，科学客观地评估城镇化发展的进程和水平，促进城镇化发展模式的转变，引导中国未来城镇化的健康发展。

　　环城市乡村作为城市的外援地区，是城市环境向农村环境转换、城市功能与农村功能过渡的中间地带，是城乡建设中复杂性最大、变化性最强的地区[14]。从生态角度看，环城市乡村是城市的生态屏障，起着生态补偿的作用，承担城市绿带建设与保护责任；从经济角度看，环城市乡村为中心城市提供商品和服务，是中心城市的农副食品生产和仓储基地，也是会议培训基地和市民休闲度假活动场所；从文化角度看，环城市乡村是本土文化基因库，城乡文化交织，流动人口密集，文化冲突矛盾较多。因此，环城市乡村面临城镇化的挑战和矛盾十分突出，城镇化的途径和动力异常多样[15]，本课题希望通过对这一区域的多途径城镇化模式、机制与质量进行深入研究，丰富我国城镇化建设理论，推进我国城镇化建设高质量发展。

第二节　研究内容

本课题拟对环城市乡村地区多途径城镇化的模式、动力机制以及城镇化质量进行实证分析和研究。课题选取东、中、西部典型环城市乡村地区发生的多途径城镇化现象作为研究案例，观察环城市乡村地区出现的非工业化驱动的多途径城镇化过程，分析我国环城市乡村地区多途径城镇化的模式与动力机制，构建复合指标体系对多途径城镇化的质量进行评估，指导我国环城市乡村地区推进城镇化进程、提高城镇化质量，主要研究内容如图 1-1 所示。

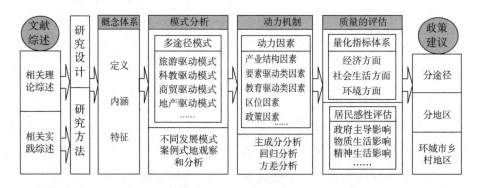

图 1-1　主要研究内容

主要的研究内容包括以下几个部分：

一是构建环城市乡村地区多途径城镇化概念体系。总结相关文献与理论，观察相关城镇化实践；根据经济产业发展、土地利用性质、人口就业等综合指标的确定，构建环城市乡村地区多途径城镇化的内涵、特征以及产业发展、土地利用和人口就业等综合指标构成的概念体系。

二是分析环城市乡村地区多途径城镇化的模式。运用全网数据挖掘法，结合当地城镇规划文件内容分析，构建城镇化模式总体判断的大数据方法。选取株洲、北京、成都作为中、东、西部城市的调研案例地，结合调研地的案例分析与观察，归纳环城市乡村地区多途径城镇化的各种发展模式；针对不同的发展模型选择具体的案例地，进行案例式的观察和分析，深化认识不同的模式发展特点、运行机制以及存在的问题。

三是剖析环城市乡村地区多途径城镇化的动力机制。结合上述的综述和实地调查工作，确定可能驱动和影响环城市乡村地区多途径城镇化的动力因素，通过回归分析确定各动力因素指标对城镇化模式的影响，采取主成分分析法提取动力因素的综合指标，采取方差分析法确定不同城镇化模式和不同地区的动力因素综合指标差异，从而判别多途径城镇化和多地区城镇的动力机制差异。

四是评估环城市乡村地区多途径城镇化的质量。结合文献综述与实地调研结果，构建环城市乡村地区多途径城镇化评估的复合体系；使用指标的定量评估和当地居民感知的定量评估的综合评价方法对多途径城镇化质量进行评估；对比分析不同途径城镇化的质量与特点，并比较同一城镇化模式下不同地区发展的质量和特点。

五是提供环城市乡村地区多途径城镇化发展对策。提出优化中国环城市乡村地区多途径城镇化发展理念，配套的政治、经济、社会制度以及土地、人口、投资等政策体系；结合地区背景和发展方向，为环城市乡村地区提供多途径城镇化选择的政策建议，优化环城市周边乡村地区多途径城镇化发展的动力机制，提出进一步提高城镇化质量的具体对策。

第三节　技术路线

本研究以实证研究和政策研究为主，通过文献综述、数据收集，借助全网大数据挖掘、主成分分析、线性分析、多元变量方差分析和高频词对比等研究方法，探索环城市乡村地区多途径城镇化的概念体系、发展模式和城镇化质量，具体技术路线如下图1－2所示。

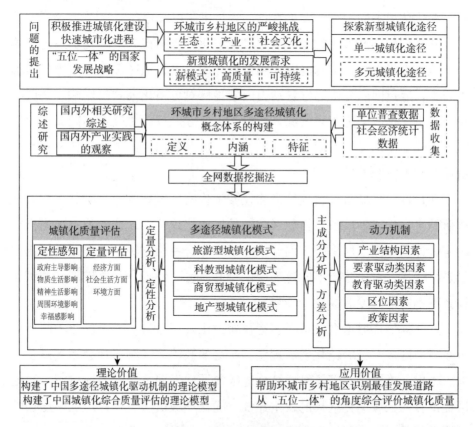

图1－2　研究思路和技术路线

采用的研究方法包括：（1）文献分析。通过系统梳理、分析、比较国内外相关研究文献和实地案例，总结环城市乡村地区多途径城镇化的基本特征，明确理论框架、所需数据、影响因素、计量模型、指标因素等。
（2）全网数据挖掘法确定多途径城镇化的模式。以各类型城镇化模式的特点作为搜索的关键词，基于对百度网页收录数据所进行的数据价值挖掘的方法，结合政府规划文件内容分析，构建城镇化模式总体判断的大数据方法。（3）回归分析、主成分分析与方差分析确定动力机制。用 SPSS 软件对数据进行分析处理，通过回归分析确定各动力因素指标对城镇化的影响，通过主成分分析提取动力因素的综合指标，通过方差分析确定不同城镇化模式和不同地区的动力因素综合指标差异，从而判别多途径城镇化和多地区城镇的动力机制差异。（4）案例研究。选择北京、株洲和成都作为案例地，研究多途径城镇化发展过程中的模式、动力与质量。（5）层次分析。使用量化指标评估和当地居民感性评估的综合评价方法，对城镇化居民感知城镇化质量进行评估，并对比不同城镇化途径、不同地区之间的差异，为我国环城市乡村地区多途径城镇化发展提供对策。

第四节　案例地选择

选取株洲市、成都市、北京市及其周边地区作为中部、西部和东部城市的调研案例地，这三个城市分别是普通地级市、省会城市、首都城市三个行政级别。选择城市中心点 200 公里以内近十年内完成撤乡并镇的地区作为初始研究数据，根据地方城镇发展规划，预判区域内各个城镇的城镇化途径，最后根据研究目的筛选并确定环城市乡村多途径城镇化研究案例。案例城镇分布如表 1 - 1 所示。

每个地区选取五个非工业主导的城镇获取当地社会经济统计数据，预计发放问卷调查 100 份，采集深度访谈样本 10 份。

表1-1　案例城镇分布

行政级别	案例地	城镇
普通地级市	株洲市（中部）	仙庾镇
		酒埠江镇
		明照乡
		白兔潭镇
		皇图岭镇
省会城市	成都市（西部）	街子镇
		安仁镇
		花园镇
		万春镇
		柳城镇
首都城市	北京市及其周边地区（东部）	十渡镇
		沙河镇
		庞各庄镇
		东小口镇
		固安镇

一、株洲市案例地概况[16]

仙庾镇是荷塘区唯一一个建制乡镇，地处株洲市东大门，距株洲市中心15公里，毗邻浏阳、云龙新区。该镇现辖联星、兴塘、黄陂田、徐家塘、黄塘、东山、樟霞、亭子前八个行政村和永福社区，行政区域面积50.5平方公里，2016年全镇常住人口2.94万人，城镇化率为63.2%。辖区两大支柱产业为以中材为主的建材业，和以仙庾岭农家休闲为主的休闲旅游业。沪昆高速、长株高速邻近而过，境内有省道S211线、茶马公路、县道龙樟公路等，交通十分便利。植被资源丰富，森林覆盖率达到70%，属于长株潭生态绿心核心区。仙庾镇规划定位为以旅游休闲、观光农业、健康养生为主的生态宜居新市镇。

　　酒埠江镇地处罗霄山脉中段，位于攸县东部，是酒埠江风景区的核心地带，属丘陵地貌。2016 年总人口 3.28 人，主要经济作物有蔬菜、葡萄、板栗、楠竹等。城镇化率约为 63%。酒埠江镇交通便利，醴茶高速贯穿城镇，直达长株潭，北上株洲 95 公里，距离省会长沙市 145 公里，南往县城 33 公里，多条旅游环线环绕镇区，同时也是通往产煤大镇黄丰桥、鸾山等乡镇的交通咽喉。酒埠江镇辖区内有国家级景区酒埠江风景区，该风景区先后被评为国家地质公园、国家森林公园、国家级水利风景区、国家湿地公园，区内旅游资源非常丰富。

　　明照乡被称为株洲城区的"东大门"，东临浏阳市，与株洲县大京乡相连，南与株洲县白关镇和芦淞区接壤，西与石峰区毗邻，北抵云龙新区龙头铺镇和仙庾镇。该镇行政区域面积 47.68 平方公里，2014 年全镇常住人口 1.98 万人，从业人员 1.08 万人，其中二、三产业从业人员 5277 人，工业企业单位 35 个。2015 年明照乡撤销，与原仙庾镇合并成立新仙庾镇。近些年来，新仙庾镇大力发展地产，在原明照乡区域建设金山新城。金山新城位于株洲城市绿化覆盖率最高的荷塘区，毗邻长株潭城市群的绿心；坐拥沪昆、长株、京港澳等多条高速公路，距黄花国际机场、武广高铁和沪昆高铁均在 30 分钟车程以内。在株洲十大新城中，它是距长沙最近的新城，是长株潭城市群东线发展轴的重要板块。其总规划面积 35 平方公里，核心区约 12 平方公里，居住人口规模为 18—20 万人，通过设置不同区域划分：总部产业园、现代工业园、中基养老社区、明照安置房，着力建设成为一座山水生态城。

　　白兔潭镇位于醴陵市东部，湘赣两省三市（萍、浏、醴）接合部。该镇行政区域面积 48 平方公里，2016 年全镇常住人口 3.89 万人，城镇化率为 52.3%。该镇距醴陵市区 25 公里，106 国道穿境而过，白富公路贯穿东西。镇区与上瑞高速、320 国道、浙赣复线相距不到 20 公里，具有优越的交通区位优势，是醴陵东部重要的边界经济重镇，政治、经济、信息中心、物资集散地和湘东赣西商贸流通中心之一，主产烟花鞭炮。

　　皇图岭镇位于攸县北部，被称为"攸县北大门"，该镇行政区域面积

223.23 平方公里，2016 年全镇常住人口 79620 人，城镇化率约为 23.1%。皇图岭镇农业基础雄厚，主要生产攸县油茶、攸县豆腐、攸县麻鸭和攸县米粉，出产特色农产品达 20 个系列上百个品种。此外，除了农耕文化，皇图岭镇还具有悠久的农贸经济历史。皇图岭镇农贸市场开埠于道光元年（1821 年），是湘赣两省 13 县市农产品集散地，农贸实力雄厚，现为全省五大墟场和全国百大墟场之一，年交易额超过十亿元。

二、成都市案例地概况[17]

街子镇，距成都市 57 公里，距崇州市 23 公里，距成都双流国际机场 45 公里，距青城山 8 公里，行政区域面积 41.18 平方公里，2017 年全镇常住人口 3.48 万人，城镇化率约为 25.7%。街子镇 2014 年就入选四川十大名镇之一，综合旅游收入 13 亿元。2016 年实现服务业增加值 65.8 亿元，增长 12.3%。街子镇的定位为旅游、休闲、度假、居家为一体的川西特色城镇，属于崇州市城镇体系中的二级城镇。

安仁镇，位于四川省成都市大邑县境内，距成都 39 公里，距双流国际机场 36 公里，距大邑县城 8.5 公里，行政区域面积 57.03 平方公里，2016 年全镇常住人口 6.27 万人，城镇化率为 46.2%。安仁古镇拥有刘氏庄园、建川博物馆聚落、刘湘公馆和刘文辉公馆等旅游资源，被建设部、国家文物局授予"中国历史文化名镇"，被中国博物馆学会冠名为"中国博物馆小镇"，被中国文物学会授予"中国文物保护示范小镇"，被国家住房和城乡建设部授予"国家园林城镇"。2016 年共接待国内游客达 892 万人次，国内旅游综合收入达 9.4 亿元。安仁镇作为全国重点小城镇、全省旅游发展重点镇、成都市规划的十个现代化小城市之一、大邑县副中心和区域中心镇，其发展方向是打造中国最具特色的旅游小镇，成为大邑真正的副中心，辐射带动周边乡镇同发展、共繁荣，终极目标是打造以文化旅游为引领的新型城镇和国际旅游目的地。

花园镇距成都市郫都区城区 12 公里，距国道 213 线 2 公里，位于温郫

都生态经济圈，区域内的 IT 大道至东向西贯穿辖区。该镇行政区域面积
21.8 平方公里，2016 年全镇常住人口 2.8 万人，城镇化率约为 15.3%。
花园镇自然条件得天独厚，花卉苗木面积达 85% 以上，空气负氧离子含量
高达每立方厘米 3000 个，2011 年被国家环境保护（现为中华人民共和国
生态环境部）部授予"全国环境优美乡镇"称号。该镇依托花园街道得天
独厚的自然生态资源，围绕"一城两廊三区多点"格局，打造居住养生、
文化养生、美食养生、运动养生、度假养生为一体的独具魅力、富有特色
的健康养生小镇，全镇 80 岁以上老人达 536 人，占常住人口的 2.5%，位
居全区第一，是名副其实的养生之地。近些年，该镇突出"一城"核心，
建设健康养生休闲城；打造"两廊"景观，建设江安河、走马河健康养生
旅游环线；做强"三区"产业，培育健康养生产业链；夯实"多点"支
撑，建设健康养生美丽新村。花园镇着力构建新型城乡示范镇，打造川西
健康养生第一村。

万春镇位于成都温江区北部，是国家级生态示范区的核心区，行政区
域面积 53.3 平方公里，2016 年全镇常住人口 6.34 万人，城镇化率为
52%。万春镇着力建设区域产业布局合理、功能配套设施齐全、乡村田园
特色明显和地区文化底蕴深厚的"中国最美生态田园幸福小镇"，初步形
成了西部花卉交易中心的框架和西部最大的有形市场与无形市场相结合的
信息聚集和流通集散中心。该镇已引进大型花卉企业六家，大力发展蔬菜
种植、家禽养殖等传统产业，加快生产基地建设，规划建设现代农业集中
发展区，推进农业产业化经营，向园区化、设施化、集群化的现代农业方
向发展。

柳城镇原名鱼凫镇，现名柳城街道，距成都市 19 公里。柳城街道是
温江区委、区政府驻地，居住人口 31.28 万人，幅员面积 23 平方公里，综
合城镇化率超 95%，辖 18 个社区，245 个居民小组。柳城街道是成都市规
划建设的温江独立成市的重要功能组团，辖区内成温邛高速、光华大道、
柳城大道、地铁四号线等构成"五横四纵"的道路交通网络，与中心城区
紧密相连。柳城镇具有丰富的生态资源和浓厚的历史文化底蕴，杨柳河、

凤溪河、江安河等生态河流穿城而过，光华公园、温江公园、文庙广场等一系列公园（广场）已成为居民群众休闲娱乐的公共空间。另外，该地驻有西南财经大学、成都师范学院、成都中医药大学等七所高等院校，是温江大学城的主要区域。柳城镇的性质是以发展轻工科研为主，相应发展教育、文化事业，接纳成都市区功能分流的综合性卫星城。

三、北京市及周边案例地概况[18]

十渡镇位于北京市房山区西南，距市区 96 公里，行政区域面积 192 平方公里，2016 年全镇常住人口 1.10 万人，从业人员 6104 人，其中二、三产业从业人员 4038 人，工业总产值 613 万元，城镇建成区面积 0.66 平方公里，城镇建成区常住人口 1862 人，城镇化率 16.9%。经过近几年的旅游开发建设，十渡镇已基本形成旅游业服务格局，区内共有 48 家大型宾馆，其中星级宾馆 10 家，有蹦极等 36 个旅游项目，18 处水上娱乐中心，10 个自然景区，12 大地质奇观，15 个民俗旅游村。2015 年十渡镇全镇财政收入 1529 万元，税收 3200.3 万元，固定资产累计投资 20902 万元。农村经济总收入完成 82434.3 万元，农民人均收入 12220 元。接待游客 313.6 万人次，旅游综合收入 6.27 亿元，其中从事旅游业的农户占总农户的 75%。十渡镇党委、政府依靠得天独厚的旅游资源优势和地理位置优势，主攻第三产业，大力发展旅游业，从而加快十渡经济、社会发展。十渡镇先后被国家计委列为小城镇经济综合开发示范区、市级风景名胜区、市级优秀景区、文明景区和北京市唯一的旅游专业镇。

沙河镇位于北京市昌平区南部，燕山山脉山前平原区，距昌平城区 10 公里，镇域面积 54.7 平方公里，2016 年全镇常住人口 14.2 万人，从业人员 9.18 万人，其中二、三产业从业人员 9.11 万人，工业总产值约 326 亿元，城镇建成区面积 0.72 平方公里，城镇建成区常住人口 6988 人，城镇化率 4.92%。该镇下辖 21 个行政村，16 个社区居委会。沙河是昌平新城沙河组团的核心区域，是昌平打造"国际一流科教新区"的主战场。2001

年 10 月，市委、市政府批准"在昌平沙河地区和房山良乡地区建设两个高教园区"，沙河高教园区正式开始筹建。昌平是北京高教科研院所聚集地之一，汇集了中国政法大学、北京大学分校、北京化工大学、华北电力大学、石油大学、北京农学院、清华大学分校等 28 所全国重点高等院校，以及清华大学核能技术设计研究院等 113 所科研机构，为昌平经济的发展储备了充足的人才资源，提供了有力的智力支持。其中正在建设中的沙河大学城占地 7.997 平方公里，建筑面积 455 万平方米，投资规模约 100 亿元。沙河高教园区，是北京城市总体规划中昌平新城的重要组成部分，是一个以高等教育为中心，融教育、工作、居住为一体的现代化学园。

庞各庄镇地处北京南郊、大兴西部，位于京开高速沿线和永定河绿色生态发展带，距北京大兴国际机场直线距离 10 公里。该镇总面积约 109.4 平方公里，2016 年全镇常住人口 5.65 万人，从业人员 3.5 万人，其中二、三产业从业人员 2.51 万人，工业总产值约 59 亿元，城镇建成区面积 3.47 平方公里，城镇建成区常住人口 1.42 万人，辖 53 个行政村，城镇化率 25.1%。它被称为"中国西瓜之乡"，被评为全国第一批特色景观旅游名镇、全国发展改革试点城镇、全国宜居小镇、国家智慧城市建设试点镇、第一批全国小城镇建设试点镇和北京市小城镇建设示范镇。近年来，庞各庄依托小城镇建设的政策优势，大力建设"新型文明生态城镇"，促使经济建设、环境保护和社会发展。2016 年，该镇财政收入 2.6 亿元，农民年人均纯收入达到 2.33 万元，规模以上工业总产值 52 亿元。经过多年的农业发展，庞各庄镇形成了以西瓜、梨和肉羊为主导的特色产业体系，先后获得"中国西瓜之乡""西瓜专业镇""农业结构调整先进镇"和"兴果富民先进镇"等多项荣誉称号。

东小口镇隶属昌平区管辖，位于昌平区境内东南部，北京城市北部边缘地区，距亚运村 8 公里。该镇总面积约 17.3 平方公里，2016 年全镇常住人口 11.40 万人，从业人员 7.28 万人，其中二、三产业从业人员 7.27 万人，工业总产值约 1.7 亿元，城镇建成区面积 3 平方公里，城镇建成区常住人口 2006 人，城镇化率 1.75%。2016 年，东小口镇积极推进旧村改造、回迁楼建设、拆违控违、环境建设、社会管理服务等重点工作，通过强化服务、转型升级，推进全镇经济社会的稳定健康发展，以房地产业和传统生活性服务业为主导，打造"创新创业新城，魅力宜居家园"。通过强化公共服务和城市管理，培育高端产业，不断完善城镇职能，以生活居住功能为主，健全公共服务体系，全面推进旧村改造和城镇化进程，东小口镇将更好地承担起承载中心人口和产业转移的重任。从2014年夏天开始，东小口镇大部分回收市场已经拆迁，拆迁过后，一座座楼盘拔地而起，使东小口镇迎来新的生机。从东小口近几年出让的地块来看，整个东小口镇近年来共出让十宗地，其中有四宗适用于住宅项目建设，六宗商业用地，可以看出东小口镇不单单是将原来的废墟变成了楼房，还在产业和收入渠道上适应未来新城市生活方式。还在产业上逐渐适应未来新城市的生活方式。

固安镇，素称"京南首善之镇"，隶属河北省固安县，是固安县城所在地，该镇总面积约166平方公里，2016年全镇常住人口17.54万人，从业人员3.52万人，其中二、三产业从业人员8511人，工业总产值约140亿元，城镇建成区面积12.74平方公里，城镇建成区常住人口3.54万人，城镇化率20.2%。固安镇位于大北京经济圈和环渤海经济带的中心区域，与北京大兴区仅以永定河相隔，阿深高速（京开高速）、106国道、涿密高速（北京大七环）、京九铁路、廊涿公路五大交通干线穿越全境，以30公里为半径的区域内，形成了北京四环、五环、六环、大七环、京津塘、京深、京济、津保、新京津等九条高速公路交汇并行的交通网络和京广、京沪、京九、津保四条铁路干线，依傍京津两大国际机场和北方最大的港口，距首都第二国际机场10公里。独一无二的区位优势、特殊的地理位置、便捷的交通，使固安镇成为中外客商面向京津、环渤海以及整个中国北方市场的立足点。

第二章

国内外研究进展

第一节　乡村城镇化理论研究综述

一、国外乡村城镇化基础理论

与我国相比，西方发达国家很早就进行了乡村实现城镇化转型的理论研究。1858 年马克思出版《政治经济学批判》，书中提到"乡村城镇化即代表了现代历史进程"[19]，这应该是关于乡村城镇化最初的概念来源。和他同时代的恩格斯认为城市是由一个个在农村建立并逐步发展的工厂，经过不断地竞争、集聚，逐渐形成一个具备完整功能的集合体[19]。杰弗里·威廉姆森（Jeffrey G. Williamson）认为农村人口向城市大规模迁移的重要原因是人口压力、减少的土地以及圈地运动[20]，这便是西方 19 世纪城镇化理论中的"推拉模式"。西方现代化进程的时间较长，在不同历史时期都有大量的学者对不同国家和地区的乡村城镇化建设进行深入研究，形成了很多的流派和观点，提出过一些重要的乡村城镇化理论，包括：结构理论、区位理论、区域发展不平衡理论、内源式乡村发展理论、城乡一体化理论等，这些理论分别从不同角度诠释和探究了乡村城镇化的相关问题。

（一）结构理论

"结构理论"又称"二元经济结构理论"。结构理论主要用发展经济学的视觉，去解释人口流动的问题，是城镇化发展理论的重要理论基础[21]。该理论是 1954 年由发展经济学先驱代表人物之一，诺贝尔经济学奖获得者刘易斯正式提出的[22]。费景汉（John C. H. Fei）和拉尼斯（G. Ranis）针对刘易斯"二元经济结构理论"忽视农业在经济发展的重要地位和作用的缺陷，二人于 1961 年提出"刘易斯 - 拉尼斯 - 费景汉"模型[23]，该模型表明当农村劳动力减少至一定数量时，农业总产出势必要相应地开始减少，从而出现粮食短缺等问题，这时粮食因为短缺而价格上涨，为了解决饮食问题，工业部门职工的工资就不得不上涨，连锁反应之下，工业部门会持续扩张，而农业部门则会陷入停滞发展的局面。在此过程中，如果农业部门工作人员劳动效率持续提高，就可以为工业部门的扩张不断输送剩余劳动力。1969 年，美国的发展经济学家托达罗（M. P. Todaro）提出著名的"托达罗模型"。他认为人们普遍有一个"期望收入"[24]，而正是由于大家心中都有这种"期望收入"，才促使发展中国家农村大量的劳动力涌入了城市，但实际情况却是城市正面临着愈发严重的失业问题。在权衡了失业概率和"期望收入"之后，农村劳动力依旧选择去城市寻找出路[20,25]。与前面学者不同，乔根森（D. W. Jorgenson）的研究则带有明显的新古典主义色彩[26]，他强调工业部门较农业部门发展更为迅速，在人口增长和家庭人口供给的决策内生化的条件下，农村剩余劳动力是农转工的充要条件。

综合来看，上述这些乡村与城市人口流动模式具有不同的特点。首先，刘易斯模式考虑发展中国家的经济结构具有特殊性，他分别从工资水平和剩余劳动力分析了推动人口自乡村流向城市的原因。拉尼斯和费景汉在此基础上补充认为，要将农业部门自身的进步作为一个发展目标。托达罗将就业因素考虑在经济发展的范围内，提出要大力发展农村生产力，提高农业发展水平，从而缓和城市的就业压力。由此可见，不同时期的学者提出的观点和模型，在特定时期具有一定说服力。这些观点放于今日，同样为我们进行乡村城镇化研究提供了参考。

（二）区位理论

区位理论是研究人类经济活动在地理空间表面分布的基础理论，包括：农业区位论、工业区位论、市场区位论以及中心地理论[27]。

1826年德国经济学家杜能（J. H. Von Thunen）出版了《孤立国对于农业及国民经济的关系》一书，在书中，杜能假设了一个孤立的理想国，只有一个城市位于这个理想国的中心，他使用农产品价格、生产成本以及运输成本将这个区域分为六个同心圆圈，就是著名的"杜能圈"，通过研究杜能圈的分布与价格和生产的关系，杜能首次提出空间和生产活动的关系。

接着，韦伯（A. Weber）出版了《工业区位论》，这是一本区域理论与学科体系成熟的标志性著作[28]。在区位论中，韦伯使用原材料、人力成本和运输成本三个引子，分析了它们将引致的工业生产区位。在该书中，首次提到聚集效应对于工业生产的影响。此后，聚集成为区位研究中重要的课题之一[29]。此后克里斯塔勒（W. Christaller）、廖什（A. Losch）等学者[30]都对区域理论进行了补充，特别是研究工业企业聚集效益，使得市场更加集中，城市基础设施进一步集中，劳动力市场也更加集中，从而促进了经济社会生活的转型。克里斯塔勒提出的中心地理论和"等级—规模"理论[31]，将这种集聚描述得更加具体。他提出因为集聚最后将形成城市社会经济的中心，周围地区都会因为向中心输送材料、人力和其他资源而围绕城市形成一个不等规则的等级体系。而廖什则从生产和市场布局关系的角度研究生产的区位理论。

综上所述，四种区位理论都从不同的角度出发，通过对不同经济客体的研究，分析农业、工业、城市中心以及空间布局的区域空间影响因素，从而为城市更好地进行空间布局和建设提供借鉴和指导意义。

（三）区域发展不平衡理论

自 20 世纪 50 年代以来，很多发展经济和区位经济方面的学者从区域发展空间过程的角度提出了关于城镇化发展的理论模式，统称为区域发展不平衡理论，这些理论对我们分析乡村城镇化建设有很好的启发作用[32,33]。下面介绍其中两种理论：区域差异化理论和增长极理论。

1957 年，学者缪尔达尔（K. G. Myrdal）在他的《经济理论与不发达地区》一书中对区域经济发展不平衡理论进行了系统的阐述[34]。他认为区域差异是一个不断扩大的过程，提出发达区域与不发达区域之间的"循环累计因果"原理，即在发展过程中，发达区域的生产率会不断提高，经济状况越来越好，教育和文化也能得到相应的发展；不发达区域由于工业上缺乏竞争力，劳动生产率会不断降低，生产持续下降，劳动者获得的收入也逐渐减少，生活过得越来越穷困。这样的对比状况下，不发达区域的资金和劳动力就会逐渐流向发达区域，这就是所谓的"回流效应"，与之相反地称为"扩散效应"。当然，假如政府不干预，"回流效应"就总会大于"扩散效应"，结局就是富有的人更加富有，而贫穷的人愈发贫穷，这个类似于"马太效应"。1958 年，美国著名的发展经济学家赫希曼（A. O. Hirschman）在他的《经济发展战略》一书中对区域经济发展不平衡理论做了进一步的系统阐述[35]，对应"回流效应"，他提出了"极化效应"，而对应"扩散效应"，他提出了"涓滴效应"。极化效应与回流效应都会使区域差异越拉越大，而涓滴效应则不同于扩散效应，它强调政府干预的重要性，这可使城乡区域间保持相对平衡。从长远角度看，发达地区从周边购买货物商品不断增加，同时对不发达区域的投资也逐步增多，从而带动周围的发展，涓滴效应最终将超过极化效应。1965 年，美国经济学家威廉姆逊（J. G. Williamson）基于实证分析方法提出了区域经济增长的倒"U"理论[36]。威廉姆逊认为，经济发展刚开始的时候，总体经济水平增长，地区差异扩大，而经济发展到了一定的阶段后，地区差异会随着总体经济发展的提高而缩短。弗里德曼提出了"中心—边缘"模式，这种模式研究中心和周边地区之间的发展关系问题[37]，即上面讲的发达区域与周围不发达区域之间的关系问题，发生的环境是发展中国家城镇化发展过程。基于该模式，城市中心集中了一定区域的人口、资本、技术、创新以及权力，在中心地区城镇化和工业化加速发展的过程中，周边城镇会不断向其输送资源，从而与中心地区形成二元空间结构。然而，由于政府的干预、社会经济的发展以及区域结构的不断调整，中心和边缘地区的差别最终会消失，从而形成城乡一体的新格局。

增长极理论最初是由法国经济学家佩鲁（F. Perrous）在1955年提出的[38]，他认为在经济发展的过程中，存在一个起着支配作用的增长极，比如工业部门中，增长极就是一组发展迅猛的企业，它们在自身快速发展的过程中推动着其他工业部门的发展壮大；在地理概念里，增长极则是经济发展快速的中心城市，该城市在自身经济发展过程中，会对周围腹地区域产生一种磁力辐射，从而带动这些地区共同发展，对整片区域经济的发展起到一定的支配作用。

（四）内源式乡村发展理论

内源式乡村发展理论来源于经济发展理论中的分支理论，它指出城市周边某些区域的落后可能是由于它们对中心区域即城市的过度依赖而造成的[39]。如果想改变这种状态，就需要边缘区域减少与中心城市的联系，大力发展区域经济，以逐渐摆脱这种依附关系和中心城市的支配。根据这一理论，为解决发展中国家城乡差异化问题，美国经济历史学家约翰逊首先提出了在二者之间建设小城镇的做法，类似于在二者之间搭建一座桥梁。这些小城镇可以建设一些服务于当地市场的农产品加工等劳动密集型企业，通过完善配套基础设施，留住并吸引企业家来此投资，逐步进化成促进乡村经济发展的中心，使乡村拥有自己的发展实力，摆脱对中心城市的依赖。该理论其实是乡村城镇化的另一种含义表现，它鼓励乡村进行自我发展，推进乡村工业化进程。这很像麦吉、金斯伯格等人提出的乡村"聚落转型"（Settlement Transition）的理论模型，而亚洲大规模城镇化中，并没有出现大规模人口迁移，主要是以就地城镇化转移为主，也从另外一个侧面论证该理论的合理性。尽管这一理论还存在一些值得商榷的地方，但其对印证和推动就地乡村城镇化模式的发展起到了促进作用。

（五）城乡一体化理论

推进城乡统筹发展，消除城乡二元结构，实现城乡一体化是一个历史过程[40]。其实早在19世纪，恩格斯就提出了关于"城乡一体化"的类似概念即"城乡融合"。他认为城乡区域间差别只是暂时的，随着生产力的不断进步，人们生活水平的逐步提高，最终这种差异会彻底消失。这其中，非常有代表性的就是英国著名的城市规划学家霍华德提出的田园城市概念。在他的代表作《明日的田园城市》中，霍华德认为，"城乡一体化的新社会结构形态会取代旧的城乡对立的社会结构形态，城市和乡村最终会进行愉快的结合，从而形成农业用地包围田园城市的格局"[41]。刘易斯在《城市发展史》中，专门提到了城乡一体化的理论，认为，"霍华德将城市与乡村的改进变成了一个问题，这样的处理方式是非常先进的"[42]。后来，他在20世纪60年代又明确地提出："城与乡不能够完全分开，它们二者应该摆在同等重要的位置，并且应该有机结合在一起。"① 他主张在现有城市的周围建设大量的新城镇，这些城市和城镇形成一个城市体系，而城市之间会有大量的乡村环境，整体区域的居民既可感受到城市的便捷，又可体验到乡村的乐趣。除上面提到的学者之外，还有很多其他学者提出了城乡一体化的思想。事实上，城乡一体化是乡村城镇化建设最终达成的状态，这时城乡差别消失，城乡平衡发展，居民身处任何地方都能享受到现代的生活条件和设施，感受到现代城市文明带来的益处。

二、国内乡村城镇化基础理论

我国城镇化和工业化建设与西方发达国家相比，开始时间晚、发展历

---

① 康少邦，张宁. 城市社会学 ［M］. 杭州：浙江人民出版社，1986.

程短。中华人民共和国成立之后，随着工业化进程加快，我国城镇化建设才逐步走入人们的视野，被人所关注，在近些年里更是有了突飞猛进的发展。在发展过程中，我国学者结合我国国情，提出了符合我国特殊发展现状的乡村城镇化发展思想，主要包括乡村城镇化理论、建设现代村庄理论以及城乡统筹发展理论。

（一）乡村城镇化理论

乡村城镇化理论其实就是我们日常谈论的小城镇建设[43]，我国著名学者费孝通先生最早对这一理论进行研究，该理论主张应该在城乡之间建立小城镇来促进其共同发展。费孝通先生在 1986 年曾说："我国的农民大多采取离土不离乡的方式从农村转移到小城镇，这是由我国国情决定的。而我们的城市却没有短时间吸纳这么多外来乡村人口的能力，以国家现有的财力无法创造如此庞大的就业机会。其实最有效、最经济的方法是农民充分利用现有的农村设施，进镇从事工商业活动，因为中国工业化的大规模发展就是基于农民自办工业的发展。"[44]在进行了深入的调查研究之后，他撰写了许多关于小城镇建设的文章，第一次提出"苏南模式""温州模式"等适应小城市发展借鉴的概念模式，对小城市建设做了翔实的研究，并对其他城市建设提供了借鉴意义。

除了费孝通先生之外，还有一些其他学者对小城镇建设进行了研究。如江苏省社科院的吴大声曾这样说："从现在到未来的一段时期，中国农村城镇化建设比较现实可行的道路是大力发展小城镇和乡镇企业。"[45]当谈到小城镇时，就不得不谈以其为发展土壤的乡镇企业。乡镇企业代表了乡村工业化进程，其发展促使农村大量的剩余劳动力转移成为城镇居民，从而使小城镇成为农村城镇化的聚落点。20 世纪 80 年代后期，邹农俭教授也曾说过："在中国，只有在由农民自己发起的工业化运动爆发之后，社会的范围和影响巨大的城镇化运动才会真正开始。"[46]可以说小城镇的发展，使我国乡村城镇化建设的动力来源于农村，来源于老百姓，由他们促进工业化建设，从而使乡镇城镇化走上了"自上而下"的发展道路。在此基础上，针对西方学者提出的关于城乡发展的二元结构理论，我国学者提出了新的观点，形成了三元结构理论，即认为农村的工业部门存在于传统的农业部门和现代的工业部门之间。正是由于乡镇企业的发展壮大，使得二元结构发生了变化，从而促使我国学者提出包含城市、小城镇和农村的三元结构理论。

（二）建设现代村庄理论

近些年来，一些国内学者正式提出了建设现代村庄理论。中华人民共和国成立以来，一些发展状况良好的村庄，如北京的韩村河、青岛的沙河村、唐山的半壁店村、江苏的华西村等，它们既拥有美丽的乡村风光，又具备现代化便利的设施设备，其经济发展水平甚至高于城镇的平均水平，这样的发展状况证实了建设现代村庄理论的可行性[47]。随着"建设社会主义新农村"响亮口号的提出，社会各界人士对乡村发展的重视程度也愈发加深[48]。回想亚洲一些发达国家如日本、韩国，它们在进入后工业社会之后，进行乡村城镇化建设过程中，由于人多地少的国情，尽管农村大量劳动力流向城市从事工业或服务业，但这些青年人口依旧在农村居住，并用工业反哺农业的方式促进农村现代化建设，农村的基本格局却并未改变。这样的发展道路为我国进行乡村城镇化建设提供了新思路。

李峰峰等人在评价西方二元结构理论时曾提出："当今许多发展中国家经济发展和结构所需要的空间聚集并不一定需要通过传统的乡—城迁移模式，以一元取代乡村另一元的结局来现实。因为在许多乡村地区，前所未有的高人口密度使许多乡村聚落具有或接近城市聚落的人口规模和密度。而交通通信等条件的改善，尤其是成本较低的两轮摩托、客运汽车、卡车等交通工具的日益普及，又极大地方便了人员货物的流通。"[49]这些设施促使农村劳动力可以用通勤的方式进入城市工作，而不必永久居住于城市，同时也使乡村更接近外部市场与资源，促进非农活动的发展。

一直以来，我国强调的城镇化建设都不是简单的人口城镇化，而是乡村居民在生活、生产方式以及环境设施方面都能达到现代化标准的城镇化。20世纪50年代，在欧美等发达国家曾出现过城市人口流向乡村的"乡村城镇化"，即"逆城镇化"现象，原因是当时的城市土地价格过高、交通拥挤、环境污染等"城市病"迫使城市部分人口转去乡村定居。这种乡村城镇化是居民自主选择生活方式的结果。

（三）城乡统筹发展理论

在讨论城市和乡村区域两极发展的过程中，我国学者胡必亮最早提出了城乡统筹发展理论，他强调要促进我国乡村城镇化进程，在这个过程中不仅要促进城市的发展，更重要的是要发挥城乡整个区域的力量，从全局上进行把控，更加合理地规划城市、城镇以及乡村的布局建设，不可单独侧重某一城镇或城市[50]。要大力发挥城市的经济辐射作用，注重城市之间、城乡之间的连带关系，从而带动整个区域经济的发展，形成一种城市带动村镇发展，村镇又能反过来促进城市发展的模式，从而实现城乡统筹结合，共同提升[51,52]。

城乡一体化可以借助统筹城乡发展来实现。城乡长期分割的二元体制是我国的一个发展现状，如何打破这一现状，消除诸如经济、政策、制度、思想、技术等壁垒是我国不同领域学者所共同关注的重要问题[53]。经济学学者认为，要通过增强农业与工业之间的经济联系来促使两个产业相互合作，从而促进农村生产力的提升；社会学学者认为，要将城乡间生产要素进行合理分配布局，通过加强城乡居民的社会联系，逐步消除文化和政治壁垒，以及城乡之间的差异。总之，城乡统筹发展理论强调的是缩小和消除城乡差异，谋求城乡合作共赢、同舟共济的发展道路。

第二节　中国城镇化动力机制研究综述

城镇化是重要的社会和经济现象之一，中国目前城镇化正处于快速发展的阶段。由国家统计局发布的统计数据可知，2006年中国城镇人口占全国总人口比重的43.9%，城镇人口为57706万人，东、中、西部城镇化水平分别为54.6%、40.4%和35.7%。2017年中国城镇化率达到58.52%。

改革开放以来，关于我国城镇化动力机制的研究一直是我国城镇化问题研究的主要内容之一。中国经历了空前迅速的城镇化过程，改革开放以来的几十年里，中国出现了世界历史上规模最大的人口从农村转移到城镇的过程。中国的城镇化进程吸引了世界所有城市学者的眼光。在国内外有很多学者致力于研究我国城镇化的动力机制，发表了大量重要的研究成果[54]。

一、我国城镇化动力机制国外研究进展

国外学术界关于我国城镇化动力机制的研究主要有"工业化派、农业剩余产品派、劳动分工派、个人意识发展中心论、综合论"五种学说[55]，而国外学者自20世纪70年代以来对中国城镇化动力机制研究也形成了"反城市主义说、工业战略说、城市二元体系和工农业均衡发展说、工业化和城市偏爱说以及综合说"五种最具代表性和影响力的学说，且比较注重实证研究[56]。经过大量的实证研究，很多学者发现中国城镇化的主要动力机制有以下几个原因：（1）工业化发展。罗戈陈和姚士谋研究发现，20世纪50年代后期，中国和苏联的关系出现破裂，国内自主发展工业化的强烈需求，转化为快速城市集聚的模式，因此提出中国城镇化道路的形成很大程度上取决于国家的工业发展[57]。（2）人口迁徙原因。凯文、张洪林和宋顺峰研究发现，由于经济增长，城乡收入差距变大，所以大量人口从农村涌入城镇，这种因为经济导致的城乡人口自主迁移是中国快速城镇化的主要原因之一，同时，他们还发现，中国的城镇化主要在省与省之间迁徙[58]。（3）政策原因。迈克尔和西博格[59]研究发现，因为改革开放以来，农村出台了有利的生产政策，解放了大批劳动力，而相应同时期，城市改革出台的大量政策，促进了国民经济特别是民营经济的快速发展，又

出现了大量对产业工人的用工需求，两类政策的结合促使中国快速城镇化的出现[60]。（4）国际全球化。吴福龙[61]等人发现，改革开放以来，尤其是在中国加入世界贸易组织和全球化生产与合作平台之后，中国劳动力的优越性发挥了很大的作用，劳动力快速集聚在城市中，进一步提升了生产力和全球竞争力。Heikkila认为，中国快速城镇化进程的成因包括市场经济建立、政治分权化、人口变化、全球化和科技变化[62]。此外，还有学者从受教育程度、工资收入、集聚经济及政府作用等方面来研究中国的城镇化动力机制[63,64]。

二、我国城镇化动力机制国内研究进展

关于我国城镇化动力机制的研究，国内学者偏重于理论研究[65]，主要从以下几个方面进行阐述：

（一）推拉机制

政府推动和市场拉动一直被我国学者认为是中国城镇化发展的双重动力。李保江提出中国城镇化进程出现了由政府主体依靠行政集权强制推行的自上而下式城镇化和以农民主体在市场力量诱导下自发创造、自行组织和自我实行的自下而上式城镇化两种基本模式[66,67]。辜胜阻、易善策、李华等人提出中国特色城镇化道路是在制度变迁方面自上而下的城镇化和自下而上的城镇化的双重动力机制。

在改革开放之前，我国处在计划经济时代，城镇化的动力主要是政府推动。中华人民共和国成立之后，特别是中苏关系破裂之后，为了快速实现现代化，政府自上而下布局了一系列生产型城市，包括东北老工业基地城市，以及攀枝花等资源型城市。在这个阶段，政府推动是我国城镇化的绝对动力。

改革开放之后，政府虽在经济生活中由直接作为转为辅助支持，但仍然起着非常重要的作用。政府的行政决策及相关的制度安排、规划布局等影响着我国城镇化进程。殷存毅和姜山通过实证研究得出城镇化的主要动力机制是制度[68]，政府政策推动工业化，也加速了城镇化的进程。路永忠和陈波翀提出，制度创新可以减少城镇化过程中的损失，加速城镇化的进程[69]。叶裕民专门研究了政府制度对城镇化的直接和间接影响[70]。吴江、王斌、申丽娟等人通过实证研究论述了地方政府行为在新型城镇化中的定位与要求，明确提出市场的不足和政府的职能决定了中国新型城镇化的健康有序发展，但是仍然需要政府的有效参与和有限干预[71]。许学强、李郇在回顾改革开放30年来珠江三角洲城镇化的过程中，明确提出城镇空间演变的动力由原有的外商直接投资向政府主导的基础设施投资转变[72]。项继权提出我国城镇化的根本问题及其实质是农村经济社会发展和转型问题，它带有明显的中国特征，表现出明显的政府主导和控制的特点[73]。李浩提出中国城镇化首次超过50%的时期，是城市建设矛盾凸显期和城市病集中爆发阶段，迫切需要发展模式的转变，通过区域政策、城市规划等有效的政府干预和综合调控手段，促进城镇化与社会经济的发展。在实证研究上，何流、崔功豪研究发现南京市政府对于城镇化建设做出了巨大努力[74]。胡智勇也认为，南京市的发展主要是自上而下的动力机制主导[75]。刘西峰等人指出东北的政府主导策略对城镇化的作用[76]。李春华等人认为新疆的城镇化与国家对新疆的优惠政策有密不可分的联系[77]。

而市场的拉动动力，其主要表现是在我国改革开放之后，由于家庭联产承包责任制解放了大量的剩余劳动力，改革开放又为民营企业乡镇经济带来了活力，农民和企业的需求为城镇化的发展提供了自下而上的动力。辜胜阻等人专门论述了中国自下而上城镇化的制度，认为自下而上的城镇化是与自上而下的城镇化相对的一种城镇化发展模式，也是20世纪80年代以来中国城镇化发展的一种有效而且可行的选择[78,79]。

刘传江提出城镇化过程在世界上绝大多数地区主要体现为某些市场行为，如非农产业在城镇的自发性集中、农村人口可以自由地流入城市定居和务工经商、民间企业根据市场需求开发经营而产生的自上而下的行为。中国的自下而上城镇化主要是在改革开放之后出现的[80]。钦北愚指出我们应遵循城镇化规律，发挥自下而上的制度安排的诱致作用，从实际出发，走大中小城市和城镇化协调发展的多样化道路[81]。很多国内学者从各地的实证研究角度为这一论断提出了证明。冯健、刘玉等人解构了淄博自下而上的城乡发展过程，用不同的空间层次去解构地区的城镇化过程[82]。杨云彦、陈浩、陈金永证明广东乡村工业的发展，不仅形成了新的工业化动力，同时在很大程度上形成了新的城镇化模式[83]。刘红星论证了温州市城镇化主要动力来自家庭企业及专业市场，其模式是自下而上地进行[84]。朱磊、诸葛燕也认为民营经济对温州城镇化发挥了很大的作用[85]。刘世薇、张平宇、李静分析了黑龙江垦区城镇化的动力机制过程分为两个阶段，即1947—1978年自上而下的城镇化阶段和1979年至今自下而上的阶段[86]。苏斯彬、张旭亮分析了浙江特色小镇是采取了"自上而下"的顶层设计与"自下而上"的基层探索相结合的方式[87]。石忆邵分析了浙江乡镇企业带动了乡村城镇化的过程[88]。

（二）产业结构推动力

产业是城镇发展的重要支撑，产业结构对于城镇化有着非常重要的推动作用。钱纳里指出，工业化的演进导致产业结构的变化，带动城镇化程度的不断上升[89]。雅各布斯也指出，产业的发展促进了城镇化[90]。产业结构转型，非农化程度提高，进而带动城镇化发展，由此可见，产业结构演进对城镇化发展的推动作用是非常明显的。

陈立俊、王克强在研究中通过建立实证模型，对城镇化与产业结构的关系进行了分析，并在进行国际比较的基础上提出提升工业化发展质量、大力发展第三产业对于中国要进一步提升城镇化发展水平的重要性[91]。汪冬梅等人认为，农业是城镇化的基础动力，而工业化和第三产业的发展分别是核心动力和后续动力[92]。杨文举以1978—2004年的数据为样本分析中国的产业结构与城镇化之间具有长期的均衡关系[93]。倪鹏飞认为信息化、农业产业化和新型工业化是新型城镇化的主要动力[94]。李书峰、王维才阐明了产业结构演变与新型城镇化发展之间的关系，最终得出第三产业是推动城镇化发展的主要动力这一结论[95]。徐传谌、王鹏、崔悦论证了产业结构与经济增长能够显著地正向影响城镇化水平[96]。辜胜阻、刘江日提出，过去30年，我国城镇化的快速发展主要得益于廉价的土地、劳动力等要素的推动。城镇化的"创新驱动"需要推动城市产业升级，实现新型城镇化与新型工业化同步发展；发展智慧城市，需要实现城镇化、工业化和信息化的深度融合[97]。谢呈阳、胡汉辉、周海波提出"产城融合"是新型城镇的重要驱动力[98]。杜作锋提出信息化是实现城镇化的一条有效途径[99]，信息化可以带动工业化快速转型升级，从而驱动城镇化发展。方维慰则认为信息化促进了城镇化，是通过信息化扁平了城市发展的局限，扩大城市边界[100]。罗震东和何鹤鸣也指出，电子商务作用下的乡村城镇化是信息化时代的自下而上的进程，是对乡村地区社会、经济环境与物质空间的系统重构[101]。

（三）要素推动动力机制

很多学者提出中国城镇化的过程主要是由生产要素推动的[102]。闫小培和林彰平分析了影响中国城镇化进程的要素[103]，研究结果表明市场支配决定了生产要素（资源、劳动力、资本和信息等）的主要流向效益比较高的地区。从推动东部沿海地区城市发展的多元动力来看，我国东部沿海地区在生产要素上有很多优势，比如，国际资本的进入、先进技术的引进、国内政策的开放、市场腹地更大。相比较而言，中西部地区城市发展的动力单一、力度不够，资金链主要依赖于财力薄弱的地方政府。值得注意的是，中国东北部地区虽然也属于沿海开放地区，但是因为体制约束，各种生产要素很难在市场上自由流通，所以城镇化发展速度远远不如东南部。也有一些学者，比如刘西锋等人，论述了东北地区的物质生产要素，特别是矿产资源对东北地区的城镇化所起到的巨大作用[76]。

（四）教育对城镇化的促进作用

城镇化和教育，二者相辅相成，具有良好的互动关系。快速城镇化进程促进了政治、经济、文化以及教育的发展。城镇化的外延表现在城市数目的增多、空间结构的扩张及城镇人口数量的增长等；而城镇化的内涵则是人口的现代化，即人口素质的提升[104]。不可否认，教育在塑造和提升人口素质上具有重要的作用。教育可以帮助农村人口改变自身乡土观念，离开家乡，来到城市发展，也可以提高城市新移民的人口素质，帮助他们快速实现人的城镇化。邓肯·布莱克和弗农·亨德森明确提出教育可以直接提升城镇化率[105]。张妍也通过实证研究，论证了教育促进城镇化发展的过程[106]。邹晓平也论证了教育在很大程度上决定了城镇化的规模、发展速度等[107]。此外，还有学者从高等教育、职业教育和农村教育三个方面对我国城镇化促进作用进行了分析。

第三节　中国城镇化质量评估研究综述

我国城镇化率在 2011 年首次突破 50%，到 2017 年我国城镇化率升至58.52%，但是在快速城镇化的过程中，速度和质量没有达到相应的平衡。传统的城镇化发展观念只重视了数量的快速增长，却没有重视发展的质量。习近平总书记指出："在推进城镇化的过程中，要尊重经济社会发展规律，过快过慢都不行，重要的是质量，是同工业化、信息化、农业现代化的协调性，做到工业化和城镇化良性互动，城镇化和农业现代化相互协调。"① 我国城镇化过程出现了一系列问题，主要包括发展方式粗放、人的城镇化过程缓慢、城乡差距减小缓慢等，这种快速粗放的增长方式可能引发新的社会矛盾。因此，研究我国城镇化的质量问题，可以帮助我们真正理解城镇化质量的内涵，更加科学有效地构建城镇化质量评价体系，从而全面而系统地提出城镇化发展过程中出现的问题的针对性对策，这也一

---

① 习近平. 城镇化向质量提升转变，过快过慢都不行 [EB/OL]. https://www.chinanews.com/gn/2013/03 - 09/4628672. shtml, 2013 - 03 - 09/2021 - 09 - 24.

直是城镇化研究的重点。

一、城镇化质量内涵

研究城镇化质量，对其内涵理解的不同不仅会直接影响对城镇化质量评价体系的构建、城镇化质量的比较和评判，甚至对其提出的矫正对策都会存在较大差异。国内学者叶裕民认为，城市现代化是城镇化质量的核心内容，城乡一体化是终极目标，叶裕民的开创性研究为后来的诸多学者的研究发现提供了参考视角[70]，很多学者均遵循叶裕民提出的内涵展开研究[108,109]。其他学者从经济城镇化、人口城镇化、空间城镇化、社会城镇化等城镇化的多维表现形式理解城镇化质量及内涵。有学者认为，城镇化质量内涵更多体现在城镇发展综合水平方面[110-112]。袁晓玲等学者从社会文明形态对城镇化作广义理解，认为城镇化质量等同于现代化发展水平，涵盖物质文明、精神文明、生态文明等方面[113]。韩增林等学者认为，对照中国特色城镇化道路的要求，中国特色城镇化道路的内涵亦是城镇化质量，主要体现在城市的经济发展、基础设施、社会发展、居民生活和就业、生态环境及空间集约和城乡协调等方面[108]。此外，郑亚平认为城镇化质量表现为城市系统的集聚与扩散能力[114]。有学者从城镇化的对象——农民的视角展开研究，如马林靖认为，农民向市民转型过程中的农民收入水平、结构及城乡收入差距是城镇化质量的表现[115]。

二、城镇化质量评价模型

从目前的研究发现，城镇化质量评价模型由评价体系构建和数理建模两部分构成。由于国内学者对城镇化质量内涵的不同理解，构建的城镇化质量体系呈现出较大的差异，表 2-1 中表述了几种具有代表性的类型。

表2-1 国内学者构建的城镇化质量评价体系

视角	作者	大类	指标	评价方法
经济视角	叶裕民[70]	经济现代化	人均GDP、第三产业税收比重、人均地方财政收入、居民年人均收入	权重法
		基础设施现代化	人均铺装道路面积、万人拥有医生数、百人拥有电话机数、百人拥有公共图书馆藏书	
	王忠诚[116]	城市现代化	经济现代化,基础设施现代化,人的现代化	权重法
	何平,倪萍[117]	经济发展	人均GDP,R&D GDP,经济密度	专家赋值法
	顾朝林[118]	经济城镇化	人均GDP,人均工业总产值,GDP密度,二、三产业产值占GDP比重	权重法
	韩增林[108]	经济发展质量	人均国内生产总值、第三产业增加值占GDP比重、高新技术产业增加值占规模以上工业增加值比重、财政收入占GDP比重、城镇化水平	权重法
	王洋,方创琳,王振波[119]	经济城镇化	人均GDP,人均工业总产值,二、三产业产值比重,二、三产业GDP密度	权重法
	张春梅[120]	经济竞争度	城镇人均GDP,二、三产业产值占GDP比重,城镇居民人均直接利用外资额,城镇经济密度,与城镇固定资产投资的比重,各类技术人员占二、三产业从业人员比重	权重法

视角	作者	大类	指标	评价方法
社会生活视角	袁晓玲[113]	精神文明	科技支出占财政支出比重、电信、业务收入、失业率、客运总量、人均图书量、床位数	权重法
	何平,倪萍[117]	城乡一体化	城乡差距等	权重法
	王忠诚[116]	城乡一体化	城镇与农村居民收入比、城镇与农村恩格尔系数比	权重法
	顾朝林[121]	生活方式城镇化	人均用电量、人均邮电业务量、人均文教科卫支出、人均居民储蓄存款	权重法
	李明秋[122]	城乡一体化程度	经济指标、社会指标	权重法
	方创琳,王德利[109]	经济城镇化发展质量	经济效率指数、经济结构指数、经济发展代价指数、经济增长动力指数	权重法
		社会城镇化发展质量	城乡一体化指数、基础设施发展指数、社会保障指数、人类发展指数	
	王洋,方创琳,王振波[119]	经济城镇化	人均GDP,人均工业总产值,二、三产业产值比重,二、三产业GDP密度	权重法
	方创琳,王德利[109]	社会城镇化发展质量	城乡一体化指数、基础设施发展指数、社会保障指数、人类发展指数	权重法
	张春梅[120]	民生幸福度	城镇居民人均可支配收入、城镇居民人均社会保障和就业支出、城镇居民每万人拥有民用汽车数量、城镇居民文教娱乐支出占消费支出的比重、城镇互联网宽带用户普及率	权重法
	陈明[123]	城乡统筹	居民收入比较、公共服务比较、基础设施比较	权重法
		社会和谐	收入差距、社会保障、老龄事业、残疾人事业、外来务工人员保障、公众参与、历史文化与城市特色、城市管理与市政基础设施安全、社会安全	

视角	作者	大类	指标	评价方法
环境视角	方创琳，王德利[109]	空间城镇化保障质量	2014 年居民生活质量进行综合评价	权重法
	张春梅[120]	持续发展度	城镇居民人均土地面积、城镇人均固定资产投资、城镇人均绿地面积、工业废水排放达标率、工业固体废物综合利用率	权重法
	陈明[123]	生态环境	城市生态、城市绿化、环境质量	权重法
	程广斌，申立敬，龙文[124]	资源承载力	水、电、燃气	熵值法
		生态环境承载力	绿化率、排放量等	
	马林靖，周立群[115]	比较劳动生产率	产业产值的相对比重/产业劳动力的相对比重	权重法
		二元经济结构强度	非农业比较劳动生产率/农业比较劳动生产率	
		产业结构偏离度	三次产业增加值的比重与相应的劳动力比重的绝对差距之和	
	武占云，单菁菁[125]	健康城市	健康的经济、文化、管理	综述法

目前，对于构建的城镇化质量评价体系，虽然指标体系功能层有着比较大的差异，但具体表征各功能层所用到的评价指标有很强的相似性。而在实证分析的成果中，多采用统计年鉴中的统计条目为初级指标，而很少应用实地调研形成一手资源和信息。

三、研究对象的空间尺度

从目前的文献综述来看，研究城镇化质量的空间既有全国层面的宏观研究，也有区域层面的微观研究。在全国的层面上，主要是分析全国范围城镇化的质量，这类文章涉及的数据量大，相对较少，2017 年以来随着大数据的应用获取数据相对便捷，全国尺度的研究逐渐增多[126-129]。而从区域层级研究城镇化质量，分析不同区域特有的城镇化质量的文章相对较多。在省级层面上，比如，韩增林等分析云南省的城镇化质量[108]，赫华勇分析了 31 个省级行政区的城镇化质量[130]。在城市的层面上，很多学者分析了中国多个省份以及区域内城市的城镇化特征，其中包括各个直辖市以及省会城市[70,116,131]，湖南[132]、湖北[133]山东[134]、江苏[120]等省内城市的城镇化质量研究。随着区域理论的发展，学者从行政区划转为城市群和区域间的比较，例如，李成群对于北部湾城市群的研究[135]，王德利等人对于首都经济圈的研究[136]，赫华勇对于中部城市群的研究等[137]。还有一些学者的研究聚焦于空间尺度更细的微观层面，对县一级区域进行了深入分析，王洋等人对于县域城市质量的研究比较细致和深入[119]，徐素等人分析了长三角地区的县级行政区城镇化[138]。

四、城镇化质量的演化机制

城镇化质量的研究是状态评价还是过程机制，如同城镇化偏重于结果或状态的争论一样，存在着研究差异。目前，大部分研究偏向静态评价，例如，在构建评价指标体系的基础上，比较评价静态时点的研究对象，针对其不足提出相应的对策，或对研究对象做动态演化的实证分析等。而少数学者研究城镇化质量的演化机制或规律总结，试图归纳城镇化质量的演进规律。王怡睿等在 ArcGIS 等相关软件的支持下，运用熵值法对 2003—2013 年中国城镇化质量进行综合测度，得出城镇化质量体系综合评价结果，并分析了中国城镇化质量时空演变及其原因，认为中国城镇化质量时空变化的根本原因是衡量城镇化质量三个子系统发展速度不同。

五、研究展望

从目前的研究综述来看，随着城镇化进程的加快，学者们对城镇化质量的关注日益增强，研究成果也逐渐增多，进一步加深了对城镇化质量内涵的理解，研究的空间也更加丰富，从全国、省、城市群到市县都有涉及，已经形成了多层次研究城镇化质量的评价体系。城镇化质量评价体系的构建，是一定历史时期对城镇化热点关注的表现，在不同发展时期，可以看到城镇化评价中不同的关注点，从以经济为重点，到生态环境逐渐成为评价的重要组成部分，到近年来城市可持续发展、健康发展成为重要指标，都体现了整个国家在发展中对于城镇化的不同要求。然而目前研究仍有不足，今后对城镇化质量的研究需要在以下几方面加强和完善。

（一）研究方法与数据的多样性

目前模型方法受现有统计年鉴条目的限制，将初级指标做罗列和汇总时，在年鉴数据的基础上进行权重赋值、线性加权偏多，而对实地调研所形成的一手信息和数据利用偏少。随着大数据时代的到来，可以在评价中考虑其他的评估方法。同时之前的研究主要是线性模型，之后在城镇化质量的实证研究中融入系统论、控制论、信息论等概念，用非线性模型替代单一模型。

（二）重视理论总结

目前的研究大多是对于现象的描述，特别是很多实证研究的结果，往往没有进行预测性和机制性的研究，对于其他空间的参考价值不够大。在未来的研究中，应该选择更有代表性的样本，对进行城镇化质量评估将会更有价值。

（三）拓展研究领域

当前的研究集中在省域和城市尺度，对于城市群尺度研究偏少。因此进行科学的规划与发展，要尊重区域间的差异，主体功能规划要在环境承载能力的基础上进行。对于不同的开发区域，如重点区域、限制区域等，要走差异化道路，而不能按照传统的方式推进工业和城镇化。对于省域这样的大尺度研究，要考虑到内部差异。对于单个城市的研究，要将城市与区域之间的联系割裂开来，不能系统地进行一体化趋势研究。因此，从行政区域转向经济区域，是当前研究城镇化空间尺度的一个转变，例如，关于城市群的研究。同时，研究应该进一步下沉，研究县域的发展情况，因为县域是我国经济发展最重要的单元之一，以小见大，县域城镇化发展质量的优劣对于整体经济发展具有决定性的作用，影响社会和谐和生态安全，具有很强的理论价值和现实意义。

城镇化的过程涉及政治、经济等宏观层面，对它的研究，我们要从多个视角进行系统把握，另外还要从微观层面切入某一领域来具体探索。通过研究发现，目前对于城镇化质量的研究，大多只是从表面来进行，而没有具体的理论框架分析，也很少借助地理学、经济学、社会学等多学科视角来进行范式分析。对城镇化质量的研究，需要进行跨学科的分工与合作。例如，从地理学角度判断城镇化过程中区域间发展的差距和空间布局，以此来衡量其质量；从人口学的角度来研究城镇人口素质的水平状态，以及在城镇化发展过程中产生的农民工人口管理等一系列社会问题；借助社会学考察当前征地拆迁问题中引发的一系列社会冲突与矛盾，找出最好的解决途径来规避这些不断发生的社会问题。对于社会中一些资源的配置与优化，要从经济学的角度来进行研究；生态学主要考虑科学的发展、人与自然的协调，从生态学的角度出发，可以研究从镇化发展引发的一系列社会承载力问题，保证城镇化发展与自然相协调。只有清楚各学科的侧重和分工，才能进行跨学科研究，才能综合运用各学科的优势来进行理论和框架的搭建。

第三章

环城市乡村地区多途径城镇化的概念体系

　　环城市乡村地区，是城市向乡村的过渡地带，在地理位置、生态环境、产业生产、交通设施、文化等方面有着多样的特征和发展方式。在向城镇化发展的过程中，面临城市乡村化、乡村城镇化更复杂、更多样的内部矛盾及外部环境的双重问题。现阶段，我国城镇化进入以提升质量为主的转型发展阶段，来自第三产业的发展与新兴产业的创新将成为城镇化中后期主要的推动力，出现了很多以新农业、商贸业、物流运输业、旅游业等多种途径推动城镇化发展的新型城镇化模式。

第一节　多途径城镇化的定义

　　多途径城镇化，是指在城镇化的过程中，不同的城镇根据其自身经济发展基础、城镇区位因素、城镇特色资源等，结合城镇定位和发展目标，借助不同的途径和要素推动城镇化发展。"多途径"包括工业、农业、旅游业、地产业、商贸业、科教产业、交通枢纽等多种产业，多途径模式不是固定的，而是根据实际城镇化过程中的实践结果不断更新发展的。多途径城镇化的理念强调了现阶段城镇多元化发展的需求，因地制宜，整合当地有效资源，走可持续发展的城镇化道路，体现了从追求城镇化快速发展转向关注城镇化质量提升这一过程。

第二节　多途径城镇化的内涵

"多途径城镇化"并非着重于途径的多样，它强调的是一种城镇化发展的新理念与模式，相对于传统"唯工业化"发展模式，体现整体城镇化发展中实践"多途径"的思路上的整体推进与创新。多途径城镇化，是在城镇化发展过程中的新型理念及创新。在工业化的基础之上，多途径城镇化是一个地区城镇化发展的文化多领域、生产多方式的综合体现。对于某个具体城市而言，多途径城镇化，是基于一个地区或者城市的资源细分下，对当地有效资源的整合，因地制宜、因城制宜，根据城市定位和发展需求，以市场为主导，以政府为引导，确定城镇化发展模式。多途径城镇化是利用自身的优势去发展，同时也需要走出自己的独特品牌，让发展多极化的同时又保留自己的特色，使得城镇化动力更足。

"多途径城镇化"旨在促进城市多元、综合、可持续的发展以及城乡的统筹协调，加速乡村城镇化、城镇乡村化的二者有机结合，而并非以加快城镇化进程及水平的提高为最终目标。"多途径城镇化"是一个动态的过程状态，而并非追求静态的数字化结果。城市，作为人类文明的综合体，展现出来的是人与自然和谐相处的场所。多途径城镇化的发展，对于提供多样的、良好的生活环境有着重要的作用，为不同价值体系的社会群体创造着共同生存的社会空间。

第三节　多途径城镇化的特征

多途径城镇化是人口结构、经济结构和地理结构的综合变化过程，更是自然社会和科学社会的整合过程，是城乡文化之间的相互交叉渗透、农村居民物质和精神生活的逐步提高、城乡差别逐步缩小、人类社会城乡平等、共同富裕目标逐步实现的过程。

从产业发展来看，多途径城镇化要求城市发展过程中，不仅要重视刚性驱动的生产，更要重视软性服务等综合配套设施的提供。工业化促进城镇化的发展，城镇化拉动工业化。而一个城市主要以何种产业为主导作为城镇化的发展方式，要结合该城市自身情况综合考虑。如城市最初由工业化拉动经济，到一定时期与第三产业协调发展，最后过渡以第三产业为主拉动城市经济发展。但并非每个城市都会按照此种方式发展，对于某些城市区域，自身的资源发展会直接影响第三产业城镇化。20 世纪 50 年代初，我国选择以发展重工业为主的工业化道路，在提高经济发展速度的同时，受到了城镇化进程的种种制度束缚，城乡差距拉大，扭曲的产业结构阻碍了轻工业和第三产业的发展。

从土地利用的性质来看，并非所有的城市区域都适合一种发展模式。中国本身就是农业大国，但并非所有的地区都着重发展农业、工业。最初的工业化，将大部分土地占用为工业用地、建筑用地，在不注意整体发展的同时，失去了土地该有的功能，破坏了可持续的长远发展的目标。现在的多途径城镇化特征，逐步由第一、二产业的农业用地、工业用地，与当地的第三产业服务业相互结合起来，以当地最适宜的主导型产业带动城镇化发展，最终实现人的城镇化，而非土地城镇化。从人口就业方面来看，城镇化进程中，城镇人口逐渐变多，城镇人口占区域总人口的比重逐渐增大。随着工业化的发展，人们涌入城市，加入劳动密集型的工业行业中。在后工业时代，第三产业对城镇化的发展起到越来越重要的作用，第一产业从业人员比重下降，第二、三产业从业人员比重上升。

第四章

环城市乡村地区多途径城镇化模式

在乡村城镇化过程中，我国出现了多途径发展的格局。工业革命后，第三产业成为新时期经济发展的主要驱动因素。据《国民经济行业分类》（GB/T 4754—2011），我国的第三产业包括：批发和零售业、交通运输业、仓储和邮政业、住宿和餐饮业、信息传输、软件和信息技术服务业、金融业、房地产业、租赁和商务服务业、科学研究和技术服务业、水利、环境和公共设施管理业、居民服务、修理和其他服务业、教育、卫生和社会工作、文化、体育和娱乐业、公共管理、社会保障和社会组织、国际组织等行业。《国家新型城镇化规划（2014—2020 年）》指出，要把具有特色资源和地理位置优势的小城镇，培育成为文化旅游、商贸物流、交通枢纽等特色镇。结合我国城镇发展现状，归纳得出我国主要的多途径城镇化模式为工业型、农业型、旅游型、商贸型、科教型、地产型和交通型。

第一节 城镇化模式的总体判断

大数据时代已经到来，使用数据挖掘技术，可以帮助我们从全网数据库的大量数据中揭示出隐含的并具有潜在价值的信息聚合[139]。目前的互联网搜索服务行业中，百度是一个一直处于领先地位的中文搜索引擎，是国内第一大搜索引擎运营商，从其后台数据库中可以提取出每一个搜索词的对应词条量。词条量就是根据关键字搜索出来的相关的词条结果数量，是指搜索引擎储存在其数据库中的相关网页数量。相关网页的数量可以反映该关键词所代表的事件的集中程度。按照统计学的原理，关键词的搜索结果的数量可以代表社会和民意的集合性关注，其中词条量最高的关键词反映人民关注的基本面，这类指标可以粗略地判断出城镇化模式的"基础印象"。

从反映城镇化发展进程的角度看，人们对于城镇化的实际理解和感受或许要比基于经济数据定义的方法更能反映实际的情况，因为人们正是从这样的理解中感受城镇化过程的变化。因此，利用全网数据挖掘法，对网络上的海量信息进行关键词词条量排序，了解人们关于当地城镇化特征的心理感受，从而作为判断当地城镇化发展模式的依据之一。从全球城镇化发展历史看，动力机制主要有两种：市场主导机制和政府主导机制。而中国城镇化的突出特征是政府主导。所谓政府主导就是从中央到地方的各级党政机关的相应部门对于城镇、城市的设置、规划、建设选址、基础设施的建设、改造拆迁等事务有着严格的审批和直接决定的权力[140]。因此，政府规划对实际城镇化的发展模式有着直接的影响作用。

本书用全网数据挖掘法，以各类型城镇化模式的特点作为搜索关键词，基于对百度网页收录数据所进行的数据价值挖掘的方法，结合政府规划文件内容分析，构建了城镇化模式总体判断的大数据方法。

第二节 关键词筛选与预处理

为提高搜索结果的可信性，在本项研究中，我们采用了百度的高级搜索法，搜索结果必须包含以下全部的关键词，包括"城镇名""城镇化""城镇化模式的特征指标"和"政府"。其中，"城镇化"和"政府"这两个关键词是固定不变的，加入关键词"政府"，可以提高搜索结果的可信性，减少噪声数据的影响。"城镇名"如遇到重名的情况，则会在"城镇名"前加上镇属上一级行政单位的名字。如崇州市的"街子镇"，全国共有四个街子镇，为了与其他"街子镇"区分开来，搜索关键词则会加上"崇州市"。

"旅游""地产""工业""农业""商贸""科教""交通"等都是内涵极为丰富的概念，也是反映城镇化模式的特征指标，理论上可以作为"城镇化模式特征"的搜索关键词之一。在实际分析过程中发现，这七个关键词的含义太广，在实际搜索结果抓取过程中有太多的噪声数据。因此，根据每个城镇的实际发展情况，反映城镇化模式的特征关键词会有所调整。如"旅游"和"教育"这两个词是部分门户网站的固定栏目分类词语，与城镇化模式无关，但会造成相关搜索结果数量偏高。因此，为了减少噪声数据，把代表旅游型城镇化模式的关键词换为"景点"，把代表科教型城镇化的关键词换为"学校"。

第三节　案例地城镇化模式判断

本书在选择案例城镇时，首先会根据当地政府在调研阶段的城镇建设规划，对所选城镇的城镇化模式进行预判，选取主要由第二、三产业推动城镇化发展的特色城镇。

一、仙庚镇

分别把"仙庚镇　政府　城镇化　景点""仙庚镇　政府　城镇化　地产""仙庚镇　政府　城镇化　工业""仙庚镇　政府　城镇化　农业""仙庚镇　政府　城镇化　商贸""仙庚镇　政府　城镇化　学校""仙庚镇　政府　城镇化　交通"这七组关键词组进行百度高级搜索，搜索结果必须包含全部的关键词，记录百度搜索结果数，如表4－1所示。

表4-1 仙庾镇城镇化特征关键词百度搜索结果对比

搜索关键词（全部包含）	百度搜索结果数
仙庾镇 政府 城镇化 景点	154000
仙庾镇 政府 城镇化 地产	32900
仙庾镇 政府 城镇化 工业	31200
仙庾镇 政府 城镇化 农业	31700
仙庾镇 政府 城镇化 商贸	32200
仙庾镇 政府 城镇化 学校	32500
仙庾镇 政府 城镇化 交通	31600

从上表结果可以看出，旅游型城镇化的特征词——"景点"的百度搜索相关结果数约为154000，远超其他关键词的搜索结果数。根据《株洲市"十二五"城镇发展及基础设施建设规划》，仙庾镇的城镇职能为旅游型，即旅游资源丰富、旅游开发潜力较大的城镇。因此，结合株洲市对仙庾镇的城镇发展规划，判断株洲市仙庾镇的城镇化发展模式为旅游型。

二、酒埠江镇

分别把"酒埠江镇 政府 城镇化 旅游""酒埠江镇 政府 城镇化 地产""酒埠江镇 政府 城镇化 工业""酒埠江镇 政府 城镇化 农业""酒埠江镇 政府 城镇化 商贸""酒埠江镇 政府 城镇化 学校""酒埠江镇 政府 城镇化 交通"这七组关键词组进行百度高级搜索，搜索结果必须包含全部的关键词，记录百度搜索结果数，如表4-2所示。

表4-2 酒埠江镇城镇化特征关键词百度搜索结果对比

搜索关键词（全部包含）	百度搜索结果数
酒埠江镇 政府 城镇化 旅游	1870
酒埠江镇 政府 城镇化 地产	898

搜索关键词（全部包含）	百度搜索结果数
酒埠江镇 政府 城镇化 工业	1500
酒埠江镇 政府 城镇化 农业	1620
酒埠江镇 政府 城镇化 商贸	1070
酒埠江镇 政府 城镇化 学校	624
酒埠江镇 政府 城镇化 交通	1350

从上表结果可以看出，关于酒埠江镇的城镇化模式的网页数据，主要集中在"旅游""工业""农业"和"交通"四个方面，其中，"旅游"的百度搜索相关结果数最高，约为 1870。酒埠江镇是株洲市攸县传统的工业重镇，拥有瓷厂、水泥厂、特钢厂等一批传统产业企业。近年来，随着当地旅游经济的兴起和当地特色旅游资源的发展，政府把目光投向了旅游业，大批污染企业已搬迁撤离酒埠江镇。醴茶高速的建设，也为该镇发展旅游业提供了交通便利。酒埠江镇镇长 2018 年表示："铁心实干兴旅游。政府确立近年的工作主题以及今后的工作主题就是服务旅游发展，致力突围、突破，始终把旅游开发当作党委政府以后的工作重心。"根据《株洲市"十三五"城镇发展及基础设施建设规划》，酒埠江镇的城镇职能也是旅游型。《酒埠江镇 2017 年工作规划》强调，要致力旅游发展，构建产业体系，促使旅游大发展、大提速、大提升。因此，结合株洲市对酒埠江镇的城镇发展规划，判断株洲市酒埠江镇的城镇化发展模式为旅游型。

三、明照乡

2015 年荷塘区撤销明照乡，与原仙庾镇合并成立新仙庾镇，保留"明照村"，为扩大搜索范围，把关键词"明照乡"替换为"明照"。金山新城位于"明照乡"内，是株洲市着力打造的十大新城之一，是主要推动明照乡城镇化发展的"新城"项目。株洲市金山新城与上海市金山区的金山新城重名，因此，在搜索结果中剔除关键词"金山区"。分别把"明照

金山新城　政府　城镇化　景点""明照　金山新城　政府　城镇化　地产""明照　金山新城　政府　城镇化　工业""明照　金山新城　政府　城镇化　农业""明照　金山新城　政府　城镇化　商贸""明照　金山新城　政府　城镇化　学校""明照　金山新城　政府　城镇化　交通"这七组关键词组进行百度高级搜索，搜索结果必须包含上述的关键词，并排除关键词"金山区"，记录百度搜索结果数，如表4-3所示。

表4-3　明照乡城镇化特征关键词百度搜索结果对比

搜索关键词（全部包含）	百度搜索结果数
明照 金山新城 政府 城镇化 景点 —（金山区）	48
明照 金山新城 政府 城镇化 地产 —（金山区）	62
明照 金山新城 政府 城镇化 工业 —（金山区）	80
明照 金山新城 政府 城镇化 农业 —（金山区）	75
明照 金山新城 政府 城镇化 商贸 —（金山区）	71
明照 金山新城 政府 城镇化 学校 —（金山区）	75
明照 金山新城 政府 城镇化 交通 —（金山区）	81

从上表结果可以看出，关于明照乡金山新城的城镇化模式的网页数据，并无明显差异，搜索结果数在48~81的水平上。根据《株洲市金山新城控制性详细规划（2010年）》，金山新城的发展定位为市级生态低碳综合性新城，主要职能包括：（1）荷塘区级中心：打造集行政服务、文化体育、商业贸易、商务办公于一体的综合服务中心。（2）市级产业基地：以轨道交通装备、汽车及零部件制造为主导，传统产业硬质合金深加工、电子和现代物流业为辅的市级产业基地，株洲市千亿产业园的重要组成部分。（3）生态宜居的新城区：利用自然资源优势，进行保护性开发，建设环境友好、配套完善的宜居城区。本书在实地调研过程中，主要对"金山新城"拆迁区域内的情况进行调研，居民集中反映拆迁、安置房等问题。综上所述，判断株洲市明照乡的城镇化发展模式为地产型。

四、白兔潭镇

分别把"白兔潭镇　政府　城镇化　景点""白兔潭镇　政府　城镇化　地产""白兔潭镇　政府　城镇化　工业""白兔潭镇　政府　城镇化　农业""白兔潭镇　政府　城镇化　商贸""白兔潭镇　政府　城镇化　学校""白兔潭镇　政府　城镇化　交通"这七组关键词组进行百度高级搜索，搜索结果必须包含全部的关键词，记录百度搜索结果数，如表4-4所示。

表4-4　白兔潭镇城镇化特征关键词百度搜索结果对比

搜索关键词（全部包含）	百度搜索结果数
白兔潭镇 政府 城镇化 景点	1330
白兔潭镇 政府 城镇化 地产	1700
白兔潭镇 政府 城镇化 工业	1840
白兔潭镇 政府 城镇化 农业	1510
白兔潭镇 政府 城镇化 商贸	1900
白兔潭镇 政府 城镇化 学校	1590
白兔潭镇 政府 城镇化 交通	1800

从上表结果可以看出，商贸型城镇化的特征词——"商贸"的百度搜索相关结果数约为1900，超过其他关键词的搜索结果数，但差距不大。根据《株洲市"十二五"城镇发展及基础设施建设规划》，白兔潭镇的城镇职能为商贸型，即交通条件优越，商贸流通较为发达的城镇。因此，结合株洲市对白兔潭镇的城镇发展规划，判断株洲市白兔潭镇的城镇化发展模式为商贸型。

五、皇图岭镇

分别把"皇图岭镇　政府　城镇化　景点""皇图岭镇　政府　城镇

化　地产""皇图岭镇　政府　城镇化　工业""皇图岭镇　政府　城镇
化　农业""皇图岭镇　政府　城镇化　商贸""皇图岭镇　政府　城镇
化　学校""皇图岭镇　政府　城镇化　交通"这七组关键词组进行百度
高级搜索，搜索结果必须包含全部的关键词，记录百度搜索结果数，如
表4-5所示。

表4-5　皇图岭镇城镇化特征关键词百度搜索结果对比

搜索关键词（全部包含）	百度搜索结果数
皇图岭镇 政府 城镇化 景点	69（8）
皇图岭镇 政府 城镇化 地产	62（8）
皇图岭镇 政府 城镇化 工业	1010（38）
皇图岭镇 政府 城镇化 农业	1170（33）
皇图岭镇 政府 城镇化 商贸	965（36）
皇图岭镇 政府 城镇化 学校	38（10）
皇图岭镇 政府 城镇化 交通	1020（31）

根据《株洲市"十二五"城镇发展及基础设施建设规划》，皇图岭镇
的城镇职能也是商贸型。《攸县国民经济和社会发展第十三个五年规划纲
要》（2016年1月）规划把皇图岭镇打造为以商贸流通和农产品加工为主
要职能的特色城镇，商贸型城镇化的特征词百度搜索相关结果数约为36，
与"工业""农业"和"交通"的搜索结果数差距不大。结合2017年前
株洲市对皇图岭镇的城镇发展规划，判断株洲市皇图岭镇的城镇化发展模
式为商贸型。

六、街子镇

因为全国共有四个街子镇，为了与其他"街子镇"区分开来，搜索关
键词加上"崇州市"。分别把"崇州市　街子镇　政府　城镇化　街子古
镇""崇州市　街子镇　政府　城镇化　景点""崇州市　街子镇　政府
城镇化　地产""崇州市　街子镇　政府　城镇化　工业""崇州市

街子镇 政府 城镇化 农业""崇州市 街子镇 政府 城镇化 商贸""崇州市 街子镇 政府 城镇化 学校""崇州市 街子镇 政府 城镇化 交通"这八组关键词组进行百度高级搜索,搜索结果必须包含全部的关键词,记录百度搜索结果数,如表4-6所示。

表4-6 街子镇城镇化特征关键词百度搜索结果对比

搜索关键词(全部包含)	百度搜索结果数
崇州市 街子镇 政府 城镇化 街子古镇	56500
崇州市 街子镇 政府 城镇化 景点	2450
崇州市 街子镇 政府 城镇化 地产	2800
崇州市 街子镇 政府 城镇化 工业	3550
崇州市 街子镇 政府 城镇化 农业	4750
崇州市 街子镇 政府 城镇化 商贸	3590
崇州市 街子镇 政府 城镇化 学校	2890
崇州市 街子镇 政府 城镇化 交通	3740

街子镇最主要的旅游资源是街子古镇,从上表结果可以看出,"景点"和"街子古镇"的百度搜索相关结果数差异较大,"街子古镇"的搜索结果数高达56500,当地居民和政府并不习惯称街子古镇为景点,而更常用"街子古镇"。根据街子镇政府官网介绍,街子镇的城镇发展定位为结合旅游、度假、休闲和居家为一体的川西特色城镇。因此,结合政府对街子镇的定位,判断其城镇化发展模式为旅游型。

七、安仁镇

因为全国共有四个安仁镇,为了与其他"安仁镇"区分开来,搜索关键词加上"大邑县"。分别把"大邑县 安仁镇 政府 城镇化 安仁古镇""大邑县 安仁镇 政府 城镇化 景点""大邑县 安仁镇 政府 城镇化 地产""大邑县 安仁镇 政府 城镇化 工业""大邑县 安仁镇 政府 城镇化 农业""大邑县 安仁镇 政府 城镇化 商贸"

"大邑县　安仁镇　政府　城镇化　学校""大邑县　安仁镇　政府　城镇化　交通"这八组关键词组进行百度高级搜索，搜索结果必须包含全部的关键词，记录百度搜索结果数，如表4－7所示。

表4－7　安仁镇城镇化特征关键词百度搜索结果对比

搜索关键词（全部包含）	百度搜索结果数
大邑县 安仁镇 政府 城镇化 安仁古镇	61300
大邑县 安仁镇 政府 城镇化 景点	5880
大邑县 安仁镇 政府 城镇化 地产	6830
大邑县 安仁镇 政府 城镇化 工业	8100
大邑县 安仁镇 政府 城镇化 农业	8130
大邑县 安仁镇 政府 城镇化 商贸	7070
大邑县 安仁镇 政府 城镇化 学校	7990
大邑县 安仁镇 政府 城镇化 交通	7220

安仁镇的旅游特色是安仁古镇，从上表结果可以看出，"景点"和"安仁古镇"的百度搜索相关结果数差异较大，"安仁古镇"的搜索结果数高达61300，可见当地居民和政府并不习惯称安仁古镇为景点。根据安仁镇政府官网介绍，安仁镇主要以文化旅游带动实现就地新型城镇化，是全省旅游发展的重点镇。因此，结合安仁镇政府对其定位，判断安仁镇城镇化发展模式为旅游型。

八、花园镇

全国共有十个花园镇，为了与其他"花园镇"区分开来，搜索关键词会加上"郫都区"。分别把"郫都区　花园镇　政府　城镇化　景点""郫都区　花园镇　政府　城镇化　地产""郫都区　花园镇　政府　城镇化　工业""郫都区　花园镇　政府　城镇化　农业""郫都区　花园镇　政府　城镇化　商贸""郫都区　花园镇　政府　城镇化　学校""郫都区　花园镇　政府　城镇化　交通"这七组关键词组进行百度高级搜索，搜索结果必须包含全部的关键词，记录百度搜索结果数，如表4-8所示。

表4-8　花园镇城镇化特征关键词百度搜索结果对比

搜索关键词（全部包含）	百度搜索结果数
郫都区 花园镇 政府 城镇化 景点	1020
郫都区 花园镇 政府 城镇化 地产	2080
郫都区 花园镇 政府 城镇化 工业	1110
郫都区 花园镇 政府 城镇化 农业	1640
郫都区 花园镇 政府 城镇化 商贸	1550
郫都区 花园镇 政府 城镇化 学校	1500
郫都区 花园镇 政府 城镇化 交通	1450

从上表结果可以看出，地产型城镇化的特征词——"地产"的百度搜索相关结果数约为2080，远超过其他关键词的搜索结果数。根据成都市基层公开综合服务监管平台介绍，花园镇的定位是"生态花园，康养小镇"，依托自然生态资源，打造居住养生、文化养生、美食养生、运动养生、度假养生为一体的独具魅力、富有特色的健康养生小镇。因此，结合成都市对花园镇的城镇发展规划，判断花园镇的城镇化发展模式为地产型。

九、万春镇

分别把"万春镇　政府　城镇化　景点""万春镇　政府　城镇化　地产""万春镇　政府　城镇化　工业""万春镇　政府　城镇化　农业""万春镇　政府　城镇化　商贸""万春镇　政府　城镇化　学校""万春镇　政府　城镇化　交通"这七组关键词组进行百度高级搜索，搜索结果必须包含全部的关键词，记录百度搜索结果数，如表4-9所示。

表4-9　万春镇城镇化特征关键词百度搜索结果对比

搜索关键词（全部包含）	百度搜索结果数
万春镇 政府 城镇化 景点	1690
万春镇 政府 城镇化 地产	3480
万春镇 政府 城镇化 工业	4920
万春镇 政府 城镇化 农业	5130
万春镇 政府 城镇化 商贸	3140
万春镇 政府 城镇化 学校	3730
万春镇 政府 城镇化 交通	3420

　　从上表结果可以看出，农业型城镇化的特征词——"农业"的百度搜索相关结果数约为5130，是所有特征词中最高的。万春镇《2016年发展规划》指出，要持续壮大生态旅游产业，加快发展都市现代农业，可见发展生态旅游和现代农业都是万春镇镇政府规划的重点。结合城镇化特征词搜索结果排序，判断万春镇为农业型城镇化发展模式。

十、柳城镇

　　全国共有四个柳城镇，为了与其他"柳城镇"区分开来，搜索关键词加上"温江区"。分别把"温江区　柳城镇　政府　城镇化　景点""温江区　柳城镇　政府　城镇化　地产""温江区　柳城镇　政府　城镇化　工业""温江区　柳城镇　政府　城镇化　农业""温江区　柳城镇　政府　城镇化　商贸""温江区　柳城镇　政府　城镇化　学校""温江区　柳城镇　政府　城镇化　交通"这七组关键词组进行百度高级搜索，搜索结果必须包含全部的关键词，记录百度搜索结果数，如表4-10所示。

表 4 - 10 柳城镇城镇化特征关键词百度搜索结果对比

搜索关键词（全部包含）	百度搜索结果数
温江区 柳城镇 政府 城镇化 景点	1190
温江区 柳城镇 政府 城镇化 地产	1400
温江区 柳城镇 政府 城镇化 工业	1630
温江区 柳城镇 政府 城镇化 农业	1540
温江区 柳城镇 政府 城镇化 商贸	1250
温江区 柳城镇 政府 城镇化 学校	3460
温江区 柳城镇 政府 城镇化 交通	1060

从上表结果可以看出，科教型城镇化的特征词——"学校"的百度搜索相关结果数约为 3460，远超过其他关键词。柳城镇是温江大学城的所在地，根据政府官网城镇概况介绍，柳城镇是以发展轻工科研为主，相应发展教育、文化事业，接纳成都市区功能分流的综合性卫星城，目前有普通高校 9 所，科研院所 21 所，大学专任教师 5000 余人，大学生 10 万余人。因此，结合搜索结果数对比和政府城镇定位，判断柳城镇的城镇化发展模式为科教型。

十一、十渡镇

分别把"十渡镇 政府 城镇化 景点""十渡镇 政府 城镇化 地产""十渡镇 政府 城镇化 工业""十渡镇 政府 城镇化 农业""十渡镇 政府 城镇化 商贸""十渡镇 政府 城镇化 学校""十渡镇 政府 城镇化 交通"这七组关键词组进行百度高级搜索，搜索结果必须包含全部的关键词，记录百度搜索结果数，如表 4 - 11 所示。

表 4－11 十渡镇城镇化特征关键词百度搜索结果对比

搜索关键词（全部包含）	百度搜索结果数
十渡镇 政府 城镇化 景点	971
十渡镇 政府 城镇化 地产	686
十渡镇 政府 城镇化 工业	946
十渡镇 政府 城镇化 农业	895
十渡镇 政府 城镇化 商贸	58
十渡镇 政府 城镇化 学校	808
十渡镇 政府 城镇化 交通	1280
十渡镇 政府 城镇化 交通—（酒店）	312

从上表可以看出，关键词"交通"的搜索结果数最高。抽查部分搜索结果页面发现，大部分"交通"是与当地"酒店"的位置交通信息关联，而与当地城镇化无关。剔除"酒店"关键词后，得出关于十渡镇"交通"发展方面更准确的搜索结果数约为 312。根据《房山新城规划 2005—2020年》，十渡镇定位为国家级旅游特色镇，以旅游业为支柱产业，发展成为以拒马河为主轴的生态旅游城镇。因此，结合房山区对十渡镇的城镇发展规划，判断十渡镇的城镇化发展模式为旅游型。

十二、沙河镇

全国共有 21 个沙河镇，为了与其他"沙河镇"区分开来，搜索关键词加上"昌平区"。分别把"昌平区 沙河镇 政府 城镇化 景点""昌平区 沙河镇 政府 城镇化 地产""昌平区 沙河镇 政府 城镇化 工业""昌平区 沙河镇 政府 城镇化 农业""昌平区 沙河镇 政府 城镇化 商贸""昌平区 沙河镇 政府 城镇化 学校""昌平区 沙河镇 政府 城镇化 大学城""昌平区 沙河镇 政府 城镇化 交通"这八组关键词组进行百度高级搜索，搜索结果必须包含全部的关键词，记录百度搜索结果数，如表 4－12 所示。

表4-12 沙河镇城镇化特征关键词百度搜索结果对比

搜索关键词（全部包含）	百度搜索结果数
昌平区 沙河镇 政府 城镇化 景点	4410
昌平区 沙河镇 政府 城镇化 地产	4740
昌平区 沙河镇 政府 城镇化 工业	5240
昌平区 沙河镇 政府 城镇化 农业	5480
昌平区 沙河镇 政府 城镇化 商贸	4360
昌平区 沙河镇 政府 城镇化 学校	4670
昌平区 沙河镇 政府 城镇化 大学城	9250
昌平区 沙河镇 政府 城镇化 交通	4380

从上表可以看出，各城镇化特征指标差异不大，"农业"的搜索结果数最高，相关结果约为5480个。沙河镇的教育产业发展主要依靠沙河大学城，因此，加入"昌平区 沙河镇 政府 城镇化 大学城"关键词搜索，得出搜索结果数约为9250，远超其他关键词。根据《北京市昌平区国民经济和社会发展第十三个五年规划纲要》，沙河镇要依托北京科技商务区（TBD）核心区、沙河大学城建设，加快提升沙河地区城市功能品质，以"高精尖"产业带动居民就地城镇化。因此，结合北京市昌平区对沙河镇的城镇发展规划，判断沙河镇的城镇化发展模式为科教型。

十三、庞各庄镇

分别把"庞各庄镇 政府 城镇化 旅游""庞各庄镇 政府 城镇化 地产""庞各庄镇 政府 城镇化 工业""庞各庄镇 政府 城镇化 农业""庞各庄镇 政府 城镇化 西瓜""庞各庄镇 政府 城镇化 商贸""庞各庄镇 政府 城镇化 学校""庞各庄镇 政府 城镇化 交通"这八组关键词组进行百度高级搜索，搜索结果必须包含全部的关键词，记录百度搜索结果数，如表4-13所示。

表 4 - 13　庞各庄镇城镇化特征关键词百度搜索结果对比

搜索关键词（全部包含）	百度搜索结果数
庞各庄镇 政府 城镇化 旅游	3270
庞各庄镇 政府 城镇化 地产	2780
庞各庄镇 政府 城镇化 工业	3590
庞各庄镇 政府 城镇化 农业	2800
庞各庄镇 政府 城镇化 西瓜	7110
庞各庄镇 政府 城镇化 商贸	1470
庞各庄镇 政府 城镇化 学校	2070
庞各庄镇 政府 城镇化 交通	3640

　　庞各庄镇的农业产业主要是西瓜种植业，是著名的"西瓜小镇"，因此，加入"庞各庄镇　政府　城镇化　西瓜"关键词搜索，得出搜索结果数约为7110，远超其他关键词的搜索结果数。根据《庞各庄镇国民经济和社会发展第十三个五年规划纲要》，庞各庄镇的建设目标为环境优美、生产绿色、生活低碳的"京南绿色休闲新港湾"，将庞各庄镇建成临空服务业、现代商务和都市农业、旅游休闲业融合发展的"临空高端商务区"。据北京市大兴区人民政府官网介绍，庞各庄镇的主导产业是西甜瓜、果品、甘薯、旅游等。因此，结合城镇发展规划、官网介绍和搜索结果，判断庞各庄镇的城镇化发展模式为农业型。

十四、东小口镇

　　分别把"东小口镇　政府　城镇化　景点""东小口镇　政府　城镇化　地产""东小口镇　政府　城镇化　工业""东小口镇　政府　城镇化　农业""东小口镇　政府　城镇化　商贸""东小口镇　政府　城镇化　学校""东小口镇　政府　城镇化　交通"这七关键词组进行百度高级搜索，搜索结果必须包含全部的关键词，记录百度搜索结果数，如表4 - 14所示。

表4-14　东小口镇城镇化特征关键词百度搜索结果对比

搜索关键词（全部包含）	百度搜索结果数
东小口镇 政府 城镇化 景点	856
东小口镇 政府 城镇化 地产	2150
东小口镇 政府 城镇化 工业	2260
东小口镇 政府 城镇化 工业一（小辛庄村工业园拆除）	684
东小口镇 政府 城镇化 农业	1690
东小口镇 政府 城镇化 商贸	1150
东小口镇 政府 城镇化 学校	2390
东小口镇 政府 城镇化 交通	2540

　　从上表可以看出，关键词"交通""学校"和"工业"的搜索结果数最高。但是，通过抽查部分搜索结果页面发现，这三个关键词并不能充分代表东小口镇的城镇化发展模式。如通过抽查部分搜索结果页面发现大部分"工业"是与当地"小辛庄村工业园拆除"的信息关联，而与"工业"促进当地城镇化发展无关，因此，剔除"小辛庄村工业园拆除"关键词后，得出关于东小口镇"工业"发展方面更准确的搜索结果数为684。然而，根据《北京市昌平区东小口地区国民经济和社会发展第十二个五年规划纲要》，东小口镇的建设目标是以房地产业和传统生活性服务业为主导，打造"创新创业新城，魅力宜居家园"。因此，结合城镇发展规划和搜索结果，判断东小口镇的城镇化发展模式为地产型。

十五、固安镇

　　分别把"固安镇　政府　城镇化　景点""固安镇　政府　城镇化　地产""固安镇　政府　城镇化　工业""固安镇　政府　城镇化　农业""固安镇　政府　城镇化　商贸""固安镇　政府　城镇化　学校""固安镇　政府　城镇化　交通"这七组关键词组进行百度高级搜索，搜索结果必须包含全部的关键词，记录百度搜索结果数，如表4-15所示。

表4-15 固安镇城镇化特征关键词百度搜索结果对比

搜索关键词（全部包含）	百度搜索结果数
固安镇 政府 城镇化 景点	305
固安镇 政府 城镇化 地产	942
固安镇 政府 城镇化 工业	758
固安镇 政府 城镇化 农业	1090
固安镇 政府 城镇化 商贸	713
固安镇 政府 城镇化 学校	793
固安镇 政府 城镇化 交通	817

从上表结果可以看出，关于固安镇的城镇化模式的网页数据，"农业"的百度搜索相关结果数最高，约为1090。"地产""工业""商贸""学校""交通"等方面的搜索结果数也不低，总体差异不大。根据《固安县国民经济和社会发展第十三个五年规划纲要》，固安镇的发展定位是"三区两中心"，即加快建设"京津冀协同创新先行区、新型城镇化与城乡统筹示范区、国际新型空港都市区、全球技术商业化中心、京南宜居宜业微中心"。从此发展定位也可以看出，固安镇是依托紧邻北京的区位优势来推动城镇发展的。因此，结合固安县对固安镇的城镇发展规划，判断其城镇化发展模式为交通型。

第五章

环城市乡村地区多途径城镇化的
动力机制剖析

城镇化是一种社会、经济现象，驱动城镇化的内因是指区域本身所固有的，对城镇化的发展性质、方向和特征以及城镇的功能、规模等起决定性作用的因素。城镇化动力机制是城镇化过程中各相关因素共同作用而形成的一个复杂的动态系统，不同发展阶段、不同地区，其城镇化动力机制是不同的。

第一节　城镇化动力分析

一、动力因素指标选取

结合上述城镇化动力机制研究综述和现有城镇化动力机制评价指标体系，从以下几个方面选择和确定可能驱动和影响环城市乡村地区多途径城镇化的动力因素。

（一）产业结构因素

选取的指标包括第一产业就业人口比，第二、三产业就业人口比，从而反映经济产业结构。在市场经济的背景下，为追求经济利益最大化，生产要素必然会在不同的产业之间流动。生产要素在不同产业的流动，促进着城镇的经济发展，城镇化过程应运而生，主导产业的发展对城镇化进程起着重要的作用。

（二）要素驱动类因素

选取的指标有人均耕地面积、万人拥有景区数、万人拥有医疗机构数、城镇人口比重。"人均耕地面积"这个指标体现当地的用地政策和环境资源利用情况。由于各产业的特性不同，所要求的资源环境条件也不同。比如，耕地是发展农业的最基本生产要素，而建设用地是发展交通物流业、科教业、地产业等其他产业的重要生产要素，这些基本的生产要素对城镇化模式的选择可能有一定影响。"万人拥有景区数"反映了当地旅游资源的开发情况，主要是针对旅游型城镇化模式而言。旅游资源是发展旅游业的最基本的生产要素，景区的数量体现了当地旅游资源的丰富程度和旅游业的发展环境。"万人拥有医疗机构数"这一指标主要体现了政府对当地医疗资源的投入和医疗条件的改善的重视程度，是对当地居民的关怀，也从侧面反映了当地的社会福利保障程度和城镇化的发展水平。"城镇人口比重"与当地的户籍制度相关，反映了人口城镇化过程中的制度政策和政府对农村人口进入城镇的控制等方面，也体现了城镇的人口资源。

（三）教育驱动类因素

选取的指标为万人拥有学校数，该指标一方面反映了当地政府对教育发展的重视和教育资源的投入，另一方面可以体现当地居民的文化素质水平，体现居民在城镇化过程中的个人发展定位，是发展城镇化过程中重要的能动因素。

（四）区位因素

选取的指标为城市中心距离，该指标主要体现了城市中心对小城镇的经济、政治、文化和社会等资源的辐射程度，也是城镇区位条件优劣的反映。不同类型的城镇化模式所要求的空间条件有所不同，农业的发展倾向于布局在地域广大的区域，而工业和服务业则要求交通便利、人口集聚、区位条件更优越的地区。这一指标的数据选取是按城镇与市中心距离的远近程度进行打分，离市中心越近，得分越高，反之，离市中心越远，得分越低，具体评分体系如表5-1所示。

表5-1　"城市中心距离"指标评分体系

案例城镇距市中心的距离（km）	得分
0~9	1
10~19	0.9
20~29	0.8
30~39	0.7
40~49	0.6
50~59	0.5
60~69	0.4
70~79	0.3
80~89	0.2
90~99	0.1

（五）政策因素

选取的指标包括城市等级、网络政策指数、人均财政预算。"城市等级"是城镇所属城市的行政级别，反映了由国家政策赋予该城镇的经济、政治、文化和社会等资源优势。这一指标的选取按城镇所在的城市的行政级别打分，行政级别越高，得分越高，反之亦然，具体评分体系见表5-2。"网络政策指数"是利用谷歌搜索引擎的域名搜索功能，搜集案例城镇在政府官方网站新闻报道次数，以此反映该城镇的网络政策指数，这体现了当地政府的政策对城镇化发展的影响。"人均财政预算"体现政府对当地城镇化发展的经济支持力度，这种自上而下的经济政策支持对城镇化的发展速度有较大影响。

表 5 - 2　"城市等级"指标评分体系

行政级别	得分
首都城市	1
省会城市	0.8
普通地级市	0.6

详细的环城市乡村地区多途径城镇化动力因素指标体系如表 5 - 3 所示。

表 5 - 3　环城市乡村地区多途径城镇化动力因素指标体系

指标	指标说明
第一产业就业人口占比（%）	第一产业就业人口数/就业人口总数
第二、三产业就业人口占比（%）	第二、三产业就业人口数/就业人口总数
万人拥有学校数（间/万人）	每万人拥有的学校数（幼儿园、小学、初中、高中和大学）
万人拥有医疗机构数（间/万人）	每万人拥有的医疗机构数
万人拥有景区数（个/万人）	每万人拥有的景区数
人均耕地面积（亩/人）	耕地总面积/城镇总人口
城市中心距离（打分）	城镇中心与市区中心的距离
城市等级（打分）	城镇所属城市的行政级别
地方人均财政预算（万元/人）	地方财政预算/城镇总人口
城镇人口比重（%）	建成区人口/城镇总人口
网络政策指数	城镇在政府官方网站新闻报道次数

基于上述涉及的可能影响城镇化模式的动力因素指标，本书搜集了 2016 年各案例城镇的相关指标数据，共 13 个城镇（除柳城镇和明照乡，柳城镇已撤镇改为"柳城街道"，明照乡、仙庾镇合并设立仙庾镇），11 项指标。具体数据如表 5 - 4 所示。

表5-4 案例城镇动力因素指标

案例镇	第一产业就业人口占比（%）	第二、三产业就业人口占比（%）	万人拥有学校数（间/万人）	万人拥有医疗机构数（间/万人）	万人拥有景区数（个/万人）	人均耕地面积（亩/人）	城市中心距离（打分）	城市等级（打分）	地方人均财政预算（万元/人）	城镇人口比重（%）	网络政策指数
街子镇	0.35	0.65	1.50	1.20	1.20	0.90	0.50	0.80	0.02	0.26	12100
安仁镇	0.37	0.63	2.10	0.53	1.05	0.02	0.60	0.80	0.02	0.47	16000
十渡镇	0.34	0.66	2.72	2.72	5.45	0.24	0.10	1.00	0.12	0.17	30200
仙女镇	0.47	0.53	1.86	0.93	0.47	0.67	0.90	0.60	0.05	1.00	5410
酒埠江镇	0.49	0.51	2.07	1.24	0.00	0.97	0.10	0.60	0.05	0.75	4980
固安镇	0.76	0.24	0.17	0.46	0.00	0.05	0.40	0.60	0.21	0.20	28300
花园镇	0.71	0.29	0.43	0.85	0.00	0.43	0.90	0.80	0.02	0.15	9000
东小口镇	0.00	1.00	0.79	0.70	0.00	0.02	0.90	1.00	0.10	0.05	17600
白兔潭镇	0.17	0.83	2.57	0.64	0.00	0.52	0.30	0.60	1.06	0.74	2840
皇图岭镇	0.36	0.64	0.01	0.86	0.00	1.21	0.10	0.60	0.04	0.36	3070
万春镇	0.33	0.67	0.63	0.47	0.00	0.76	0.70	0.80	0.17	0.65	3670
庞各庄镇	0.84	0.16	1.42	0.35	0.00	1.23	0.80	1.00	0.56	0.25	11800
沙河镇	0.01	0.99	3.52	0.92	0.00	0.02	0.90	1.00	0.06	0.05	10300

二、城镇化主动力分析

利用 SPSS 软件，对收集到的动力因素指标数据提取主成分，将多项指标转化为少数几项综合指标，分析综合指标与城镇化模式的关系，主成分提取结果如表 5－5 所示。

表 5－5 动力因素指标方差提取主成分分析表

成分	初始特征值			提取平方和载入		
	合计	方差的%	累积%	合计	方差的%	累积%
1	3.464	31.493	31.493	3.464	31.493	31.493
2	2.274	20.675	52.168	2.274	20.675	52.168
3	2.067	18.795	70.963	2.067	18.795	70.963
4	1.047	9.516	80.479	1.047	9.516	80.479
5	0.891	8.099	88.578			
6	0.745	6.775	95.352			
7	0.289	2.623	97.976			
8	0.132	1.198	99.174			
9	0.056	0.511	99.685			
10	0.035	0.315	100.000			
11	0.000	－0.000	100.000			

根据特征值不能小于 1 及总方差贡献率必须大于等于 80% 的原则，提取各动力因素的主成分，共提取了四个主成分。

表 5-6 动力因素指标成分矩阵

原始变量	主成分			
	F1	F2	F3	F4
第一产业就业人口占比（%）	-0.519	0.788	-0.123	0.218
第二、三产业就业人口占比（%）	0.519	-0.788	0.123	-0.218
万人拥有学校数（间/万人）	0.521	-0.398	0.372	0.403
万人拥有医疗机构数（间/万人）	0.685	0.321	0.557	-0.143
万人拥有景区数（个/万人）	0.737	0.423	0.431	0.057
人均耕地面积（亩/人）	-0.627	0.153	0.361	-0.065
城市中心距离（打分）	-0.036	-0.313	-0.788	0.100
城市等级（打分）	0.676	-0.013	-0.464	0.223
地方人均财政预算（万元/人）	-0.251	-0.244	0.230	0.825
城镇人口比重（%）	-0.549	-0.265	0.587	0.006
网络政策指数	0.653	0.584	-0.197	0.145

根据表 5-6 的分析结果，主成分与原始变量之间的相关系数的绝对值越大，说明关系越密切。主成分 1（F1）与"万人拥有学校数""万人拥有医疗机构数""万人拥有景区数""人均耕地面积""城市等级"和"网络政策指数"这六个动力因素指标之间的相关系数绝对值较大，说明这六个指标与 F1 的关系比较密切。结合上文提及的各个动力因素指标的解释说明，这六个动力因素可统一概括为"政策支持"相关的因素指标，即 F1 定义为政策支持综合指标。主成分 2（F2）与"第一产业就业人口占比"和"第二、三产业就业人口占比"这两个动力因素指标之间的相关系数绝对值较大，说明这两个指标与 F2 的关系比较密切。这两个指标主要反映了当地的经济产业结构，即 F2 概括为产业结构综合指标。主成分 3（F3）与"城市中心距离"和"城镇人口比重"的关系比较密切。城市中心距离这一指标反映了市中心资源对周边城镇的辐射程度，城镇人口比重也体现了城镇当地的人力资源集聚问题。这两个动力因素可统一概括为"资源集聚"相关的因素，即 F3 定义为资源集聚综合指标。主成分 4

（F4）与"地方人均财政预算"的相关系数绝对值较大，这一指标可以绝大部分地反映主成分的得分，即 F4 为财政预算综合指标。

所以综合而言，乡村地区城镇化的动力主因有四个：

（1）政策支持动力；

（2）产业结构动力；

（3）资源集聚动力；

（4）财政预算动力。

这四个动因指标解释了城镇化动力 80% 的动力原因。而其中，政策支持是几个动力指标中最重要的影响因子，解释了城镇化动力 31% 的原因，产业结构解释了 21% 的动力原因，资源其实只占到 18% 的动力原因，而政府的财政预算虽然是一个单项指标，但是也占到了动力影响的 10%。

第二节　不同城镇化模式的动力机制差异分析

一、动力因素指标与城镇化模式的相关分析

分别给每一种城镇化模式赋值，如"旅游型城镇化"赋值"1"，"地产型城镇化"赋值"2"等，具体城镇化模式赋值如表 5-7 所示。

表 5-7　不同模式城镇化模式赋值

城镇化模式	赋值
旅游型城镇化	1
地产型城镇化	2
商贸型城镇化	3
科教型城镇化	4
农业型城镇化	5
交通型城镇化	6

以赋值后的城镇化模式变量为因变量，各个动力因素指标数据为自变量，运用 SPSS Statistics 21 统计软件进行线性回归分析，分析结果如表 5 - 8、表 5 - 9、表 5 - 10 所示。

表 5 - 8 不同模式复相关分析模型汇总

R	R 方	调整 R 方	标准估计的误差
0.744[a]	0.554	- 1.678	2.9413

a. 预测变量：各动力因素指标。

表 5 - 9 不同模式复相关分析模型结果

模型	平方和	df	均方	F	Sig.
回归	21.467	10	2.147	0.248	0.948[b]
残差	17.302	2	8.651	–	–
总计	38.769	12	–	–	–

a. 因变量：城镇化类型。
b. 预测变量：各动力因素指标。

表 5 - 10 不同动力指标回归系数的显著性检验

模型	非标准化系数		标准系数	t	Sig.
	B	标准误差	试用版		
第一产业就业人口占比（%）	1.861	12.289		0.151	0.894
第二、三产业就业人口占比（%）	-0.726	5.711	-0.105	-0.127	0.91
万人拥有学校数（间/万人）	-0.181	1.326	-0.109	-0.137	0.904
万人拥有医疗机构数（间/万人）	-1.017	4.312	-0.344	-0.236	0.836
万人拥有景区数（个/万人）	-0.503	2.035	-0.422	-0.247	0.828
人均耕地面积（亩/人）	0.257	4.613	0.065	0.056	0.961
城市中心距离（打分）	-1.117	5.826	-0.202	-0.192	0.866
城市等级（打分）	2.876	14.749	0.276	0.195	0.863

续表

模型	非标准化系数		标准系数	t	Sig.
	B	标准误差	试用版		
地方人均财政预算（万元/人）	1.809	3.586	0.303	0.505	0.664
城镇人口比重（%）	-0.462	6.58	-0.078	-0.07	0.95
网络政策指数	0.000071	0	0.356	0.264	0.817

由分析结果可以看出，复相关系数为 0.744，回归模型的概率为 0.948，回归系数的显著性均大于显著性水平 0.05，表示分析的线性模型是不成立的，即城镇化模式与各动力因素指标没有显著相关性，各模式之间的这些动力因素没有显著差异，说明了每个城镇化模式的形成是综合动力因素作用的结果。

二、综合动力因素指标对不同城镇化模式的影响

以城镇化模式为因子，四个主成分的得分为因变量，利用 SPSS 软件进行单因素方差分析，检验四个综合指标对城镇化模式选择有无显著影响。单因素方差分析结果如表 5-11 所示。

表 5-11 动力因素主成分与城镇化模式的组间差异分析

综合指标	平方和	df	均方	F	显著性
F1	6.627	5	1.325	1.729	0.246
F2	1.695	5	0.339	4.065	0.047
F3	7.134	5	1.427	2.058	0.187
F4	2.567	5	0.513	0.381	0.847

从上表可以看出，F2 的显著性为 0.047，小于 0.05，综合指标 F2 在城镇化模式中有显著性差异，即产业结构综合指标对城镇化模式的选择有显著性的影响。产业结构演进不仅能推动城镇化的发展，还能影响城镇化

发展的方向和特征，决定城镇的主导产业，从而决定城市的主导功能[141]。产业结构升级转换推动经济要素在不同产业间流动，初级生产要素、高级生产要素之间会存在竞争和替代的关系，并在产业结构升级转换的不同阶段分别成为区域的主导生产要素，进而影响着城镇化的发展。城市主导产业决定了城市主导功能，产业结构升级转换使城市功能经历同样的升级转换过程，即从低级向高级演变[142]。

　　过去，我国城镇化的主导产业主要为第二产业——工业。随着我国城镇化进入了以提升质量为主的转型发展阶段，来自城市服务业的发展与新兴产业的创新将成为城镇化中后期主要的推动力[13]。虽然工业发展仍然是中西部地区城镇化的核心驱动力，但是服务业的驱动作用已经超过第二产业[12]。中国城镇化进入多元驱动、多途径发展的阶段，根据不同城镇发展的自身特点和需求，借助于多种途径，以工业、规模农业、商业、物流运输业、旅游度假业和文化创意产业等多种要素推动城镇化的发展。随着市场经济体制的完善，市场会在资源配置中起基础作用，企业和家庭等市场主体也逐渐成为城镇化的推动主体，城镇居民的就业产业流动对城镇的产业发展有重要的影响。多途径城镇化过程中，政府、企业、个人各个主体共同推动城镇化发展，同时也影响着城镇化的发展特征以及城镇功能和规模。

　　地区的产业结构特色还能反映其区位条件和资源特色[143]。不同类型的产业发展所要求的空间条件有所不同，农业的发展倾向于布局在地域广大的区域，而工业和服务业则要求交通便利、人口集聚、区位条件更优越的地区。除此之外，小城镇所处的自然地理位置，决定了它与其他城镇和中心市区的时空距离。一般来说，离中心市区较近的小城镇，受中心市区的辐射带动作用较强，资金、人才、项目、现代文明观念和信息向这些地区渗透和传播的程度更高，而且，随着高速公路和信息化的发展，市区中心对周边小城镇的城镇化发展的促进作用更明显[144]。除此之外，小城镇的行政等级层次较低，其区域范围内差异较小，城镇化的发展除了受区域范围内的影响外，更重要的是受外部环境的影响[145]。

由于各产业的特性不同，所要求的资源环境条件也不同。比如，旅游资源是发展旅游业的最基本的生产要素，耕地是发展农业的最基本的生产要素，而建设用地是发展交通物流业、科教业、地产业等其他产业的重要生产要素。各个城镇依据自身的区位条件优势，结合本地特色资源规划城镇发展方向，从而促进城镇经济发展和城镇化进程[145]。

第三节 不同地区的城镇化动力机制差异分析

一、动力因素指标与城镇化地区的相关分析

分别给每一个城镇化地区赋值，如"株洲市"赋值"1"等，具体城镇化地区的赋值如表5－12所示。

表5－12 不同地区城镇化模式赋值

地区	赋值
株洲市	1
成都市	2
北京市及其周边地区	3

以赋值后的地区变量为因变量，各个动力因素指标数据为自变量，运用 SPSS Statistics 21 统计软件进行线性回归分析，分析结果如表5－13、表5－14、表5－15所示。

表5－13 不同地区复相关分析模型汇总

R	R 方	调整 R 方	标准估计的误差
0.979	0.958	0.750	0.431

a. 预测变量：各动力因素指标。

表 5 – 14　不同地区复相关分析模型结果

模型	平方和	df	均方	F	Sig.
回归	8.552	10	0.855	4.609	0.191
残差	0.371	2	0.186	–	–
总计	8.923	12	–	–	–

a. 因变量：城镇化类型。
b. 预测变量：各动力因素指标。

表 5 – 15　回归系数的显著性检验

模型	非标准化系数		标准系数	t	Sig.
	B	标准误差	试用版		
第一产业就业人口占比（%）	– 1.020	1.800		– 0.567	0.628
第二、三产业就业人口占比（%）	– 0.051	0.836	– 0.015	– 0.061	0.957
万人拥有学校数（间/万人）	0.022	0.194	0.028	0.116	0.919
万人拥有医疗机构数（间/万人）	0.002	0.632	0.001	0.002	0.998
万人拥有景区数（个/万人）	– 0.218	0.298	– 0.381	– 0.731	0.541
人均耕地面积（亩/人）	0.134	0.676	0.070	0.199	0.861
城市中心距离（打分）	0.126	0.853	0.047	0.147	0.896
城市等级（打分）	2.893	2.160	0.579	1.339	0.312
地方人均财政预算（万元/人）	0.150	0.525	0.052	0.286	0.802
城镇人口比重（%）	– 0.206	0.964	– 0.073	– 0.214	0.851
网络政策指数	0.000073	0.000	0.763	1.852	0.205

　　由分析结果可以看出，复相关系数为 0.979，回归模型的概率为 0.191，回归系数的显著性均大于显著性水平 0.05，表示分析的线性模型是不成立的，即城镇化地区与各动力因素指标没有显著相关性，各地区之间的这些动力因素没有显著差异，说明了各个地区的城镇化发展也是综合

动力因素作用的结果。

二、综合动力因素指标对不同地区城镇化的影响

以城镇化地区为因子，四个主成分的得分为因变量，利用 SPSS 软件进行单因素方差分析，检验不同城镇化地区在这四个综合指标中是否有显著性差异。单因素方差分析结果如表 5 – 16 所示。

表 5 – 16　动力因素主成分与城镇化地区的组间差异分析

综合指标	平方和	df	均方	F	显著性
F1	10.632	2	5.316	39.035	0.000
F2	0.082	2	0.041	0.186	0.833
F3	0.255	2	0.128	0.109	0.898
F4	1.076	2	0.538	0.493	0.625

从上表可以看出，F1 的显著性为 0.000，远小于 0.05，综合指标 F1 在城镇化地区中有显著性差异，即不同地区的城镇化在政策支持综合指标上有显著差异，如表 5 – 17 所示。

表 5 – 17　各地区政策支持综合指标的均值差异

变量	1	2
株洲市		
成都市	– 1.31794*	
北京市及其周边地区	– 2.18424*	– 0.866301*

注：＊显著性在 0.05 以下的水平。

上表描述各地区政策支持综合指标得分，北京市及其周边地区最高，其次是成都市，最低是株洲市。这主要包含了"万人拥有学校数""万人拥有医疗机构数""万人拥有景区数""人均耕地面积""城市等级"和"网络政策指数"这六个指标的综合得分，各地区政策支持综合指标的均值差异反映了各地区在城镇化发展的政策支持程度上的差异。

作为首都城市，北京市的城镇化发展的政策支持力度最大。其次是省会城市成都市，最低的是普通地级市株洲市。城镇化发展与一定的政策安排和政策变迁密不可分，我国早期的城镇化是属于典型的政府主导型的"自上而下"的城镇化，政府具有制定城镇化发展战略、规划城镇化发展方向和发展规模、配置地区资源等权力，并且具有较强的资金控制和人力资源控制能力[146]，政策支持因素会对不同地区的城镇化产生深刻的影响。

城镇化的发展离不开人的作用，区域的教育、医疗水平和人口素质提高，不仅体现了当地经济增长和社会保障制度的改善，还能为城镇化发展聚拢高质量人才，为城镇发展提供人才保证和智力支持。不同地区的环境资源开发政策和土地政策也有所不同。环境资源是发展城镇化过程中必不可少的重要因素之一，无论是发展工业、农业或者服务业等产业，环境资源都对当地的城镇化经济发展有重要的意义，不仅约束着城镇化的质量，还约束着城镇化的速度。环境资源对城镇化的发展的约束作用主要存在于不同的地区之间，各地区之间固有的环境资源储量不同、丰富程度不同、资源开发数量和可开发指标不同、土地政策不同等因素都影响着城镇不同产业的发展需求，从而影响不同地区的城镇化发展。

第四节　小　结

本章主要论述了影响多途径城镇化的动力机制，结合上述城镇化动力机制研究综述和现有城镇化动力机制评价指标体系，从以下几个方面选择和确定可能驱动和影响环城市乡村地区多途径城镇化的动力因素：（1）产业结构因素；（2）要素驱动类因素；（3）教育驱动类因素；（4）区位因素；（5）政策因素，最后选取了11项指标去解释多途径城镇化动力影响机制。通过聚类分析，将11个因子分为四个主要的动因，乡村地区城镇化动力的主成分因子可以归纳为四个：（1）政策支持动力；（2）产业结构动力；（3）资源集聚动力；（4）财政预算动力。

本章分析了这些因子，每个具体的因子和多途径城镇化的模式，以及多途径城镇的地区之间都没有线性相关关系。这说明，我国多途径城镇化过程是一个复杂的过程，并不是单一因素，仅使用线性相关方法是不足以解释的。

然后分析了主成分对于城镇化影响的过程，研究发现，产业结构演进不仅能推动城镇化的发展，还能影响城镇化发展的方向和特征，决定城镇的主导产业，从而决定城市所选择的多途径城镇化的自有模式。

从不同区域来看，各个地区政策支持动力上有很大的区别，作为首都城市，北京市及其周边地区的城镇化发展的政策支持力度最大。其次是省会城市成都市，最低的是普通地级市株洲市。城镇化发展与一定的政策安排和政策变迁密不可分，我国早期的城镇化是属于典型的政府主导型的"自上而下"的城镇化，政府具有制定城镇化发展战略、规划城镇化发展方向和发展规模、配置地区资源等权力，并且具有较强的资金控制和人力资源控制能力，政策支持因素会对不同地区的城镇化产生深刻的影响。

第六章

环城市乡村地区多途径城镇化质量定性评估

　　本章节主要结合文献综述与实地调研结果，构建环城市乡村地区多途径城镇化评估的复合体系，使用当地居民感性评估的定性评价方法对多途径城镇化质量进行评估，对比分析不同途径城镇化的质量与特点，并比较同一城镇化模式下不同地区发展的质量和特点。

第一节　定性评估分析方法

　　本研究结合文献综述和实地调研拟定深度访谈提纲，并进行预访谈检查其可行性。采用较为灵活的半结构式访谈法采集数据，访谈时根据实际情况做出必要的问题调整，在保证访谈质量的前提下，对提问的方式和顺序，访谈的地点、时间等不做具体要求。问题主要从以下四个维度展开：城镇化的模式、城镇化的动力机制、城镇化的质量与评估、城镇化的整体感受。访谈对象在每个城镇随机抽样，每个镇预收集 10 份深度访谈材料，每次访谈时间在 30 分钟左右，获得词汇样本不少于 1000 字，实际样本数如表 6 - 1、表 6 - 2 所示。

表 6-1 各城镇调研情况 (深度访谈部分)

行政级别	案例地	城镇化模式	城镇	样本数
普通地级市	株洲市 (中部)	旅游型城镇化	仙庾镇	9
			酒埠江镇	8
		地产型城镇化	明照乡	9
		商贸型城镇化	白兔潭镇	7
			皇图岭镇	10
省会城市	成都市 (西部)	旅游型城镇化	街子镇	10
			安仁镇	8
		地产型城镇化	花园镇	10
		农业型城镇化	万春镇	8
		科教型城镇化	柳城镇	9
首都城市	北京市 (东部)	旅游型城镇化	十渡镇	9
		科教型城镇化	沙河镇	7
		农业型城镇化	庞各庄镇	8
		地产型城镇化	东小口镇	3
		交通型城镇化	固安镇	5
总计				120

表 6-2 不同类型城镇化模式深度访谈调研样本数汇总

城镇化模式	有效样本数
旅游型城镇化	44
地产型城镇化	22
商贸型城镇化	17
科教型城镇化	16
农业型城镇化	16
交通型城镇化	5
总计	120

调研结束后整理访谈录音为文本信息,15 个镇共获得有效深度访谈样

本 120 份，受访对象基本信息如表 6-3 所示。

表 6-3　受访对象基本信息表

分类	状态	数量统计（个）	百分比
年龄层	老年	23	19.17%
	青年	68	56.67%
	少年	1	0.83%
	中年	28	23.33%
性别	男	68	56.67%
	女	52	43.33%
职业	服务业	43	35.83%
	个体经营者	55	45.83%
	农民	5	4.17%
	退休人员	11	9.17%
	学生	3	2.50%
	自由职业	3	2.50%
本地居民/外来人员	本地居民	90	75.00%
	外来人员	30	25.00%

第二节　乡村地区多途径城镇化质量定性评估

一、基于高频词分析的城镇化质量评估

在居民的深度访谈内容中，同一词语出现的频率越高，说明居民对该词的认知性和认同性越大。词频统计运用在居民感知城镇化质量差异分析时，居民反复提及的词语，体现了城镇化给其留下深刻印象的事物，也体现了居民对城镇化过程感知比较突出的部分。本文运用内容挖掘软件

ROST CM6 对深度访谈样本进行高频词提取（表 6-4）。样本处理过程如下：（1）将深度访谈录音转录成文字，按城镇化模式分类汇总，并保存为 txt 文档格式；（2）利用 ROST CM6 软件的"分词"功能，对中文文本进行分词，在分词结果中进行检查，修改错误、不合理的分词结果。由于本章研究不同类型城镇化途径的居民感知城镇化质量差异，因此把单独的城镇名和地方名剔除，过滤与研究主题无关的高频词汇，如"地方""一天""咱们""自己"等词；再对语意相近的词语进行合并处理，如"乡村"和"农村"合并，"城镇化"和"城市化"合并，"方便"和"便利"合并。最后使用"词频分析（中文）"功能，得到样本中关于城镇化过程中居民感知城镇化质量的高频词汇，选取前 50 个高频词汇做差异分析，如果第 50 个高频词有不止一个相同频数的词汇，则全部选取。

表 6-4　不同类型城镇化居民的深度访谈高频词（前 50）

地产型	科教型	旅游型	商贸型	农业型	交通型
城镇化	城镇化	城镇化	城镇化	城镇化	城镇化
政府	政府	政府	政府	政府	政府
环境	发展	旅游	发展	环境	过程
过程	环境	发展	环境	发展	发展
发展	大学	环境	城镇	国家	环境
企业	过程	过程	过程	问题	企业
拆迁	上班	建设	企业	土地	拆迁
房子	房子	企业	建设	收入	规划
建设	居住	城镇	特色	房子	变化
规划	问题	好处	房子	企业	上班
收入	未来	推动	未来	建设	推动
居住	拆迁	特色	规划	拆迁	房地产
问题	特色	变化	鞭炮	过程	特色
推动	小区	收入	推动	楼房	楼房
方便	规划	未来	好处	规划	问题

续表

地产型	科教型	旅游型	商贸型	农业型	交通型
变化	城镇	问题	速度	城镇	城镇
设施	方便	打工	方便	提高	工业
特色	企业	开发	经济	种地	意见
意见	交通	方便	提高	特色	好处
未来	学生	规划	工业	居住	开发
好处	好处	意见	居住	变成	建设
项目	经济	房子	外来	方便	方便
进程	平房	居住	进程	教育	未来
提高	物业	外来	就业	未来	房子
交通	教育	古玩	意见	投资	平房
开发商	意见	店主	交通	改变	虚伪
主动	建设	游客	打工	变化	幸福
经济	收入	失败	污染	好处	养老
土地	工业	提高	市场	交通	医院
资源	推动	资源	设施	市场	小区
生意	地位	改善	开发商	机器	厂子
满意	生意	经济	收入	种瓜	房价
政策	满意	国家	商贸	文化	医疗
外来	被动	主动	失败	推动	提高
改善	商业	交通	改善	政策	学校
金山新城	绿化	楼房	烟花	西瓜	开发区
楼房	资源	满意	医疗	开发	毕业
失败	地铁	教育	房地产商	地位	绿化
教育	进程	生意	国家	外来	满足
上班	保安	地位	被动	辛苦	孩子
开发	社保	平房	开发	打工	大院
地位	学校	进程	征地	改善	居住
设施	投资	经营	平房	小区	资源

续表

地产型	科教型	旅游型	商贸型	农业型	交通型
文明	农民	被动	生意	素质	教育
满足	楼房	农民	公园	平房	设施
被动	外来	旅游业	政策	户口	补偿
社保	失败	景区	地位	意见	土地
卫生	变化	投资	满足	资助	项目
国家	设施	空气	文明	学校	幼儿园
配套	悲观	古镇	煤矿	进程	上学
	孩子		工厂		告状
			变化		农业
			楼房		完善
			卫生		文明
					决策
					收入

由上表可知，居民感知城镇化频度最高的词汇是"城镇化、政府、环境、发展"，这是受访居民对城镇化过程感知最强烈和最关心的部分。利用扎根理论的方法，将高频词划分为城镇化整体感知、城镇化特征、未来发展、积极的情绪、消极的情绪、经济发展与工作收入、公共服务及社会保障、教育资源、居民素质、生态环境影响、居住环境、外来人口12类进行分析，具体高频词分类如表6-5所示。

表6-5　高频词分类

类别	高频词
城镇化整体感知	土地 项目 投资 城镇化 政府 建设 规划 变化 国家 推动 地位 政策 主动 开发 城镇 决策 速度 征地 变成 改变 意见
城镇化特征	特色 新城 开发商 房地产 金山新城 旅游 古玩 游客 旅游业 景区 古镇 开发区 鞭炮 商贸 烟花 房地产商 煤矿 种地 机器 种瓜 西瓜
未来发展	发展 未来 过程 进程

续表

类别	高频词
积极的情绪	方便 好处 提高 满足 满意 改善 幸福 完善
消极的情绪	失败 问题 被动 虚伪 告状 悲观 辛苦
经济发展与工作收入	企业 收入 经济 农业 工业 上班 打工 店主 经营 厂子 商业 就业 工厂 生意 农民
公共服务及社会保障	设施 医疗 社保 配套 养老 医院 补偿 市场 公园 资助 交通 地铁
教育资源	教育 学校 毕业 孩子 幼儿园 上学 大学 学生
居民素质	文化 文明 素质
生态环境影响	环境 资源 卫生 空气 绿化 污染
居住环境	房子 拆迁 居住 小区 楼房 平房 房价 大院 物业 保安 户口
外来人口	外来

本章将从这 12 个方面来分析不同类型城镇化的居民感知城镇化质量差异。将地产型城镇化、科教型城镇化、旅游型城镇化、商贸型城镇化、农业型城镇化和交通型城镇化的居民的深度访谈前 50 个高频词按上述的 12 个类别进行分类，并分别计算每个类型的高频词频数占总数的百分比，得出不同城镇化模式的居民感知的高频词类别的差异，如表 6-6 所示。

表 6-6　不同城镇化模式的高频词类型频率

高频词类型	地产型	科教型	旅游型	商贸型	农业型	交通型
城镇化整体感知	37.60%	29.16%	36.95%	39.78%	45.21%	33.28%
城镇化特征	3.83%	1.99%	13.08%	8.78%	6.80%	5.45%
未来发展	10.63%	12.99%	13.05%	13.34%	8.87%	10.89%
积极的情绪	8.63%	4.30%	7.02%	6.33%	5.63%	6.81%
消极的情绪	4.00%	5.18%	3.73%	1.60%	4.40%	3.93%
经济发展与工作收入	8.86%	11.24%	10.95%	11.23%	5.70%	10.29%
公共服务及社会保障	5.37%	4.62%	0.93%	4.48%	2.98%	5.14%

续表

高频词类型	地产型	科教型	旅游型	商贸型	农业型	交通型
教育资源	0.91%	8.76%	0.87%	0.00%	2.20%	5.30%
居民素质	0.80%	0.00%	0.00%	0.68%	1.94%	0.76%
生态环境影响	9.09%	7.25%	7.60%	7.43%	4.66%	5.75%
居住环境	9.31%	13.55%	4.48%	5.07%	10.69%	12.41%
外来人口	0.97%	0.96%	1.34%	1.27%	0.91%	0.00%

城镇化整体感知的高频词包括"土地""项目""投资""城镇化""政府""建设""规划""变化"等，主要反映居民对城镇化的概念、城镇化的驱动者、城镇化的发展现状和变化等方面的感知。从上表结果可以看出，不同城镇化类型的居民对城镇化整体感知明显，占所有高频词类型的29.16%~45.21%，是所有高频词中占比最高的类型，由此说明居民对城镇化整体的概念、城镇化的发展现状和城镇化带来的变化有较强的感受。其中，农业型城镇化的居民感知最明显，城镇化整体感知类型的高频词占比高达45.21%，从农业型城镇化的高频词排序来看，农业型城镇化在土地政策、收入情况、住房条件等方面给居民带来较大的改善，他们的体会要比其他类型城镇化居民深刻。而科教型城镇化的居民对城镇化整体感知的高频词感知最弱（29.16%），进一步证明了上述观点。

城镇化特征类型的高频词，包括城镇化发展模式的特征、城镇主导产业的特征和城镇特色资源的特征，如"旅游""古玩""游客""旅游业""景区""古镇"等，都是反映旅游型城镇化特征的词语。从上表的分析结果可以看出，普遍居民对城镇化特征有一定程度的感知，旅游型城镇化居民对城镇化特征感知最明显（13.08%），原因在于旅游型城镇化的特征最明显，同时易于描述和感知。从隶属于科教型城镇化的高频词来看，很少有描述城镇化特征的高频词，因此，科教型城镇化居民对这方面的感知最弱（1.99%）。

未来发展类型高频词包括"发展""未来""进程"等，居民对此方面的关注程度，反映其对城镇化未来发展的期待。由上表可知，居民对城镇的未来发展有一定程度的感知，高频词占比在8.87% ~ 13.34%之间。其中，农业型城镇化居民关于"未来发展"这方面的感知最弱（8.87%）。与其他城镇化发展模式不同，农业型城镇化主要是就地城镇化，在已有的传统农业的基础上，继续发展新农业，扩大农业的生产规模，提高农业生产和销售效率。因此，农业型城镇化带来的经济、社会、环境影响较其他城镇化模式不明显。

情绪化高频词包括积极情绪和消极情绪两种类型，积极情绪类型高频词包括"方便""好处""满足""改善""幸福"等，消极情绪类型高频词包括"被动""虚伪""告状""悲观""辛苦"等。根据上表的分析，从积极情绪和消极情绪这两个方面来看，居民均有不同程度的感知。首先，科教型城镇化居民的积极情绪类型高频词占比最低（4.3%），而消极情绪占比最高（5.18%）。其次，农业型城镇化，积极的情绪类型的高频词占比5.63%，而消极的情绪类型占比4.40%。地产型城镇化的居民对城镇化积极的情绪感知程度最高，积极的情绪类型的高频词占比达8.63%，但是消极的情绪的高频词频率也不低，占比4.00%。虽然商贸型城镇化居民的积极的情绪感知不是最明显的（6.33%），但是它的消极的情绪占比是最低的，只有1.60%。总体来说，地产型城镇化和商贸型城镇化居民的满意度较高，旅游型城镇化和交通型城镇化居民的满意度一般，科教型城镇化和农业型城镇化居民的满意度较低。

经济发展与工作收入高频词包含"收入""经济""农业""上班""经营""就业"等。从上表的分析可知，普遍居民对经济发展与工作收入方面有一定程度的感知，其中，科教型城镇化和商贸型城镇化的居民对这方面的提及率最高，占比分别为11.24%和11.23%。旅游型城镇化和交通型城镇化的居民对此也有较强的感受，此类高频词占比分别是10.95%和10.29%。而农业型城镇化居民对这类型高频词提及率较低（5.7%），可能是因为短期内农业型城镇化模式对当地的经济发展带来的影响不显著，对居民的工作和收入影响不大。

"设施""医疗""社保""公园""交通"等都属于公共服务及社会

保障方面的高频词，是居民生活质量和生活水平的重要体现。从上表的分析结果可知，除旅游型城镇化居民外，其他城镇化模式的居民对这方面均有较明显的感知，高频词占比在2.98%～5.37%之间。而旅游型城镇化居民对这方面的提及率较低，只有0.93%。旅游型城镇化在发展的过程中，为了保护原有的自然风景资源和人文旅游资源，不会在当地进行大规模的基础设施建设，而是会更好地保护原本的城镇风貌，因此，旅游型城镇居民对公共基础设施的提及率较低。

教育资源包括"教育""学校""毕业""上学""大学"等高频词。由上表的分析结果可知，除科教型城镇化（8.76%）和交通型城镇化（5.30%）外，其他城镇化类型的居民对教育资源方面的高频词提及率非常低。商贸型城镇化提取的前50个高频词中，不涉及教育资源方面的高频词，地产型城镇化和旅游型城镇化居民对教育资源方面的提及率分别为0.91%和0.87%。

居民素质类型的高频词包括"文化""文明"和"素质"，各城镇化类型的居民对素质方面的提及率非常低，频率在0.00%～1.94%之间。由此可知，城镇化过程中，居民对自身素质的提高并不十分关注。

生态环境影响高频词包括"卫生""空气""绿化""污染"等。由上表可知，居民对生态环境影响方面均有不同程度的感知。其中，地产型城镇化的居民对此提及率最高（9.09%），而农业型城镇化居民对此提及率最低（4.66%）。与其他城镇化模式不同，农业型城镇化对生态环境的破坏较少，其主要发展模式是在传统农业的基础上科学地提高农业生产和销售效率，随着农业型城镇化的发展，城镇的环境会得到美化，因此，居民对城镇的生态环境影响感知相对不明显。

居住环境的高频词包括"房子""拆迁""小区""楼房""大院"等，主要反映从乡村到城镇的过渡过程中，居民对居住环境变化的感知程度。从上表可知，地产型城镇化、科教型城镇化、农业型城镇化和交通型城镇化的居民对居住环境有较强感知，而旅游型城镇化和商贸型城镇化的居民对此提及率较低，只有5%左右。旅游型城镇化的过程中，征地规模较少,大部分居民还是居住在原来的地方。

居民对外来人口的提及率非常低。本次深度访谈调研中,受访的本地居民和外来人员的比例是 3∶1。外来人员的比例并不低,但是在深度访谈内容的提及率中却非常低(0.00%~1.34%),表明外来人员能较好地融入当地环境,和当地居民和谐相处,文化冲突不明显。

二、基于扎根理论的城镇化质量评估

城镇化发展质量决定了居民的幸福感与生活质量,而居民对城镇化的感知则与城镇化建设给居民带来的好处和问题息息相关。本书运用扎根理论,通过对 15 个城镇的 120 份深度访谈资料进行反复阅读,了解城镇化建设过程中居民普遍关心的问题,划分了 14 个概念范畴,衍生出 20 个开放式编码,具体如表 6-7 所示。

表 6-7 概念范畴与开放式编码

概念范畴	开放式编码	
收入变化	收入提高	收入差距扩大 物价上涨
住房拆迁	拆迁补偿	征地过程引冲突
基础设施	交通便利	多种设施不完善
就业方式	个体经营活跃	技能单一
生活环境	环境改善	环境污染
人际交往	交友扩大化	利字当头人情疏离
生活方式	电子产品融入生活	
主人翁感	居民缺乏话语权	
城镇规划	政府规划不合理	
社会保障	社会有保障	
居民素质	居民素质提高	
资源开发	资源开发较合理	

概念范畴	开放式编码
传统文化	传统文化难继承
教育问题	教育仍落后

通过对以上开放式编码进行梳理归类，结合城镇化发展中与居民感知城镇化质量相关的内容，形成如图 6 - 1 所示的一套完整的概念系统。

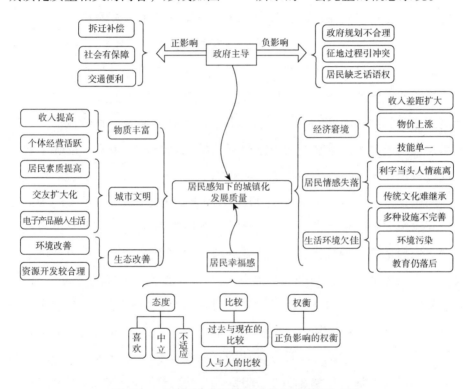

图 6 - 1　居民感知下的城镇化发展质量概念系统

政府主导城镇化发展，对城镇化建设产生了积极和消极的影响，居民就物质生活、精神生活、周围环境三方面对城镇化质量拥有不同的感知和体验，通过对这些感知进行分类，使其围绕着不同的轴心编码，再结合与居民感知城镇化质量相关的衡量要素，即居民对城镇化的态度，城镇化下居民感知到的"过去与现在的比较""人与人的比较"这两类比较，城镇化带来的正负影响间的权衡，最终统一指向"居民感知下的城镇化发展质量"这一核心式编码，从而构成完整的理论体系。

（一）政府主导的影响

城镇化发展过程中，政府在征地拆迁、城镇规划、社会保障、基础设施建设等方面起到了主导和推动作用。政府助力城镇化建设，首先，积极进行拆迁征地，并按人头或原房屋面积给予居民一定的补偿，安排其住进安置小区，使居民有家可归；其次，在城镇化过程中，政府积极制定和推行保障制度，使居民的社会福利保障制度从无到有，社会更具有人性关怀；最后，道路是居民沟通交往的重要渠道，城镇化建设过程中，政府大力支持交通设施的建设，使人们的日常出行获得了极大的便利，促进了当地商贸往来和地方经济的发展。总体来看，政府引导城镇化建设，为人民着想，替人民办事，推动交通设施改善，扩大社会保障范围，反映出政府在促进城镇化发展过程中做出的正向影响。

同时，政府主导的乡村拆迁与城镇规划过程也引发了一些问题。首先，政府规划不合理，部分居民甚至认为政府在城镇化建设中并没有进行规划。规划是进行城镇化建设的首要环节，政府不对城镇进行合理的规划就大张旗鼓地搞建设，往往会导致烂尾工程遍布，居民抱怨不断。其次，政府领导班子的频繁更迭导致政策变化过快也会对城镇化规划和建设造成不良影响。再次，政府在城镇化拆迁征地过程中，由于事先的沟通工作不到位，导致居民对城镇化建设缺乏认同感和参与感，加上政府一些强制拆迁的行为、房屋补偿价格偏低等原因，导致居民对拆迁征地满意度降低，容易与政府人员发生冲突，从而有损政府的权威性。最后，政府在决策过程中缺乏民主，较少倾听民意，导致居民在城镇化建设过程中缺乏话语权。

（二）物质生活的影响

民以食为天，城镇化带给居民一系列值得欣喜的物质生活改变。城镇化建设大力发展当地的支柱产业，使得人流量增大，顾客数量增多，从而带动了经济的发展，提高了居民的收入水平以及购买力，居民对此种变化喜闻乐见，从而更愿意接纳城镇化。征地之后，部分农民感觉到自己比以前更加自由，愿意在政府的带领下，经营好自己的小生意，积极投身于建设之中，个体经营活跃。收入提高，居民拥有一份自己的小生意，这些成为居民物质生活更加丰富的生动表现。

但是，城镇化建设过程也引起了一些居民在物质生活方面的困境。首先，部分居民面临经济的窘境。城镇化带来了经济发展，但也提高了物价、房价水平，扩大了居民的收入差距，富者占有多套住房，而贫者却买不起房，生活开销加大。其次，部分农民由于受教育程度较低，所掌握的生存技能比较单一，失去了土地，就失去了安身立命的根本，很难在城镇生活中找寻自己的出路，只得在家拮据度日，生活艰难。

（三）精神生活的影响

城镇化建设推动了社会精神文明的发展。城镇化建设支持教育的发展，培养居民的规则意识，在打开居民眼界的同时也提高了居民的素质，使其变得遵守交通规则、保护环境、待人友善等；城镇化过程中，外来人口与本地居民的交流增加，加上新型通信科技的使用，居民社交面有所扩大；城镇化促使居民改变原来的生活方式，使用手机、电脑的人也逐渐增多，电子产品融入居民日常生活，大部分居民都表示自己喜欢这种变化，城镇生活带给他们新的享受与体验。城镇化建设促进了社会文明，居民整体素质的提高，让居民从精神上更愿意融入城镇化建设。

在城镇化发展过程中，居民也产生了情感失落的问题。与交友扩大化对应的是，尽管现在居民认识的人多了，但不同于以前的农家小院，邻里和睦，现在的城镇居民住进了楼房，楼上楼下交流很少，失去了原先的亲近熟络。同时依赖社交平台进行交往渐渐使得面对面情感交流越来越少，人情疏离愈加严重，交往过程中人们也更加重视自己的利益，重利轻义，部分居民认为人们变得更加虚伪了；城镇化摒弃了古朴的房屋建筑，一些传统文化也随之瓦解消散，居民反映城镇化后传统节日没有了原先浓厚的节日氛围，一些传统习惯也未能得到保留。城镇化建设让居民的精神生活受到了一定程度的冲击，在农民转换为城镇居民的角色之余，如何抚平他们内心的失落需要进一步探讨。

（四）周围环境的影响

城镇化建设使居民的人居环境有了一定的改善。政府加大绿化力度，在保护原有环境的基础上进行整治与管理，添加垃圾回收处理设施，居民也增强了环保意识，创造了一个更加干净、舒适、美好的生活环境；城镇化建设中，政府整合各项资源，进行重新分配，优化建设，促进了资源的保护以及合理的利用。生态的改善能够带给居民良好的生活环境，使其喜欢目前的生活居所，心情更加舒畅地生活在城镇之中。

虽然城镇化建设在一定程度上改善了人居环境，但总体来看居民的人居环境状况仍然欠佳。目前的城镇化建设中，多种设施不完善是居民反映的重要问题之一；城镇化建设带来的水污染、空气污染、噪声污染的问题深深困扰着居民，使他们对城镇化建设存有疑虑与担忧；教育资源是否配套也是居民关心的重点之一，在进行城镇化建设过程中，要注意考量学校的密度与选址，必要时增加公立学校的数量，因为目前有居民反映城镇的教育仍旧落后，学校数量不足，教育资源分配存在问题。

（五）幸福感的影响

幸福是人们对现实生活需求得到满足而获得一种主观的需求[147]。研究居民感知城镇化质量对反映城镇化发展质量具有积极作用，能够体现城镇化建设以人为本的要求。通过梳理深度访谈资料发现，大部分居民对城镇化发展持乐观态度，他们表示喜欢现在的城镇生活，希望城镇化发展速度再快一些，对未来充满希望和憧憬，希望政府继续推动城镇化建设；也有少量居民对城镇化建设持中立态度，没有什么特殊的感觉；一些居民认为现有的城镇化发展速度较慢，存在各种问题，比起住楼房，自己更愿意回归从前的乡村生活。不过，从总体来看，城镇化建设在曲折中发展，居民对城镇未来充满希望。目前居民基于对过去与现在的比较以及人与人的比较展现对城镇化的感知。从乡村变成城镇，居民普遍认为收入有所增加、道路更加宽阔、生活设施更加丰富、环境绿化程度提高等，当然也有物价上涨、空气质量下降、就业竞争压力加大等一些不适应的感受。而人与人的对比则体现为收入差距的扩大，这一点让居民对城镇化的发展持怀疑态度。城镇化建设带给居民正向和负向的影响，居民试图权衡这两种影响。若总体上正向的影响多于负向的影响，则居民对城镇化发展会偏向于接纳；反之，居民对城镇化则会有抵触情绪。

三、不同地区居民感知问题的差异

不同地区在城镇化建设过程中可能会遇到相似的问题，但对每种问题居民的感知程度不同，即问题的严重程度具有差异性。通过勾画不同地区居民对城镇化带来的问题感知图，添加深度访谈中不同城镇居民提及该问题的频数数据，以期能够较为清晰地表明不同地区间问题的差异性，具体如图6-2、图6-3、图6-4所示。

（一）株洲市

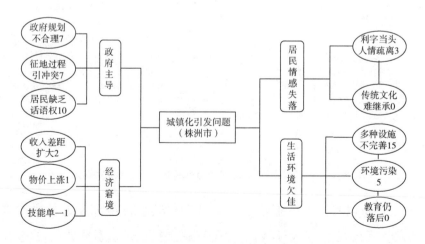

图6-2 居民感知下的株洲市城镇化建设存在的问题

从上图可以看出，株洲市居民对城镇化建设感触最深的几个问题为"多种设施不完善""居民缺乏话语权""政府规划不合理"以及"征地过程引冲突"。居民普遍反映突出的问题是城镇缺乏排污设施，公园、大型超市、厕所等便民设施也未能配套建设；政府管理不够到位，居民在城镇化建设中较少被征求意见，缺乏话语权故被动接受城镇化；政府在进行城镇化建设时缺少前期的规划，城镇化发展速度缓慢，出现烂尾工程，同时政府廉洁性受到质疑；政府在进行征地拆迁过程中由于前期沟通不到位、拆迁补偿未与居民达成共识等原因造成了一些强拆引发冲突的事件，对社会产生不良影响。研究发现，比起繁忙拥堵的城镇，株洲市居民更渴望回归乡村自然生活。这些是株洲市城镇化建设过程中出现的主要问题，此外还有周围环境污染问题。政府应该更好地优化管理，调整政策，加快设施建设，以提高居民的生活满意度。

（二）成都市

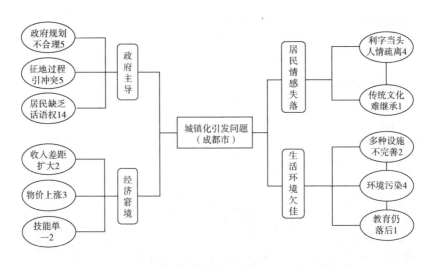

图6-3　居民感知下的成都市城镇化建设存在的问题

从上图可以看出，成都市居民对城镇化建设感触最深的几个问题为"居民缺乏话语权""政府规划不合理"和"征地过程引冲突"，这些问题集中体现了政府与居民之间存在矛盾。大多数成都市居民在城镇化建设中认为自己没有主人翁感,不能为城镇建设出谋划策,只能被动地去适应城镇化;政府城镇规划不够合理,商业区和居住区划分存在问题,无法形成良好的商业模式;由于拆迁补偿价格不够合理,居民在房屋拆迁过程中存在不满情绪甚至会与拆迁队伍起冲突。此外,成都具有悠闲舒适的生活氛围,居民纷纷表示更向往环境优美的乡村生活,更想住在设施完善的平房而不是住在高楼里,不太适应城镇生活。这些问题是成都市城镇化建设出现的主要问题,此外,还有人情疏离、环境污染、安置房未落实、拆迁后开发过程迟缓和城镇化建设发展缓慢等一些问题,政府应该给予关注,采取措施以促进城镇化深入发展。

（三）北京市

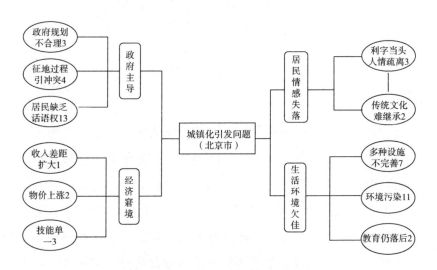

图 6-4　居民感知下的北京市城镇化建设存在的问题

从上图可以看出,北京市居民对城镇化建设感触最深的几个问题为"居民缺乏话语权""环境污染"和"多种设施不完善"。北京市居民大多认为自己缺乏话语权,在城镇化建设过程中没有主人翁感,政府决策很少考虑他们的意见;周围环境不够好,噪声污染、空气污染让人担忧,卫生问题也不尽如人意,绿化较少;设施不够完善,缺乏娱乐、排水、垃圾处理设施。这些问题是北京市城镇化建设出现的主要问题,此外,还有居民对拆迁补偿价格不满意、社会治安以及当地文化保护等问题，政府都应该给予关注，并采取措施加以改善。

综上可以看出，三个地区城镇化发展遇到的主要问题是"居民缺乏话语权""征地过程引冲突""多种设施不完善""环境污染"。前两个是政府与居民之间的问题，政府在管理过程中，需要更加体恤民情，听取民意，定期做好深入基层，了解民情，民主决策工作，居民也要敢于发表自己的见解，为城镇化建设出谋划策，学习城镇化建设的相关知识，肩负城镇化建设中居民的责任；在发展过程中，政府不仅要注意外在管理，还要注意内在居民心理的疏解，可通过地方电视节目、报纸等途径呼吁城镇化建设，让人们了解建设的好处，通过加强多种基础设施建设，增加绿化，促进环境保护，治理环境污染来提高居民对城镇生活的适应度。

第三节　小结

城镇化建设在曲折中发展，居民对城镇化未来充满希望，居民理想的城镇应具备生活富足、环境优美、干净卫生、交通便利、设施齐全、教育配套、医疗完善、人际和谐等特征。基于高频词分析的城镇化质量定性评估表明，城镇化进程中居民重点关注的高频词类型集中在城镇化整体感知、未来发展、生态环境影响、经济发展与工作收入、居住环境等。在城镇化整体感知类型中，农业型城镇化居民感知最明显，感知集中在土地政策、收入状况和住房条件改善等；在未来发展类型中，商贸型城镇化居民感知最明显，感知集中在企业发展、城镇化建设以及特色等；在生态环境影响类型中，地产型城镇化居民感知最明显，感知集中在城镇化发展、企业入驻和拆迁等；在经济发展与工作收入、居住环境类型中，科教型城镇化居民感知最明显，感知集中在发展、环境和大学等。不同城镇化途径对不同类型高频词的感知存在明显的差异性，说明各途径城镇化过程都有其特定的特色，各地区在探索城镇化途径时应结合实际情况选择。

　　基于扎根理论的城镇化质量定性评估表明，城镇化建设会给人们的生活带来方方面面好的变化，如收入水平的提高、居住环境的改善、教育社保的普及、交通医疗卫生设施的配套建设等，这些在很大程度上提高了居民的生活质量。当然，城镇化建设在提高居民生活便捷度的同时，也会出现一些问题，如环境污染、配套设施建设不完善、收入不稳定、医疗教育不健全、就业竞争压力大等。虽然各地区存在的问题因实际情况不同而有所区别，但总的问题集中在"居民缺乏话语权""征地过程引冲突""多种设施不完善""环境污染"几个方面。问题一旦产生，就需要政府和居民协同起来共同解决。在这个过程中，政府扮演的角色很重要，要学会如何维护老百姓的利益，如何更好地听取大家的意见进行决策，在引导城镇化建设中既注重经济利益，同时保障社会利益。总之，城镇化是大势所趋，随着时间的推移，城镇建设会继续焕发生机，带给居民更好的生活体验。

第七章

环城市乡村地区多途径城镇化质量定量评估

第一节 定量分析方法

为深入了解多途径城镇化模式下居民感知城镇化质量现状，本章从经济、社会生活和环境三方面，分别选取 13 个、18 个和 5 个指标，通过计算各影响指标的平均值和标准差，分析居民感知城镇化质量的总体感知情况；通过多元方差分析，研究不同城镇化模式的差异性。

根据城镇化评估体系综述，设计调查问卷，内容包括被访居民对当地城镇化的经济影响、社会生活影响和环境影响的感知，居民的人口统计学特征和对城镇化的要求。问卷采用 Likert5 分量表对影响指标进行测量，1~5 分分别代表"非常不赞同""比较不赞同""中立""比较赞同"和"非常赞同"。采取实地问卷调查法，共走访 15 个城镇，合计发放 1500 份问卷，收回有效问卷 1459 份，有效率为 97.27%。具体问卷发放如表 7-1、表 7-2 所示。

表 7-1 各城镇调研情况（问卷调研部分）

行政级别	案例地	城镇化模式	城镇	样本数
普通地级市	株洲市（中部）	旅游型城镇化	仙庾镇	88
			酒埠江镇	93
		地产型城镇化	明照乡	91
		商贸型城镇化	白兔潭镇	95
			皇图岭镇	94
省会城市	成都市（西部）	旅游型城镇化	街子镇	96
			安仁镇	97
		地产型城镇化	花园镇	85
		农业型城镇化	万春镇	97
		科教型城镇化	柳城镇	111
首都城市	北京市（东部）	旅游型城镇化	十渡镇	98
		科教型城镇化	沙河镇	106
		农业型城镇化	庞各庄镇	108
		地产型城镇化	东小口镇	103
		交通型城镇化	固安镇	97
总计				1459

表 7-2 不同城镇化模式调研样本数汇总

城镇化模式	有效问卷数
旅游型城镇化	472
地产型城镇化	279
商贸型城镇化	189
科教型城镇化	217
农业型城镇化	205
交通型城镇化	97
总计	1459

第二节　城镇化质量整体评估

一、经济方面

由表 7 – 3 可知，城镇化对居民经济方面最突出的影响体现在指标 12（3.898）、指标 11（3.879）和指标 6（3.773）。伴随乡村城镇化的深入，越来越多的乡村居民摒弃以务农获得经济收入的方式，选择具有城镇化典型特征的打工方式，或者说是逐渐由农民转向工人，这一点是乡村居民喜闻乐见的。土地对于乡村居民而言意味着一切，城镇化另一典型的特征是将原来分散在居民手中的土地集中起来实现土地的规模效应，同时农村原来土地单一的"耕地"的性质随着城镇化产业发展的需要发生改变，对于这一点居民的整体感知也十分明显。在城镇化之前，乡村居民大多数过着自给自足的生活，对于商品的需求不甚强烈。当居民身份发生改变、土地用途发生改变，随之而来的是居民生活方式的改变，此时居民开始关注与生活相关的物价，对物价稍许的波动都会异常敏感，这也是居民在城镇化后比较直观的感受。城镇化对居民经济方面最微弱的影响体现在指标 1（3.239）、指标 7（3.246）和指标 10（3.262）。城镇化对居民个人收入方面不会有立竿见影的效果，这一点是显而易见的，居民对此感觉最微弱是必然的。同样，城镇化对居民人均居住面积不会有所改善，有可能还会让居民感觉居住面积不增反降，这也是城镇化的一种潜在结果，城镇化过程是一次对乡村进行重新规划、重新定位和重新发展的过程，势必会对居民原有随意搭建、划定的用地进行限制，尤其在居民宅基地面积上会更加慎重。由于城镇化在居民收入方面的改善是一个缓慢的过程，因此，居民不会在城镇化进行中或者城镇化不久感觉到与城市居民经济收入差距的缩小，但是随着城镇化的深入，逐渐减小城乡居民的经济收入差距是发展的必然趋势。

表 7 - 3　居民对不同类型城镇化经济影响的感知

经济影响指标	旅游型城镇化		地产型城镇化		商贸型城镇化		科教型城镇化		农业型城镇化		交通型城镇化		总计	
	均值	标准差	均值	标准差	均值	标准差	均值	标准差	均值	标准差	均值	标准差	均值	标准差
1. 您的收入有了很大的提高	3.239	1.2819	3.263	1.1978	3.201	1.1858	3.203	1.0952	3.265	1.2382	2.784	1.3168	3.239	1.2819
2. 您的购买力及购买欲望增加了	3.379	1.1721	3.515	1.1347	3.762	1.1258	3.618	1.0347	3.485	1.2086	3.649	1.208	3.379	1.1721
3. 您周边的朋友收入都有很大的提高	3.456	1.1259	3.516	1.0353	3.481	1.0896	3.36	1.0089	3.578	1.0568	3.454	1.2078	3.456	1.1259
4. 城镇化促进了当地经济的发展	3.545	1.3104	3.81	1.1116	3.868	1.1291	3.745	0.9928	3.759	1.1693	3.753	1.2165	3.545	1.3104
5. 房地产价格上涨	3.739	1.3282	3.942	1.1011	4.307	1.1114	4.086	1.1051	3.915	1.2962	4.34	1.2066	3.739	1.3282
6. 物价上涨	3.773	1.3951	3.982	1.1426	4.339	1.0972	4.06	1.1309	3.872	1.2448	4.34	1.2407	3.773	1.3951
7. 人均居住面积比以前大多了	3.246	1.2798	3.189	1.2995	3.556	1.273	3.389	1.1967	3.253	1.3673	2.907	1.4148	3.246	1.2798

续表

经济影响指标	旅游型城镇化		地产型城镇化		商贸型城镇化		科教型城镇化		农业型城镇化		交通型城镇化		总计	
	均值	标准差	均值	标准差	均值	标准差	均值	标准差	均值	标准差	均值	标准差	均值	标准差
8. 资源或者风景得到了更好的开发利用	3.660	1.2106	3.417	1.1631	3.381	1.2129	3.407	1.0044	3.673	1.1822	3.247	1.2993	3.66	1.2106
9. 当地居民贫富差距变大	3.752	1.1927	3.618	1.1229	3.974	1.0888	3.859	1.0471	3.695	1.1538	3.938	1.1798	3.752	1.1927
10. 和市区居住的人相比，经济收入差距缩小了	3.262	1.3128	3.391	1.1458	3.376	1.0924	3.319	1.0913	3.212	1.2434	3.155	1.3566	3.262	1.3128
11. 人均耕地面积大幅度减少了	3.879	1.2279	3.863	1.124	3.958	1.0907	3.986	1.1254	3.644	1.2865	4.144	1.1989	3.879	1.2279
12. 您和您身边的朋友都不再务农，选择去打工	3.898	1.0973	3.731	1.0388	4.053	0.9494	3.931	0.9427	3.764	1.1591	4.031	1.1223	3.898	1.0973
13. 您身边很多朋友返乡创业或者打工了	3.479	1.2207	3.546	1.1066	3.635	1.1247	3.434	1.0382	3.507	1.1902	3.536	1.1279	3.479	1.2207

二、社会生活方面

由表7-4可知，居民对城镇化所带来的社会生活方面变化最认同的指标分别是指标13（4.32）、指标4（4.033）和指标15（3.989），最不认同的指标分别是指标1（2.79）、指标14（2.864）和指标16（3.362）。由此可知，城镇化过程对乡村的交通条件、基础设施、医疗教育和社会保障方面均做出较大的且获得居民认可的贡献。当然，城镇化过程中也出现了一些问题，集中体现在居民对政府的工作方式和政府的管理职能等方面存在不同的看法，需要属地政府在城镇化过程中投入更多的耐心和宽容，将城镇化的方式、途径、优势和可能存在的问题与居民深度交流，获得居民的认可并让其参与城镇化，做城镇化的见证者和分享者。

三、环境方面

在环境影响方面（表7-5），不同城镇化类型的居民满意度普遍较高，总体均值均高于3。指标1（3.701）获得大多数居民的认可，说明大部分城镇化对当地景色保护合理，居民的居住环境有较大的改善。对于指标2（3.199），大部分居民保持中立的态度，说明新建的城镇化设施并没有起到预期的效果，没有获得居民的认可，这一方面在城镇化过程应引起重视。对于其他指标，居民整体而言是认同的，但需要深化以期获得更大的支持。

表7-4　居民对不同类型城镇化社会生活影响的感知

社会生活影响指标	旅游型城镇化		地产型城镇化		商贸型城镇化		科教型城镇化		农业型城镇化		交通型城镇化		总计	
	均值	标准差	均值	标准差	均值	标准差	均值	标准差	均值	标准差	均值	标准差	均值	标准差
1. 在拆迁补偿、规划建设等方面，政府听取了您和周围居民的意见	2.68	1.382	2.88	1.328	2.72	1.238	2.99	1.179	2.92	1.278	2.48	1.226	2.79	1.306
2. 政府对环境卫生投入了很多，卫生条件变好了	3.845	1.1727	3.83	1.0175	3.868	1.1244	3.386	1.1532	3.763	1.1613	3.567	1.3762	3.747	1.1589
3. 公共服务设施比以前丰富了，如医疗、教育、健身娱乐设施和商场	3.782	1.146	3.673	1.1631	3.529	1.2528	3.695	1.0949	3.776	1.1235	3.546	1.2749	3.699	1.1637
4. 交通更加方便了	4.038	1.0378	4.107	0.9422	4.138	0.9409	3.971	1.0212	4.046	1.1072	3.701	1.4446	4.033	1.0513
5. 您身边的朋友的教育水平提高，更喜爱读书了	3.426	1.1319	3.49	1.0726	3.423	1.0162	3.424	1.0375	3.578	1.1498	3.144	1.2582	3.44	1.1064
6. 您居住的环境更加安全，犯罪现象更少了	3.519	1.2259	3.497	1.0629	3.339	1.1585	3.377	1.1404	3.4	1.1741	2.959	1.2903	3.416	1.1785

续表

社会生活影响指标	旅游型城镇化		地产型城镇化		商贸型城镇化		科教型城镇化		农业型城镇化		交通型城镇化		总计	
	均值	标准差	均值	标准差	均值	标准差	均值	标准差	均值	标准差	均值	标准差	均值	标准差
7. 当地文化与传统风俗改变并逐渐消失	3.453	1.1953	3.544	1.0617	3.27	1.2011	3.478	1.0541	3.551	1.1305	3.546	1.1367	3.471	1.1396
8. 生活中的噪声污染增加，生活的宁静被破坏	3.568	1.308	3.711	1.1093	3.725	1.2241	3.924	0.9177	3.688	1.2958	3.959	1.2155	3.711	1.2063
9. 邻里关系比以前更加融洽了	3.636	1.1467	3.542	1.1245	3.693	1.0473	3.384	1.0565	3.477	1.1984	3.124	1.2931	3.532	1.1425
10. 居民的整体素质提高了	3.703	1.1441	3.633	1.0542	3.646	1.0994	3.47	1.1057	3.590	1.2116	3.175	1.2501	3.597	1.1395
11. 您的社会交际面比以前大多了	3.71	1.0418	3.742	0.9966	3.91	0.9494	3.693	1.0092	3.676	1.1096	3.66	1.2491	3.731	1.0428
12. 您的工作作息时间有了很大的变化	3.576	1.1668	3.572	1.17	3.698	1.0258	3.594	1.046	3.507	1.2584	3.474	1.4075	3.578	1.1636
13. 您身边使用电脑和电话的人增多了	4.309	0.9156	4.183	1.053	4.593	0.7496	4.166	0.9719	4.333	0.9271	4.557	0.9351	4.32	0.945

续表

社会生活影响指标	旅游型城镇化		地产型城镇化		商贸型城镇化		科教型城镇化		农业型城镇化		交通型城镇化		总计	
	均值	标准差	均值	标准差	均值	标准差	均值	标准差	均值	标准差	均值	标准差	均值	标准差
14. 您觉得政府管理部门工作很到位	2.814	1.3062	3.129	1.2787	2.635	1.22	2.959	1.2595	2.927	1.3319	2.443	1.258	2.864	1.295
15. 您身边参加社保的人多了	4.002	1.0698	4.085	0.8937	3.974	0.8958	3.889	0.9892	4.117	0.9476	3.629	1.3332	3.989	1.0136
16. 社会保障体系更好了,您对现在的社会福利很满意	3.352	1.2083	3.609	1.0083	3.249	1.1969	3.318	1.1528	3.471	1.2667	2.794	1.2578	3.362	1.1885
17. 和市区居住的人的社会福利差距缩小了	3.354	1.1819	3.501	1.0424	3.37	1.1394	3.406	1.102	3.473	1.178	3.134	1.2469	3.394	1.1448
18. 我很喜欢城镇化给我的生活方式带来的变化	3.462	1.3091	3.648	1.1321	3.608	1.0892	3.663	1.0283	3.529	1.2402	3.361	1.2006	3.549	1.1945

表 7－5　居民对不同类型城镇化环境影响的感知

环境影响指标	旅游型城镇化		地产型城镇化		商贸型城镇化		科教型城镇化		农业型城镇化		交通型城镇化		总计	
	均值	标准差	均值	标准差	均值	标准差	均值	标准差	均值	标准差	均值	标准差	均值	标准差
1. 城镇化的过程保留和更好地保护开发了我们当地原来的景色，变得更漂亮了	3.771	1.149	3.791	1.033	3.556	1.146	3.596	1.080	3.763	1.124	3.495	1.259	3.701	1.1241
2. 新建的工厂和其他城镇化设施都很好地保护了当地环境	3.263	1.241	3.451	1.138	2.799	1.264	3.113	1.103	3.289	1.241	2.948	1.349	3.199	1.2275
3. 新建了很多公园和绿地，环境比以前好多了	3.604	1.179	3.611	1.169	2.968	1.360	3.596	1.102	3.832	1.114	3.742	1.236	3.563	1.2089
4. 我希望这里继续修建更多的高楼大厦	3.407	1.350	3.515	1.247	3.683	1.231	3.152	1.198	3.298	1.381	3.165	1.405	3.394	1.3102
5. 我很喜欢居住在新城镇的感觉	3.521	1.318	3.641	1.171	3.667	1.190	3.445	1.035	3.630	1.187	3.330	1.313	3.554	1.2179

103

四、小结

城镇化质量整体评估表明，在经济性方面，城镇化对居民经济方面最突出的影响体现在指标 12（您和您身边的朋友都不再务农，选择去打工）、指标 11（人均耕地面积大幅度减少了）和指标 6（物价上涨），城镇化对居民经济方面最微弱的影响体现在指标 1（您的收入有了很大的提高）、指标 7（人均居住面积比以前大多了）和指标 10（和市区居住的人相比，经济收入差距缩小了）。城镇化是一次对乡村进行重新规划、重新定位和重新发展的过程，但是在短期内对居民收入不会有太大的改善，随着居民拥有的土地用途的改变，最先感受到的是土地引起的生产生活方式的连锁反应，随后才是经济性的改善，这是乡村城镇化进程的必然结果。

城镇化在社会生活方面带来的改变中，居民最认同的改变包括指标 13（您身边使用电脑和电话的人增多了）、指标 4（交通更加方便了）和指标 15（您身边参加社保的人多了），居民感受最小的改变包括指标 1（在拆迁补偿、规划建设等方面，政府听取了您和周围居民的意见）、指标 14（您觉得政府管理部门工作很到位）和指标 16（社会保障体系更好了，您对现在的社会福利很满意）。由上述分析结果可知，居民对于城镇化带来的外界改变基本都感同身受，但是对于城镇化进程中政府的管理职能存在一定的看法，充分体现居民在城镇化过程中的主人翁意识和积极参与城镇化的强烈意愿。

在环境影响方面，城镇化给人居环境带来的改变是显而易见的，新建的公园、绿地、高楼和马路为居民带来了较好的休闲娱乐场所，让居民切实感受到城镇化带来的改变。但同时，居民也对城镇化过程中的环境污染问题存在一定的担忧，希望政府在城镇化进程中能够更加重视环境保护，在改善现有环境状况的同时杜绝新环境污染问题的出现，体现绿色发展和可持续性发展的理念。

第三节　不同区域城镇化质量差异分析

一、总体差异

对于区域间的差异，如果从描述分析来看我们可以看到，在经济影响方面，成都市比其他两个地区都有更为明显的优势，特别是在返乡创业，以及新城镇人口产业化方面，所以可以看到西部城市在这几年环城市乡村地区多途径城镇化的经济效益是比较明显的。在社会影响的感知方面，株洲市居民的感知是比较明显的，在好多指标上都排在第一，政府也投入了相当的努力去推动城镇化建设，可见这几年多途径城镇化的进程在原本相对发展缓慢的中部地区也有了飞速的变化。在环境影响方面，成都市的变化是最大的，而株洲市的市民是感觉最幸福的。具体数据参见表 7-6。

表 7-6　不同区域城镇化模式的居民感知城镇化质量差异描述性分析

	区位	均值	标准偏差
1. 您的收入有了很大的提高	株洲市	3.210	1.2341
	成都市	3.221	1.1969
	北京市及其周边地区	3.299	1.2252
	总计	3.241	1.2179
2. 您的购买力及购买欲望增加了	株洲市	3.518	1.1842
	成都市	3.518	1.1758
	北京市及其周边地区	3.506	1.0875
	总计	3.514	1.1520

	区位	均值	标准偏差
3. 您周边的朋友收入都有很大的提高	株洲市	3.471	1.1140
	成都市	3.499	1.0516
	北京市及其周边地区	3.470	1.0581
	总计	3.481	1.0745
4. 城镇化促进了当地经济的发展	株洲市	3.675	1.2830
	成都市	3.819	1.1282
	北京市及其周边地区	3.625	1.1189
	总计	3.711	1.1825
5. 房地产价格上涨	株洲市	3.892	1.3110
	成都市	4.008	1.1677
	北京市及其周边地区	3.913	1.2101
	总计	3.940	1.2310
6. 物价上涨	株洲市	3.993	1.3096
	成都市	4.012	1.2026
	北京市及其周边地区	3.845	1.2570
	总计	3.955	1.2574
7. 人均居住面积比以前大多了	株洲市	3.401	1.3095
	成都市	3.305	1.2943
	北京市及其周边地区	3.193	1.2585
	总计	3.304	1.2906
8. 资源或者风景得到了更好的开发和利用	株洲市	3.527	1.2467
	成都市	3.691	1.1514
	北京市及其周边地区	3.359	1.0937
	总计	3.535	1.1749
9. 当地居民贫富差距变大	株洲市	3.887	1.1249
	成都市	3.697	1.1752
	北京市及其周边地区	3.694	1.1217
	总计	3.761	1.1450

续表

	区位	均值	标准偏差
10. 和市区居住的人相比，经济收入差距缩小了	株洲市	3.382	1.1895
	成都市	3.332	1.1953
	北京市及其周边地区	3.191	1.2437
	总计	3.306	1.2098
11. 人均耕地面积大幅度减少了	株洲市	3.918	1.2004
	成都市	3.876	1.1753
	北京市及其周边地区	3.801	1.1896
	总计	3.868	1.1883
12. 您和您身边的朋友都不再务农，选择去打工	株洲市	3.926	1.1127
	成都市	4.021	.9597
	北京市及其周边地区	3.637	1.0729
	总计	3.873	1.0594
13. 您身边很多朋友返乡创业或者打工了	株洲市	3.425	1.2825
	成都市	3.718	1.0208
	北京市及其周边地区	3.362	1.1231
	总计	3.511	1.1558
14. 在拆迁补偿、规划建设等方面，政府听取了您和周围居民的意见	株洲市	2.67	1.343
	成都市	2.86	1.309
	北京市及其周边地区	2.93	1.262
	总计	2.81	1.310
15. 政府对环境卫生投入了很多，卫生条件变好了	株洲市	4.074	1.0400
	成都市	3.845	1.0941
	北京市及其周边地区	3.317	1.1680
	总计	3.763	1.1410
16. 公共服务设施比以前丰富了，如医疗、教育、健身娱乐设施和商场	株洲市	3.685	1.2506
	成都市	3.911	1.0237
	北京市及其周边地区	3.523	1.1537
	总计	3.717	1.1542

续表

	区位	均值	标准偏差
17. 交通更加方便了	株洲市	4.219	0.9265
	成都市	4.128	0.9750
	北京市及其周边地区	3.775	1.1250
	总计	4.053	1.0235
18. 您身边的朋友的教育水平提高，更喜爱读书了	株洲市	3.553	1.0570
	成都市	3.445	1.1261
	北京市及其周边地区	3.371	1.1011
	总计	3.459	1.0971
19. 您居住的环境更加安全，犯罪现象少多了	株洲市	3.479	1.2024
	成都市	3.509	1.1846
	北京市及其周边地区	3.349	1.0901
	总计	3.451	1.1643
20. 当地文化与传统风俗改变并逐渐消失	株洲市	3.338	1.1825
	成都市	3.489	1.1653
	北京市及其周边地区	3.573	1.0547
	总计	3.463	1.1423
21. 生活中的噪声污染增加，生活的宁静被破坏	株洲市	3.614	1.2915
	成都市	3.660	1.2322
	北京市及其周边地区	3.823	1.0651
	总计	3.693	1.2078
22. 邻里关系比以前更加融洽了	株洲市	3.716	1.0465
	成都市	3.633	1.1433
	北京市及其周边地区	3.304	1.1508
	总计	3.562	1.1262
23. 居民的整体素质提高了	株洲市	3.829	1.0441
	成都市	3.705	1.1253
	北京市及其周边地区	3.300	1.1630
	总计	3.625	1.1308

续表

	区位	均值	标准偏差
24. 您的社会交际面比以前大多了	株洲市	3.844	0.9766
	成都市	3.837	0.9939
	北京市及其周边地区	3.504	1.0874
	总计	3.739	1.0283
25. 您的工作作息时间有了很大的变化	株洲市	3.607	1.1646
	成都市	3.697	1.1082
	北京市及其周边地区	3.445	1.1577
	总计	3.590	1.1464
26. 您身边使用电脑和电话的人增多了	株洲市	4.451	0.8799
	成都市	4.365	0.9208
	北京市及其周边地区	4.078	1.0018
	总计	4.308	0.9448
27. 您觉得政府管理部门工作很到位	株洲市	2.829	1.2541
	成都市	3.014	1.2864
	北京市及其周边地区	2.836	1.3395
	总计	2.897	1.2939
28. 您身边参加社保的人多了	株洲市	4.115	0.9634
	成都市	4.019	1.0314
	北京市及其周边地区	3.885	0.9414
	总计	4.011	0.9854
29. 社会保障体系更好了，您对现在的社会福利很满意	株洲市	3.443	1.1663
	成都市	3.466	1.1842
	北京市及其周边地区	3.291	1.1665
	总计	3.405	1.1744
30. 和市区居住的人的社会福利差距缩小了	株洲市	3.436	1.1434
	成都市	3.487	1.1182
	北京市及其周边地区	3.303	1.1423
	总计	3.414	1.1358

	区位	均值	标准偏差
31. 我很喜欢城镇化给我的生活方式带来的变化	株洲市	3.607	1.1996
	成都市	3.567	1.2206
	北京市及其周边地区	3.509	1.1604
	总计	3.563	1.1953
32. 城镇化的过程保留和更好地保护开发了我们当地原来的景色，变得更漂亮了	株洲市	3.735	1.1513
	成都市	3.859	1.0915
	北京市及其周边地区	3.531	1.0731
	总计	3.718	1.1140
33. 新建的工厂和其他城镇化设施都很好地保护了当地环境	株洲市	3.184	1.2712
	成都市	3.277	1.2131
	北京市及其周边地区	3.185	1.1650
	总计	3.218	1.2190
34. 新建了很多公园和绿地，环境比以前好多了	株洲市	3.343	1.3104
	成都市	3.784	1.1189
	北京市及其周边地区	3.509	1.1438
	总计	3.551	1.2082
35. 我希望这里继续修建更多的高楼大厦	株洲市	3.620	1.3110
	成都市	3.260	1.2947
	北京市及其周边地区	3.359	1.2797
	总计	3.412	1.3040
36. 我很喜欢居住在新城镇的感觉	株洲市	3.677	1.2536
	成都市	3.551	1.2128
	北京市及其周边地区	3.481	1.1464
	总计	3.573	1.2091

二、区域差异分析

以地区为自变量，居民感性评估的各项指标作为因变量，通过 SPSS 软件的多元方差分析，得出以下结果（表 7 - 7），可得知不同区域之间城镇化质量的差异还是很大的。

表 7 - 7　不同区域城镇化质量的居民感知差异

影响指标	城镇化模式	
	F 值	Sig.
1. 您的收入有了很大的提高	0.684	0.505
2. 您的购买力及购买欲望增加了	0.017	0.983
3. 您周边的朋友收入都有很大的提高	0.110	0.896
4. 城镇化促进了当地经济的发展	3.326	0.036
5. 房地产价格上涨	1.204	0.300
6. 物价上涨	2.289	0.102
7. 人均居住面积比以前大多了	2.819	0.060
8. 资源或者风景得到了更好的开发和利用	8.957	0.000 **
9. 当地居民贫富差距变大	4.277	0.014 *
10. 和市区居住的人相比，经济收入差距缩小了	2.864	0.057
11. 人均耕地面积大幅度减少了	1.069	0.344
12. 您和您身边的朋友都不再务农，选择去打工	15.745	0.000 **
13. 您身边很多朋友返乡创业或者打工了	12.644	0.000 **
14. 在拆迁补偿、规划建设等方面，政府听取了您和周围居民的意见	4.529	0.011 *
15. 政府对环境卫生投入了很多，卫生条件变好了	53.503	0.000 **
16. 公共服务设施比以前丰富了，如医疗、教育、健身娱乐设施和商场	13.028	0.000 **
17. 交通更加方便了	23.144	0.000 **
18. 您身边的朋友的教育水平提高，更喜爱读书了	3.071	0.047 *

影响指标	城镇化模式	
	F 值	Sig.
19. 您居住的环境更加安全，犯罪现象少多了	2.307	0.100
20. 当地文化与传统风俗改变并逐渐消失	4.780	0.009 **
21. 生活中的噪声污染增加，生活的宁静被破坏	3.548	0.029 *
22. 邻里关系比以前更加融洽了	16.342	0.000 **
23. 居民的整体素质提高了	26.500	0.000 **
24. 您的社会交际面比以前大多了	15.657	0.000 **
25. 您的工作作息时间有了很大的变化	5.480	0.004 **
26. 您身边使用电脑和电话的人增多了	18.748	0.000 **
27. 您觉得政府管理部门工作很到位	3.102	0.045 *
28. 您身边参加社保的人多了	5.962	0.003 **
29. 社会保障体系更好了，您对现在的社会福利很满意	2.823	0.060
30. 和市区居住的人的社会福利差距缩小了	3.033	0.048 *
31. 我很喜欢城镇化给我的生活方式带来的变化	0.731	0.482
32. 城镇化的过程保留和更好地保护开发了我们当地原来的景色，变得更漂亮了	9.831	0.000 **
33. 新建的工厂和其他城镇化设施都很好地保护了当地环境	0.900	0.407
34. 新建了很多公园和绿地，环境比以前好多了	16.483	0.000 **
35. 我希望这里继续修建更多的高楼大厦	9.652	0.000 **
36. 我很喜欢居住在新城镇的感觉	2.963	0.052

注：* 显著性在 0.01~0.05 的水平，** 显著性在 0.01 以下的水平。

由上表可知，在经济影响指标方面，有显著性差异的指标三个，比较显著性差异的指标一个。其中，显著性差异的指标"资源或者风景得到了更好的开发和利用"和"您和您身边的朋友都不再务农，选择去打工"，这两点在成都和株洲非常明显，在北京相对较弱，可见，中西部地区城镇化之后转移城镇劳动力人口趋势仍然继续增加。而另外一个指标"您身边很多朋友返乡创业或者打工了"成都市非常突出，株洲市次之，也说明随着城镇化的出现，就地城镇化和返乡创业已经成为新的趋势。比较显著差异的指标是"当地居民贫富差距变大"，在株洲的变化非常明显，结合定性分析的结论来看，可以发现株洲新城镇化地区的经济产业还是需要进一步发展，对新市民的经济生活也应该给予更多关心。

在社会生活方面，可以说地区的差异非常之大。18 个指标中有 15 个存在差异，其中显著差异的指标有 10 个，比较显著性差异的指标有 5 个。总的来说，以北京市及其周边地区、株洲市和成都市为代表的中国东、中、西部城镇化中社会感知存在显著差异的原因一定是和环城市地区城镇化依托城市的差异明显相关的。北京作为全国首都，是东部发达地区代表性城市，但是其环城市城镇化过程相对中部和西部来说，社会变化反而是弱的。这主要是因为北京在城镇化之前的社会基础就已经相对较好，所以变化不是特别明显，而对于中部和西部的环城市地区来说，城镇化为他们的社会生活带来了极大的变化。显著差异存在于以下几个指标。"政府对环境卫生投入了很多，卫生条件变好了""公共服务设施比以前丰富了，如医疗、教育、健身娱乐设施和商场""交通更加方便了""当地文化与传统风俗改变并逐渐消失""邻里关系比以前更加融洽了""居民的整体素质提高了""您的社会交际面比以前大多了""您的工作作息时间有了很大的变化""您身边使用电脑和电话的人增多了""您身边参加社保的人多了"等描述社会生活的指标上，株洲市和成都市民感知明显优于北京。而北京环城市地区居民在城镇化过程中其实更加感受到了社会生活变化的负面影响，比如，"当地文化与传统风俗改变并逐渐消失""生活中的噪声污染增加，生活的宁静被破坏"。然而值得一提的是拆迁补偿等重要的感知方面，北京及其周边地区又明显优于成都市，成都市又优于株洲市。特别是政府管理部门工作，成都市民普遍认为比较到位。

在环境方面，成都市的居民明显感觉到城镇化过程对于环境的良性变化，这和川渝地区在城镇化过程中坚持地方风貌、突出文化特色的大方向是密切相关的。"城镇化的过程保留和更好地保护开发了我们当地原来的景色，变得更漂亮了""新建了很多公园和绿地，环境比以前好多了"这两项指标都存在显著差异，成都市明显优于其他地区。"我希望这里继续修建更多的高楼大厦"也存在显著差异，株洲市远大于北京及其周边地区和成都市。可见株洲市对快速城镇化的期望还是很高的，而成都市对于传统文化建筑和乡村风光更为留恋。

第四节　不同城镇化模式下城镇化质量差异分析

以城镇化模式为自变量，居民感性评估的各项指标作为因变量，通过SPSS 软件的多元方差分析，得出以下结果，具体如表 7 - 8 所示。

表 7 - 8　不同城镇化模式城镇化质量居民感知差异

影响指标	城镇化模式	
	F 值	Sig.
1. 您的收入有了很大的提高	2.600 *	0.024
2. 您的购买力及购买欲望增加了	3.699 **	0.002
3. 您周边的朋友收入都有很大的提高	0.979	0.429
4. 城镇化促进了当地经济的发展	3.046 *	0.010
5. 房地产价格上涨	8.608 **	0.000
6. 物价上涨	7.873 **	0.000
7. 人均居住面积比以前大多了	3.991 **	0.001
8. 资源或者风景得到了更好的开发和利用	4.437 **	0.001
9. 当地居民贫富差距变大	3.075 **	0.009
10. 和市区居住的人相比，经济收入差距缩小了	1.051	0.386
11. 人均耕地面积大幅度减少了	3.115 **	0.008
12. 您和您身边的朋友都不再务农，选择去打工	3.132 **	0.008
13. 您身边很多朋友返乡创业或者打工了	0.768	0.573
14. 在拆迁补偿、规划建设等方面，政府听取了您和周围居民的意见	3.553 **	0.003

影响指标	城镇化模式	
	F 值	Sig.
15. 政府对环境卫生投入了很多，卫生条件变好了	6.170**	0.000
16. 公共服务设施比以前丰富了，如医疗、教育、健身娱乐设施和商场	1.832	0.104
17. 交通更加方便了	2.765*	0.017
18. 您身边的朋友的教育水平提高，更喜爱读书了	2.175	0.055
19. 您居住的环境更加安全，犯罪现象少多了	4.168**	0.001
20. 当地文化与传统风俗改变并逐渐消失	1.726	0.126
21. 生活中的噪声污染增加，生活的宁静被破坏	3.547**	0.003
22. 邻里关系比以前更加融洽了	4.893**	0.000
23. 居民的整体素质提高了	4.189**	0.001
24. 您的社会交际面比以前大多了	1.428	0.211
25. 您的工作作息时间有了很大的变化	0.722	0.607
26. 您身边使用电脑和电话的人增多了	6.849**	0.000
27. 您觉得政府管理部门工作很到位	6.142**	0.000
28. 您身边参加社保的人多了	4.087**	0.001
29. 社会保障体系更好了，您对现在的社会福利很满意	7.780**	0.000
30. 和市区居住的人的社会福利差距缩小了	1.825	0.105
31. 我很喜欢城镇化给我的生活方式带来的变化	1.868	0.097
32. 城镇化的过程保留和更好地保护开发了我们当地原来的景色，变得更漂亮了	2.522*	0.028
33. 新建的工厂和其他城镇化设施都很好地保护了当地环境	8.061**	0.000
34. 新建了很多公园和绿地，环境比以前好多了	12.295**	0.000
35. 我希望这里继续修建更多的高楼大厦	4.675**	0.000
36. 我很喜欢居住在新城镇的感觉	1.848	0.101

注：*显著性在 0.01～0.05 的水平，**显著性在 0.01 以下的水平。

由上表可知，在经济方面，有显著性差异的指标 8 个，比较显著性差异的指标 2 个。其中"房地产价格上涨"和"物价上涨"两个指标的显著性差异最明显，F 值分别为 8.608 和 7.873，说明不同城镇化模式对这两项的影响程度最高。而"您周边的朋友收入都有很大的提高"和"和市区居住的人相比，经济收入差距缩小了"两个指标的 F 值分别为 0.979 和 1.051，sig 值大于 0.01，说明这两个指标受城镇化发展的影响较小。在社会生活方面，有呈显著差异的指标 10 个，比较显著性差异的指标 1 个，其中"政府对环境卫生投入了很多，卫生条件变好了""您身边使用电脑和电话的人增多了""您觉得政府管理部门工作很到位""社会保障体系更好了，您对现在的社会福利很满意"四个指标的 F 值最高，分别为 6.170、6.849、6.142 和 7.780，说明这四个指标在城镇化发展过程中受到了很大的影响。对于其他社会生活方面的指标，城镇化所带来的影响较小。在环境方面，有显著性差异的指标 3 个，其中"新建了很多公园和绿地，环境比以前好多了"和"新建的工厂和其他城镇化设施都很好地保护了当地环境"指标显著性差异最突出，由此说明城镇化给乡村环境带来的变化在不同类型城镇化模式中均有比较明显的体现。

一、经济影响差异

经济影响指标共 13 项，其中有显著差异的有 8 项，比较显著性差异的指标 2 个。

（一）您的收入有了很大的提高

由表 7-9 可知，不同类型城镇化居民对"您的收入有了很大的提高"指标的总体感知均值在 3.2 左右，即居民对城镇化带来的收入的提高有一定的感知，其中农业型城镇化模式的居民对这一指标的感知最明显。多元方差分析表明，交通型城镇化与其他五种城镇化模式都有一定的显著性差异。

表 7 - 9　　"您的收入有了很大的提高"不同城镇化模式的居民感知差异

变量	均值	均值排序	标准差	频数	1	2	3	4	5
旅游型城镇化	3.239	3	1.2819	472					
地产型城镇化	3.263	2	1.1978	279	- 0.023				
商贸型城镇化	3.201	5	1.1858	189	0.038	0.061			
科教型城镇化	3.203	4	1.0952	217	0.037	0.060	- 0.002		
农业型城镇化	3.265	1	1.2382	205	- 0.026	- 0.003	- 0.064	- 0.063	
交通型城镇化	2.784	6	1.3168	97	0.456*	0.479*	0.418*	0.419*	0.482*

注：＊显著性在 0.05 以下的水平。

（二）您的购买力及购买欲望增加了

表 7 - 10 数据表明，不同城镇化模式的居民对"您的购买力及购买欲望增加了"这一指标都比较赞同，均值在 3.379 ~ 3.762 之间。其中，商贸型城镇化的居民对这个指标的感知程度最高，与旅游型城镇化、地产型城镇化、农业型城镇化的居民感知程度差异显著。旅游型城镇化的居民对这个指标的感知程度最低，与商贸型、科教型、交通型城镇化居民的感知程度差异显著。

表 7 - 10　　"您的购买力及购买欲望增加了"不同城镇化模式的居民感知差异

变量	均值	均值排序	标准差	频数	1	2	3	4	5
旅游型城镇化	3.379	6	1.1721	472					
地产型城镇化	3.515	4	1.1347	279	- 0.136				
商贸型城镇化	3.762	1	1.1258	189	- 0.383*	- 0.247*			
科教型城镇化	3.618	3	1.0347	217	- 0.238*	- 0.102	0.144		
农业型城镇化	3.485	5	1.2086	205	- 0.106	0.030	0.277*	0.133	
交通型城镇化	3.649	2	1.1526	97	- 0.270*	- 0.134	0.112	- 0.032	- 0.165

注：＊显著性在 0.05 以下的水平。

（三）城镇化促进了当地经济的发展

在"城镇化促进了当地经济的发展"这个指标上（表7-11），均值在3.545~3.868之间，即居民对这项指标的感知比较明显，居民"比较赞同"城镇化发展过程对当地的经济发展的积极推动作用。旅游型城镇化居民对此项感知最弱，旅游业的发展具有季节性，淡旺季可能会对当地的经济情况有较大的影响，所以居民对旅游促进经济发展的感知程度较低，且不稳定（标准差为1.3104），而商贸型城镇化的居民对城镇化促进当地经济发展这项指标感知最强，即商贸业的发展对城镇化的经济发展的促进作用明显。

表7-11　"城镇化促进了当地经济的发展"不同城镇化模式的居民感知差异

变量	均值	均值排序	标准差	频数	1	2	3	4	5
旅游型城镇化	3.545	6	1.3104	472					
地产型城镇化	3.810	2	1.1116	279	-0.265*				
商贸型城镇化	3.868	1	1.1291	189	-0.322*	-0.058			
科教型城镇化	3.745	5	0.9928	217	-0.199*	0.065	0.123		
农业型城镇化	3.759	3	1.1693	205	-0.213*	0.051	0.109	-0.014	
交通型城镇化	3.753	4	1.2165	97	-0.207	0.058	0.115	-0.008	0.006

注：*显著性在0.05以下的水平。

（四）房地产价格上涨

依据表7-12不同城镇化模式的居民对"房地产价格上涨"这项指标认同性比较高，均值在3.739~4.340之间，说明居民对城镇化过程中房地产价格上涨感知非常明显。与其他城镇化模式相比，旅游型城镇化居民对此项指标的感知差异显著，处于较低的水平。不同模式城镇化拉动经济发展，同时也引起了当地房地产价格的上涨。其中商贸型城镇化及交通型城镇化的居民对于房地产价格上涨的感知更为明显。

表 7 – 12　"房地产价格上涨"不同城镇化模式的居民感知差异

变量	均值	均值排序	标准差	频数	1	2	3	4	5
旅游型城镇化	3.739	6	1.3282	472					
地产型城镇化	3.942	4	1.1011	279	− 0.203 *				
商贸型城镇化	4.307	2	1.1114	189	− 0.567 *	− 0.364 *			
科教型城镇化	4.086	3	1.1051	217	− 0.347 *	− 0.144	0.221		
农业型城镇化	3.915	5	1.2962	205	− 0.176	0.027	0.392 *	0.171	
交通型城镇化	4.340	1	1.2066	97	− 0.601 *	− 0.398 *	− 0.033	− 0.254	− 0.425 *

注：*显著性在 0.05 以下的水平。

（五）物价上涨

依据表 7 – 13 整体来说，均值在 3.773 ~ 4.340 之间，说明居民对城镇化过程中带来的物价上涨感知明显。与"房地产价格上涨"指标相似，商贸型城镇化及交通型城镇化的居民对于"物价上涨"的感知更为明显，而旅游型城镇化的居民感知最弱，同时波动最大（标准差为 1.3951）。商贸小镇和交通小镇的共同特点是区位条件优越、商贸物流发达、商品交换快，对于物价的升降在这些区域的居民感知是明显的。

表 7 – 13　"物价上涨"不同城镇化模式的居民感知差异

变量	均值	均值排序	标准差	频数	1	2	3	4	5
旅游型城镇化	3.773	6	1.3951	472					
地产型城镇化	3.982	4	1.1426	279	− 0.208 *				
商贸型城镇化	4.339	2	1.0972	189	− 0.565 *	− 0.357 *			
科教型城镇化	4.06	3	1.1309	217	− 0.286 *	− 0.078	0.279 *		
农业型城镇化	3.872	5	1.2448	205	− 0.098	0.110	0.467 *	0.188	
交通型城镇化	4.340	1	1.2407	97	− 0.567 *	− 0.359 *	− 0.002	− 0.280	− 0.469 *

注：*显著性在 0.05 以下的水平。

（六）人均居住面积比以前大多了

依据表 7 – 14 整体来说，居民对此项指标的感知均值在 2.907 ~ 3.556 之间波动，而且标准差较大，在 1.1967 ~ 1.4148 之间，也就是城镇化居民对于"人均居住面积比以前大多了"这一影响因素的感知差异波动较大，且整体感知程度不强烈。在不同城镇化模式的居民对"人均居住面积比以前大多了"这一经济指标感知差异中可以看出，商贸型城镇化居民对此项指标感知最强烈，而交通型城镇化对此项指标感知最弱，也最不稳定（标准差为 1.4148）。

表 7 – 14　"人均居住面积比以前大多了"不同城镇化模式的居民感知差异

变量	均值	均值排序	标准差	频数	1	2	3	4	5
旅游型城镇化	3.246	4	1.2798	472					
地产型城镇化	3.189	5	1.2995	279	0.056				
商贸型城镇化	3.556	1	1.273	189	– 0.310 *	– 0.366 *			
科教型城镇化	3.389	2	1.1967	217	– 0.143 *	– 0.199	0.167		
农业型城镇化	3.253	3	1.3673	205	– 0.007	– 0.063	0.303 *	0.136	
交通型城镇化	2.907	6	1.4148	97	0.339 *	0.282	0.648 *	0.481 *	0.345 *

注：* 显著性在 0.05 以下的水平。

（七）资源或者风景得到了更好的开发和利用

从表 7 – 15 可看出，对于"资源或者风景得到了更好的开发和利用"这一评价指标，均值稳定在 3.247 ~ 3.673 之间，即不同城镇化模式的居民感知差异在这一指标上大多偏向于中立到比较赞同之间。其中，旅游型城镇化和农业型城镇化居民对此项指标的感知强度较为强烈，而地产型城镇化、商贸型城镇化、科教型城镇化和交通型城镇化的居民对此项指标感知强度较弱，差异显著。旅游型城镇化和农业型城镇化的过程中，更多地利用当地特有的旅游资源和农业资源就地城镇化，更好地开发资源，形成产业化、规模化,对当地资源和环境有较好的保护。而其他城镇化途径在发展的过程中,则会对城镇原本的面貌有较大的改变。

表 7-15 "资源或者风景得到了更好的开发和利用"
不同城镇化模式的居民感知差异

变量	均值	均值排序	标准差	频数	1	2	3	4	5
旅游型城镇化	3.660	2	1.2106	472					
地产型城镇化	3.417	3	1.1631	279	0.244*				
商贸型城镇化	3.381	5	1.2129	189	0.279*	0.036			
科教型城镇化	3.407	4	1.0044	217	0.254*	0.010	-0.026		
农业型城镇化	3.673	1	1.1822	205	-0.012	-256*	-292*	-266*	
交通型城镇化	3.247	6	1.2993	97	0.413*	0.169	0.134	0.159	0.425*

注:*显著性在 0.05 以下的水平。

(八) 当地居民贫富差距变大

从表 7-16 可以看出,"当地居民贫富差距变大"这一指标,在不同的城镇化模式下,居民的感知差异程度不大,均值在 3.618 ~ 3.974 的水平之间,即居民对贫富差距变大这一影响的赞同度较高。其中,商贸型城镇化、科教型城镇化和交通型城镇化的居民感知程度较高,旅游型城镇化、地产型城镇化和农业型城镇化的居民对此感知度较弱。地产型城镇化对居民最大的影响就是居住地的迁移,原有居住地和田地被征收,居民得到拆迁补偿迁入新的安置房,因此,对当地居民的非固定资产影响不大,居民对贫富差距变大的感受相对较弱。而商贸型城镇化的居民对贫富差距变大的感知强度最高(均值在 3.974),在商贸型城镇化的过程中,大多数居民弃农从商,从事个体经营,但因不同居民选择的个体经营范围不同,带来的经济收入增长也不同,因此,商贸型城镇化对"当地居民贫富差距变大"这一指标的感知度最强。

表 7 - 16　"当地居民贫富差距变大"不同城镇化模式的居民感知差异

变量	均值	均值排序	标准差	频数	1	2	3	4	5
旅游型城镇化	3.752	4	1.1927	472					
地产型城镇化	3.618	6	1.1229	279	0.134				
商贸型城镇化	3.974	1	1.0888	189	-0.221*	-0.355*			
科教型城镇化	3.859	3	1.0471	217	-0.107	-0.240*	0.115		
农业型城镇化	3.695	5	1.1538	205	0.057	-0.077	0.279*	0.164	
交通型城镇化	3.938	2	1.1798	97	-0.186	-0.320*	0.035	-0.079	-0.243

注：* 显著性在 0.05 以下的水平。

（九）人均耕地面积大幅度减少了

　　除了农业型城镇化外，由表 7 - 17 可知，"人均耕地面积大幅度减少了"对于其他城镇化模式的居民，感知的均值都在 4.0 左右，即其他城镇化模式发展过程中，农民的耕地普遍被征收。其中，农业型城镇化的居民对此项指标的感知度最低，农业型城镇化主要是就地城镇化，是在已有的传统农业的基础上，继续发展新农业，农民在基于自愿的情况下，可以在已有的田地上继续发展农业，因此，耕地面积不会有大幅度的减少。交通型城镇化的居民对此项指标感知程度最高，在交通型城镇化过程中对农民耕地征收最多，除了用作建设城镇化发展的基本设施和主导产业设施外，还有交通要道的建设。

表 7 - 17　"人均耕地面积大幅度减少了"不同城镇化模式的居民感知差异

变量	均值	均值序号	标准差	频数	1	2	3	4	5
旅游型城镇化	3.879	4	1.2279	472					
地产型城镇化	3.863	5	1.124	279	0.017				
商贸型城镇化	3.958	3	1.0907	189	-0.078	-0.095			
科教型城镇化	3.986	2	1.1254	217	-0.107	-0.123	-0.028		

变量	均值	均值序号	标准差	频数	1	2	3	4	5
农业型城镇化	3.644	6	1.2865	205	0.235*	0.219*	0.314*	0.342*	
交通型城镇化	4.144	1	1.1989	97	-0.265*	-0.282*	-0.187	-0.159	-0.501*

注：＊显著性在 0.05 以下的水平。

（十）您和您身边的朋友都不再务农，选择去打工

由表 7-18 可知，在"您和您身边的朋友都不再务农，选择去打工"这一反映就业方式变化的指标上，整体来说，居民对此项指标的感知均值差异不大，在 3.731～4.053 之间，可以看出，居民比较同意这个说法，身边的大部分朋友就业方式都有了改变。地产型城镇化的居民对此项指标的感知度最低，均值是 3.731。相较于其他的城镇化模式，地产型城镇化和农业型城镇化模式对居民的就业影响较少。地产型城镇化一般发生在区位条件优越、周边产业配套较为完善、生态环境资源良好的区域，有很多居民选择到附近发展比较完善的城镇打工，而居住在本城镇，所以他们对本地城镇化带来的就业方式的改变感知较为不明显。农业型城镇化的发展主要依托现有的农业资源，发展现代化、规模化、产业化的农业，需要本地居民继续从事农业生产，因此，农业小镇的居民对就业方式的改变感知度较弱。

表 7-18　"您和您身边的朋友都不再务农，选择去打工"
不同城镇化模式的居民感知差异

变量	均值	均值排序	标准差	频数	1	2	3	4	5
旅游型城镇化	3.898	4	1.0973	472					
地产型城镇化	3.731	6	1.0388	279	0.167*				
商贸型城镇化	4.053	1	0.9494	189	-0.155	-0.322*			
科教型城镇化	3.931	3	0.9427	217	-0.033	-0.200*	0.122		

变量	均值	均值排序	标准差	频数	1	2	3	4	5
农业型城镇化	3.764	5	1.1591	205	0.134	−0.033	0.289 *	0.167	
交通型城镇化	4.031	2	1.1223	97	−0.133	−0.300 *	0.022	−0.100	−0.267 *

注: * 显著性在 0.05 以下的水平。

综合上述的分析结果,不同城镇化模式的居民对经济影响指标的感知差异显著。农业型城镇化居民对城镇化带来的居民收入提高最满意,对城镇化促进当地经济发展较为满意。随着规模农业的发展,政府加强对农民农业生产的科学指导和合理补贴,拓宽农产品销售渠道,当地农业经济发展和农民的收入有了较为显著的提高。农民对收入的提高的满意度最高,也与农民较为容易满足的心态有关。当然,为发展农业,当地的耕地面积减少程度最低,选择弃农从工的居民也是最少的。居民对这种城镇化模式也比较满意,认为当地的物产资源得到了更好的开发。在农业型城镇化的过程中,居民对房地产价格和物价上涨感知较弱。大部分居民继续住在原有的房屋里,靠近田地,方便劳作,等经济收入有了一定的提高,会对现有的房屋进行升级改造,因此,居住面积短期内不会有较大的变化,周边的房地产价格上涨幅度也不如其他城镇。而在从事农业生产的区域,居民能做到自给自足或者在当地直接购买农产品,减少中间商差价,农产品价格一般较低,所以农业型城镇居民对物价上涨的感知较弱。

旅游型城镇化与农业型城镇化的发展特征相似,主要依托本地特色旅游资源,在原有的农业、古镇文化或自然资源的基础上发展旅游业,相对来说,对城镇整体面貌改变较少,更注重环境保护。居民对这种城镇化发展模式较为满意,比较赞同当地的物产资源或风景能够更好地开发和利用。旅游业对经济发展的促进作用不明显,但较有效地提高了当地居民的收入。在发展旅游业的初期,短时间内大批旅游者涌入目的地,为满足游客的需求和抢占当地旅游市场,当地居民开始不再务农而选择从事旅游行业,大部分居民的收入得以提高。随着旅游业的发展,如何保持当地旅游业的生命力、吸引更多游客成为主要的难题，虽然形成了为满足游客消费需求的吃、住、行、游、购、娱的消费经济链，但游客的消费行为受多种因素影响，且旅游业的发展具有季节性的特征，淡旺季对旅游业经济的影响较大。在旅游型城镇化的过程中，会带动周边土地升值和房地产等项目，但居民对房地产价格上涨和居住面积变化感知较弱，因为大部分居民还是继续居住在原有的房屋里，以便从事旅游服务行业相关的工作（开餐馆、旅馆、手工艺品店或旅游特产店等），对周边的房地产价格变化不敏感。

商贸型城镇化能够较好地依托其地理区位优势，掌握供求信息，控制流通渠道，带动着第一、二产业的快速发展，较好地促进经济发展，也增加了大量的就业机会，居民大多弃农从工，收入也有了较大的提高。商贸型城镇化对居民的收入有较大的影响，加上政府调节收入分配的政策不够及时，导致居民的贫富差距增大。经济发展带来的一系列生活成本变化（房地产价格和物价上涨）在商贸型城镇中也较为明显。在商贸型城镇化过程中，大部分居民离开原来的居住场所，逐渐搬到商贸中心附近居住，居住面积有较明显的改变，对房地产的需求也逐渐上升，带动房地产项目的发展和价格的上升。商贸型城镇化能有效地加强区域间的交流，商品交换速度快、效率高，且大部分居民从事与商贸业相关的行业，对物价的升降感受更直接、更明显，同时也能反映出商贸型城镇居民的购买力和购买欲望较其他城镇居民更强。

交通型城镇在交通和区位上有明显性的优势，与商贸型城镇化地理区位相似，其居民对经济影响的感知程度也相似。交通型城镇是围绕综合交通枢纽站场（以机场、港口、车站等为主）打造城市综合体，形成以枢纽站场为中心的经济效应，进而提升城镇整体经济发展[148]，但其对居民的收入影响较少。由于大规模的征地，失地农民也转变了就业方式，弃农从工。但是交通城镇化没有为本地居民增加较多的就业机会，居民的收入没有得到明显的提升。在交通型城镇化的过程中，耕地面积大幅度减少，而且居民对城镇的资源开发满意度较低。经济发展带来的一系列生活成本变化，如房地产价格和物价上涨，在交通型城镇中也较为明显。交通型城镇紧靠综合交通枢纽的地理优势，吸引周边城镇的居民到此居住，居住人口增加，房地产需求上升，导致房地产价格上涨和商品价格上涨，同时也能体现交通型城镇的居民的购买力和购买欲望较强。

地产型城镇化的主要特征是投资和开发大规模房地产，通过规模化房地产开发，地产、产业、商业联动发展，对经济发展有一定的促进作用。在地产型城镇化过程中，并没有增加大量的就业机会，对居民的就业方式改变、收入增加影响不明显，因此，引起的贫富差距也较低。其中，影响最明显的是居民居住面积的改变。在地产型城镇化的发展过程中，居民本来居住的平房被征收，安置到新的小区楼房中，相对来说，楼房的居住面积比平房小，居民普遍感觉居住面积并没有明显的增大。

科教型城镇化居民对经济影响的各项指标感知属于中等水平。科教型城镇化主要是通过科技园区、大学校区和公共社区间的相互融合与联动发展，孵育新的经济增长点。居民能普遍感知到城镇化过程中带来的经济发展成果、收入增长、房地产价格上涨、物价上涨、耕地面积减少、人均居住面积变大等一系列经济影响指标。综合来说，居民对科教型城镇化带来的经济影响较满意。

二、社会生活影响差异

社会影响指标共 18 项，其中有呈显著差异的指标 10 个，比较显著性差异的指标 1 个。

（一）在拆迁补偿、规划建设等方面，政府听取了您和周围居民的意见

由表 7 - 19 可知，"在拆迁补偿、规划建设等方面，政府听取了您和周围居民的意见"这一指标中，均值全部低于 3，大部分居民比较不赞同这一说法，认为在拆迁补偿、规划建设等方面，政府并没有听取居民的意见。其中，交通型城镇化的居民对"耕地减少"的感知度最明显，对政府

的拆迁补偿、规划建设听取民意工作最不满意，其次是旅游型城镇化居民。这两种城镇化模式居民的感知度与地产型城镇化、科教型城镇化、农业型城镇化居民的感知差异显著。在不同城镇化过程中，政府要加强与居民的沟通，在拆迁补偿、规划建设方面，要注重听取居民的意见及建议，对居民晓之以理、动之以情，从而提升居民的幸福感。

表7-19　"在拆迁补偿、规划建设等方面，政府听取了您和
周围居民的意见"不同城镇化模式的居民感知差异

变量	均值	均值排序	标准差	频数	1	2	3	4	5
旅游型城镇化	2.68	5	1.382	472					
地产型城镇化	2.88	3	1.328	279	-0.200*				
商贸型城镇化	2.72	4	1.238	189	-0.040	0.160			
科教型城镇化	2.99	1	1.179	217	-0.310*	-0.110			
农业型城镇化	2.92	2	1.278	205	-0.240*	-0.040	-0.200	0.070	
交通型城镇化	2.48	6	1.226	97	0.200	0.400*	0.240	0.500*	0.430*

注：*显著性在0.05以下的水平。

（二）政府对环境卫生投入了很多，卫生条件变好了

如表7-20所示，除交通型城镇化外，居民对"政府对环境卫生投入了很多，卫生条件变好了"这一社会环境指标的感知，整体均值在3.386~3.868之间，即居民对这一指标的感知程度在中立和比较赞同之间，大部分偏向于比较赞同。交通型城镇化的居民感知度最低，均值为2.480，其次是科教型城镇化，均值为3.386，这表明交通型城镇化和科教型城镇化过程中，虽然加强了城市交通基础设施建设，推动了当地科教新区及大学校区的发展，但当地政府对环境卫生的建设投入较少。当政府加强对环境卫生的管理，提高居民的认可度，居民对这一指标所产生的幸福感知指数就会提升。

表 7 – 20　"政府对环境卫生投入了很多，卫生条件变好了"
不同城镇化模式的居民感知差异

变量	均值	均值排序	标准差	频数	1	2	3	4	5
旅游型城镇化	3.845	2	1.1727	472					
地产型城镇化	3.830	3	1.0175	279	0.015				
商贸型城镇化	3.868	1	1.1244	189	− 0.022	− 0.038			
科教型城镇化	3.386	5	1.1532	217	0.459 *	0.444 *	0.482 *		
农业型城镇化	3.763	4	1.1613	205	0.082	0.067	0.105	− 0.377 *	
交通型城镇化	2.480	6	1.226	97	0.278 *	0.263	0.301 *	− 0.181	0.196

注：＊显著性在 0.05 以下的水平。

（三）交通更加方便了

数据显示（表 7 – 21），"交通更加方便了"这一指标，均值在 3.701 ~ 4.138 之间，即感知程度在中立和比较赞同之间，其中大部分偏向于比较赞同。这表明，不同城镇化发展过程中，居民都认为交通更加方便了，居民对这一指标所产生的幸福指数有所提升。地产型城镇化和商贸型城镇化的居民感知度较高，且感知度具有一定的稳定性。交通型城镇化均值最小，标准差最大，交通型城镇化与其他模式城镇化差异性显著。

表 7 – 21　"交通更加方便了"不同城镇化模式的居民感知差异

变量	均值	均值排序	标准差	频数	1	2	3	4	5
旅游型城镇化	4.038	4	1.0378	472					
地产型城镇化	4.107	2	0.9422	279	− 0.069				
商贸型城镇化	4.138	1	0.9409	189	− 0.099	− 0.030			
科教型城镇化	3.971	5	1.0212	217	0.067 *	0.137	0.167		
农业型城镇化	4.046	3	1.1072	205	− 0.008	0.061	0.091	− 0.076	
交通型城镇化	3.701	6	1.4446	97	0.337 *	0.406 *	0.437 *	0.270 *	0.345 *

注：＊显著性在 0.05 以下的水平。

（四）您居住的环境更加安全，犯罪现象少多了

从表7-22可以看出，对于"您居住的环境更加安全，犯罪现象少多了"这一指标，均值稳定在2.959～3.519之间，即不同城镇化模式的居民感知程度在中立和比较赞同之间，更多偏向于中立。因此，当地城镇化按照其特色模式开发的时候，居民认为对其环境的安全度提升、犯罪现象减少呈现中立的状态，居民幸福指数没有提高的倾向性。

表7-22　"您居住的环境更加安全，犯罪现象少多了"
不同城镇化模式的居民感知差异

变量	均值	均值排序	标准差	频数	1	2	3	4	5
旅游型城镇化	3.519	1	1.2099	472					
地产型城镇化	3.497	2	1.0629	279	0.022				
商贸型城镇化	3.339	5	1.1585	189	0.018	0.158			
科教型城镇化	3.377	4	1.1404	217	0.142	0.120	0.039		
农业型城镇化	3.400	3	1.1741	205	0.119	0.097	-0.061	-0.023	
交通型城镇化	2.959	6	1.2903	97	0.560*	0.538*	0.380*	0.419*	0.441*

注：*显著性在0.05以下的水平。

（五）生活中的噪声污染增加，生活的宁静被破坏

由表7-23可知，在"生活中的噪声污染增加，生活的宁静被破坏"这一社会生活指标上，整体而言，居民对此指标的感知差异不大，均值在3.568～3.959之间，即居民比较同意这个说法，生活噪声污染增加，打破了生活的宁静。其中，旅游型城镇化的居民对这一指标的感知最低，均值在3.568，与交通型城镇化、科教型城镇化的居民感知有显著差异。交通型城镇化和科教型城镇化的居民感知度较高，均值分别为3.959和3.924。这表明，在交通型城镇化过程当中，随着交通枢纽及配套设施的完善，生活中的噪声污染增多，在一定程度上影响了居民的生活。科教型城镇在建

设科技教学新区及大学城时，大量涌入的外来人口，也影响了居民的生活环境。

表 7 – 23　　"生活中的噪声污染增加，生活的宁静被破坏"
不同城镇化模式的居民感知差异

变量	均值	均值排序	标准差	频数	1	2	3	4	5
旅游型城镇化	3.568	6	1.308	472					
地产型城镇化	3.711	4	1.1093	279	– 0.144				
商贸型城镇化	3.725	3	1.2241	189	– 0.157	– 0.013			
科教型城镇化	3.924	2	0.9177	217	– 0.356*	– 0.212	– 0.199		
农业型城镇化	3.688	5	1.2958	205	– 0.121	0.023	0.037	0.235*	
交通型城镇化	3.959	1	1.2155	97	– 0.391*	– 0.247	– 0.234	– 0.035	– 0.270

注：*显著性在 0.05 以下的水平。

（六）邻里关系比以前更加融洽了

从表 7 – 24 可以看出，对于"邻里关系比以前更加融洽了"这一评价指标，均值稳定在 3.124 ~ 3.693 之间，即不同城镇化模式的居民对这一指标的感知程度在中立和比较赞同之间。其中，旅游型城镇化和商贸型城镇化的居民感知度较高，交通型城镇化的居民感知度最低，交通型城镇化虽然能拉动当地的经济发展，方便居民的出行，提升人们的生活质量，但从整体而言，围绕交通枢纽建设的区域性经济发展，使得居民离开原居住环境，拆散了原有的邻里关系，对提升邻里关系的融洽程度并不明显。

表 7 – 24　"邻里关系比以前更加融洽了"不同城镇化模式的居民感知差异

变量	均值	均值排序	标准差	频数	1	2	3	4	5
旅游型城镇化	3.636	2	1.1467	472					
地产型城镇化	3.542	3	1.1245	279	0.093				

变量	均值	均值排序	标准差	频数	1	2	3	4	5
商贸型城镇化	3.693	1	1.0473	189	-0.058	-0.151			
科教型城镇化	3.384	5	1.0565	217	0.251*	0.158	0.309*		
农业型城镇化	3.477	4	1.1984	205	0.158	0.065	0.216	-0.093	
交通型城镇化	3.124	6	1.2931	97	0.512*	0.419*	0.569*	0.261	0.354*

注：*显著性在 0.05 以下的水平。

（七）居民的整体素质提高了

由表 7 - 25 可知，除交通型城镇化外，居民对于"居民的整体素质提高了"这一社会影响指标总体感知度在 3.470 ~ 3.703 之间，即其他城镇化模式发展过程中，居民的整体素质提高了。旅游型城镇化的居民感知度最高，交通型城镇化的居民感知程度最低。旅游型城镇化有效地结合了当地的自然资源与人文风情，塑造了旅游小镇的整体形象，提升了知名度，吸引更多的游客前来游览观光；同时，在旅游型城镇化过程中，当地居民的社会交际面广了，接触外界的人和事物多了，居民的一言一行代表着城镇的形象，因而居民也更加关注自身素质的提升。因此，旅游型城镇化的居民对"居民的整体素质提高了"这一指标感知度最强。

表 7 - 25 "居民的整体素质提高了"不同城镇化模式的居民感知差异

变量	均值	均值排序	标准差	频数	1	2	3	4	5
旅游型城镇化	3.703	1	1.1441	472					
地产型城镇化	3.633	3	1.0542	279	0.071				
商贸型城镇化	3.646	2	1.0994	189	0.058	-0.013			
科教型城镇化	3.470	5	1.1057	217	0.233*	0.162	0.175		
农业型城镇化	3.590	4	1.2116	205	0.114	0.043	0.056	-0.012	
交通型城镇化	3.175	6	1.2501	97	0.528*	0.457*	0.470*	0.295*	0.415*

注：*显著性在 0.05 以下的水平。

（八）您身边使用电脑和电话的人增多了

从表 7-26 看出，"您身边使用电脑和电话的人增多了"这一指标，在不同的城镇化模式下，均值都在 4.166~4.593 之间，说明居民在城镇化过程中，对身边使用电脑和电话的人增多了的感知非常明显。这表明，在城镇化过程中，居民使用电脑数量逐渐增多，方便了人们的交流与工作，有利于不同城镇化居民幸福指数的提高。其中，商贸型城镇化的居民对"您身边使用电脑和电话的人增多了"的感知度最明显，商贸型城镇化的发展对拉动当地区域经济的发展、提升居民的收入作用最明显。因此，增加了人们对电脑和电话的需求，改善了居民社会生活的质量。

表 7-26   "您身边使用电脑和电话的人增多了"

不同城镇化模式的居民感知差异

变量	均值	均值排序	标准差	频数	1	2	3	4	5
旅游型城镇化	4.309	4	0.9156	472					
地产型城镇化	4.183	5	1.053	279	0.127				
商贸型城镇化	4.593	1	0.7496	189	0.283*	0.410*			
科教型城镇化	4.166	6	0.9719	217	0.143	0.017	0.427*		
农业型城镇化	4.333	3	0.9271	205	-0.024	-0.150	0.260*	-0.167	
交通型城镇化	4.557	2	0.9351	97	-0.247*	-0.374*	0.036	-0.391*	-0.224

注：*显著性在 0.05 以下的水平。

（九）您觉得政府管理部门工作很到位

除地产型城镇化外，由表 7-27 可知，对于"您觉得政府管理部门工作很到位"这一指标，整体来看，均值都在 3.0 以下，即居民的感知程度为不满意。这说明在城镇化发展过程中，居民认为政府管理部门工作不到位，对政府管理部门的工作不满意。其中，交通型城镇化的居民对这一指标的赞同度最低，而地产型城镇化居民对该指标的认同性最高。地产型城镇化在大规模开发房地产的过程中，居民对政府管理工作的评价满意度最高，住房问题的妥善解决，更有利于政府得到当地居民的支持与配合。

表7-27　"您觉得政府管理部门工作很到位"不同城镇化模式的居民感知差异

变量	均值	均值排序	标准差	频数	1	2	3	4	5
旅游型城镇化	2.814	4	1.3062	472					
地产型城镇化	3.129	1	1.2787	279	-0.315*				
商贸型城镇化	2.635	5	1.22	189	0.179	0.494*			
科教型城镇化	2.959	2	1.2595	217	-0.145	0.170	-0.324*		
农业型城镇化	2.927	3	1.3319	205	-0.113	0.202	-0.292*	-0.032	
交通型城镇化	2.443	6	1.258	97	0.370*	0.686*	0.192	0.515*	0.484*

注：*显著性在0.05以下的水平。

（十）您身边参加社保的人多了

如表7-28所示，"您身边参加社保的人多了"这一社会生活影响指标的居民社会感知度，均值在4.0左右，即在不同城镇化模式中，居民对这一指标的感知程度为比较赞同。科教型城镇化和交通型城镇化的感知程度较低，交通型城镇化的感知程度最低（均值为3.629），旅游型城镇化、地产型城镇化和农业型城镇化的居民感知程度较高，其中农业型城镇化的居民感知程度最高。在农业型城镇化中，政府对农民的社会保障关注度更高，加强对社会保障体系的完善，切实维护好居民的利益。因此，农业型城镇化对"您身边参加社保的人多了"这一指标的感知度最强。

表7-28　"您身边参加社保的人多了"不同城镇化模式的居民感知差异

变量	均值	均值排序	标准差	频数	1	2	3	4	5
旅游型城镇化	4.002	3	1.0698	472					
地产型城镇化	4.085	2	0.8937	279	-0.082				

续表

变量	均值	均值排序	标准差	频数	1	2	3	4	5
商贸型城镇化	3.974	4	0.8958	189	0.029	0.111			
科教型城镇化	3.889	5	0.9892	217	0.113	0.195*	0.084		
农业型城镇化	4.117	1	0.9476	205	−0.115	−0.032	−0.144	−0.228*	
交通型城镇化	3.629	6	1.3332	97	0.373*	0.456*	0.345*	0.261*	0.488*

注：*显著性在0.05以下的水平。

（十一）社会保障体系更好了，您对现在的社会福利很满意

从表7-29可以看出，除交通型城镇化外，对于"社会保障体系更好了，您对现在的社会福利很满意"这一指标，不同城镇化模式的居民感知均值都在3.0~4.0之间，即居民感知程度在这一指标上持中立或比较赞同的态度，大部分倾向于中立。即不同城镇化模式中，居民认为社会保障体系并没有太大变化，对现在的社会福利也并非很满意。交通型城镇化的居民对这一指标感知最弱，地产型城镇化的居民感知均值最高。这说明，地产型城镇化在与当地进行房地产的开发时，能一定程度上做好政府与居民的沟通工作，解决好居民的社会保障问题。因此，地产型城镇化的居民对这一社会生活指标感知最强。

表7-29 "社会保障体系更好了，您对现在的社会福利很满意"
不同城镇化模式的居民感知差异

变量	均值	均值排序	标准差	频数	1	2	3	4	5
旅游型城镇化	3.352	3	1.2083	472					
地产型城镇化	3.609	1	1.0083	279	−0.258*				
商贸型城镇化	3.249	5	1.1969	189	0.103	0.361*			
科教型城镇化	3.318	4	1.1528	217	0.034	0.291*	−0.069		
农业型城镇化	3.471	2	1.2667	205	−0.119	0.138	−0.222	−0.153*	
交通型城镇化	2.794	6	1.2578	97	0.558*	0.815*	0.455*	0.524*	0.677*

注：*显著性在0.05以下的水平。

综合上述的分析结果，不同城镇化模式的居民对社会影响指标的感知差异显著。整体来说，旅游型城镇化、农业型城镇化、商贸型城镇化和地产型城镇化的居民对城镇化过程中带来的社会生活影响满意度更高，而科教型城镇化和交通型城镇化的居民满意度较低，尤其是交通型城镇化。

交通型城镇化居民对城镇化带来的一系列社会改变满意度最低，包括拆迁补偿、环境卫生、社会治安、邻里关系、居民素质、政府管理工作、社会保障体系等。交通型城镇化在发展的过程中，虽然能有效地促进当地经济发展，但是对当地居民的生活水平和生活质量提高影响较少。政府工作主要关注区域的经济发展，围绕综合交通枢纽进行城镇化建设，打造城市综合体，但对区域环境卫生的改善、居民的素质提高等方面投入不足，同时大量外来人口的涌入导致社会治安问题增加，居民的不满意情绪较多，而政府所做的主要促进经济发展的工作不被居民认同，居民感知城镇化质量较低。

与交通型城镇化不同，商贸型城镇化的发展不仅能带动区域经济的发展和居民的收入，也能给居民的社会生活带来较大的改善。商贸型城镇化的居民对城镇环境卫生改善、交通方便、邻里关系和居民素质提高方面满意度较高，在政府工作评价和社会保障体系方面满意度较低。商贸型城镇在推动商贸业发展的过程中，也注重改善区域内的交通条件和环境卫生情况。居民的收入有了一定提高后，也开始关注自身的素质提升，邻里关系也更融洽，但是居民对政府的管理工作满意度不高。商贸型城镇化的过程中，大部分居民从事商贸业相关的职业，个体经营者居多。与传统企业员工不同，个体经营者的社会保障体系相对不完善，因此，居民对现有的社会保障体系满意度较低。

农业型城镇化在发展过程中，居民对社会保障体系的完善满意度最高，政府对农民的社会保障关注度更高。但是在拆迁补偿和交通条件改善方面，居民的满意度较低。由于农业的发展并不会给当地经济收入带来大幅度的提升，因此，在征地补偿方面，农业型城镇化的征地补偿相对较少。而农业的发展对区域交通便利条件要求较少，因此，政府在交通条件改善方面的投入也相对较少。在居住环境影响方面，农业型城镇的外来人口较少，也没有其他城镇化喧闹发展带来的噪声污染，社会治安相对更安全。

旅游型城镇化的居民对城镇化带来的社会生活影响感知与农业型城镇化居民部分相似。在征地补偿方面，旅游型城镇化的征地补偿也相对较少。为了促进旅游业的发展，吸引更多游客前来旅游，旅游城镇的环境卫生和交通条件方面都有了较大的改善。虽然每天都有大量游客涌入城镇，但是当地居民并不认为会带来较大的噪声和社会治安问题，可见居民更欢迎游客的到来而不介意其带来的噪声污染，而且在游客离去之后，小镇也恢复到宁静的状态。随着旅游业的发展，居民的社会交际面变大，居民素质有所提高，邻里关系也更为融洽。但大部分居民对社会保障体系较不满意，由于大部分居民都不再务农，而选择从事旅游业相关的职业，个体经营者居多，政府关于个体经营者的社会保障体系相对不完善。

地产型城镇化在大规模开发房地产的过程中，居民对社会生活的变化的整体满意度最高，主要体现在拆迁补偿、交通条件、社会治安、政府工作和社会保障体系方面。房地产项目利润较高，为开发房地产项目，开发商和政府大规模征收土地，但居民的补偿比较高，会解决居民的居住问题，为居民提供更现代化的居住场所和给予一定的经济补偿，社会保障体系也更完善，居民的生活有了有效的保障，因此，居民对此满意度最高。相对来说，地产型城镇的居民对政府满意度也较高。在发展房地产的过程中，区域内的交通条件改善和社会治安是重点解决的问题之一，因此，政府对于提高居民居住水平的因素也更关注。

在社会生活影响方面，科教型城镇化居民的整体满意度较低，体现在环境卫生、交通条件、噪声污染、邻里关系、居民素质和社会保障体系方面。科教型城镇化的过程中，为开发建设科技园区、大学校区，大量的土地被征收，居民被安置到新的楼房中，城镇的原本风貌也有了较大变化。在建设科技园区和大学校区的过程中，虽然给予居民的拆迁补偿较多，但是对居民新的周边居住环境的卫生条件和交通条件考虑欠缺，居民从平房搬到楼房，原有的邻里关系被拆散，新的邻里关系难以建立。随着科技园区和大学校区的落成，城镇的外来人口增加，带来了噪声污染等问题，就业竞争压力大，政府对失地农民的社会保障不足。值得注意的是，虽然紧邻科技园区和大学校区，但是居民的素质并没有得到明显提升，这表明居民素质的提升与当地的教育资源无关，而更多地是受居民的生活水平的提高和社会交际面的影响。

三、环境影响差异

环境影响指标共5项，其中呈显著差异的指标3个，比较显著性差异的指标1个。

（一）城镇化的过程保留和更好地保护开发了我们当地原来的景色，变得更漂亮了

由表7-30可知，"城镇化的过程保留和更好地保护开发了我们当地原来的景色，变得更漂亮了"这一项指标分析中，不同城镇化模式的居民感知差异不大，均值在3.495~3.791之间。其中，交通型城镇化居民对此项指标的满意度最低，其次是商贸型城镇化。这两种城镇化与旅游型城镇化和地产型城镇化的居民感知程度差异显著。商贸型城镇化和交通型城镇化对经济发展的促进作用最明显，但在环境保护和开发方面，居民满意度却最低。相比之下，商贸型城镇化和交通型城镇化对城镇原本面貌改变较大，而且环境保护性较差。

表7-30　"城镇化的过程保留和更好地保护开发了我们当地原来的景色，变得更漂亮了"不同城镇化模式的居民感知差异

变量	均值	均值排序	标准差	频数	1	2	3	4	5
旅游型城镇化	3.771	2	1.1485	472					
地产型城镇化	3.791	1	1.0329	279	-0.019				
商贸型城镇化	3.556	5	1.1455	189	0.216*	0.235*			
科教型城镇化	3.596	4	1.08	217	0.175	0.194	-0.041		
农业型城镇化	3.763	3	1.1237	205	0.008	0.028	-0.207	-0.166*	
交通型城镇化	3.495	6	1.2593	97	0.276*	0.296*	0.061	0.101	0.268

注：＊显著性在0.05以下的水平。

　　（二）新建的工厂和其他城镇化设施都很好地保护了当地环境

　　由表 7 - 31 可知，不同城镇化模式的居民对"新建的工厂和其他城镇化设施都很好地保护了当地环境"这一环境影响指标感知差异较大。地产型城镇化的居民对此项指标满意度最高，与旅游型城镇化、商贸型城镇化、交通型城镇化和科教型城镇化的居民感知差异显著。地产型城镇化在发展过程中，主要依靠规模房地产项目建设新城，新建的城镇化设施大多为房地产项目服务，对当地环境伤害较少，而且新城的排污设施更完善。相较之下，商贸型城镇化和交通型城镇化的居民对此项指标的满意度较低。

表 7 - 31　"新建的工厂和其他城镇化设施都很好地保护了当地环境"

不同城镇化模式的居民感知差异

变量	均值	均值排序	标准差	频数	1	2	3	4	5
旅游型城镇化	3. 263	3	1. 241	472					
地产型城镇化	3. 451	1	1. 1384	279	- 0. 189 *				
商贸型城镇化	2. 799	6	1. 264	189	0. 464 *	0. 652 *			
科教型城镇化	3. 113	4	1. 103	217	0. 150	0. 338 *	- 0. 314 *		
农业型城镇化	3. 289	2	1. 2407	205	0. 027	0. 162	0. 490 *	- 0. 176	
交通型城镇化	2. 948	5	1. 3492	97	0. 314 *	0. 503 *	- 0. 150	0. 164	0. 341 *

　　注：* 显著性在 0. 05 以下的水平。

　　（三）新建了很多公园和绿地，环境比以前好多了

　　如表 7 - 32 所示，"新建了很多公园和绿地，环境比以前好多了"这一环境影响指标，均值在 2. 9 ~ 3. 9 之间，不同的城镇化之间居民感知差异明显。其中，农业型城镇化和交通型城镇化的居民对此项指标的满意度较高，与旅游型城镇化和地产型城镇化的居民感知差异显著，旅游型城镇化和地产型城镇化的居民对此项指标的满意度处于中等水平。而商贸型城镇化的居民满意度最低，与其他城镇化模式的居民感知有显著差异。商贸

型城镇化在发展过程中，更多地追求经济的发展，而忽视了公园和绿地的建设，对环境保护不足。

表 7 − 32 "新建了很多公园和绿地，环境比以前好多了"
不同城镇化模式的居民感知差异

变量	均值	均值排序	标准差	频数	1	2	3	4	5
旅游型城镇化	3.604	4	1.1792	472					
地产型城镇化	3.611	3	1.1686	279	− 0.007				
商贸型城镇化	2.968	6	1.3602	189	0.636*	0.643*			
科教型城镇化	3.596	5	1.1016	217	0.008	0.015	− 0.627*		
农业型城镇化	3.832	1	1.114	205	− 0.228*	− 0.221*	− 0.864*	− 0.237*	
交通型城镇化	3.742	2	1.2356	97	− 0.138*	− 0.131*	− 0.774*	− 0.147	0.090

注：*显著性在 0.05 以下的水平。

（四）我希望这里继续修建更多的高楼大厦

由表 7 − 33 可知，不同城镇化模式的居民对"我希望这里继续修建更多的高楼大厦"这项指标的感知差异较大。其中，商贸型城镇化和地产型城镇化的居民较希望城镇可以继续修建更多的高楼大厦。与此差异较显著的是，科教型城镇化、交通型城镇化和农业型城镇化对高楼大厦的建设期待值较低，更希望保持原有的城镇环境。

表7-33 "我希望这里继续修建更多的高楼大厦"不同城镇化模式的居民感知差异

变量	均值	均值排序	标准差	频数	1	2	3	4	5
旅游型城镇化	3.407	3	1.3496	472					
地产型城镇化	3.515	2	1.2466	279	-0.108				
商贸型城镇化	3.683	1	1.2311	189	-0.276*	-0.168			
科教型城镇化	3.152	6	1.1981	217	0.255*	0.363*	0.531*		
农业型城镇化	3.298	4	1.3806	205	0.109*	0.217*	0.385*	-0.146	
交通型城镇化	3.165	5	1.4045	97	0.242	0.350*	0.518*	-0.013	0.133

注：*显著性在0.05以下的水平。

　　综合上述分析，在环境影响方面，商贸型城镇化、交通型城镇化和科教型城镇化过程中，为配合主导产业的发展，大规模征地，对城镇原本的面貌改变较大，生态环境被破坏。在追求城镇化经济发展的过程中，对环境保护的投入较少，居民对环境满意度整体较低，但是居民仍然希望修建更多的高楼大厦，发展现代化城市。旅游型城镇化、地产型城镇化和农业型城镇化的居民对环境影响的满意度较高，旅游型城镇化主要是依托当地特色旅游资源，就地城镇化。随着旅游业的发展，为吸引游客和营造一个较好的游览环境，旅游型城镇会越来越注重环境的保护。地产型城镇化的发展过程中，主要依靠规模房地产项目建设新城。为创造宜居的环境，在对当地环境的改造中会尽量减少对生态环境的破害。农业型城镇化过程中，主要是利用当地现有的农业资源或通过对传统农业生产条件的改造升级，进行农业产业化，对当地环境破坏较少，而且发展农业能有效地保护当地环境。

四、小结

　　关于城镇化差异化分析，在经济影响op方面共有显著差异的有8项，比较显著性差异的指标2个。农业型城镇化对于当地物产资源或风景得到更好开发、收入提高方面感知最明显，但在人均耕地大幅减少方面感知不明显，主要原因在于居民拥有的耕地由分散利用转向规模化种植，面积没有太大变化，随着规模农业的发展，政府对农业生产的科学指导和补贴的合理发放拓宽了农产品销售渠道，使耕地的经济产值有较大提升，当地居民收入有了明显提高。旅游型城镇化在显著性指标中没有感知最明显的指标，但是在感知最不明显的指标中有房地产价格上涨、物价上涨、购买力和购买欲望增加以及城镇化促进了当地经济发展等，主要原因在于旅游型城镇化依托本地特色旅游资源，在原有的农业、古镇文化或自然资源的基础上发展旅游业，大部分居民继续生活在原有环境中，以便从事旅游服务行业相关的工作（开餐馆、旅馆、手工艺品店或旅游特产店等），对周边的经济性变化不敏感。商贸型城镇化在居住面积增加、购买力和购买欲望增加、弃农务工、贫富悬殊和促进经济发展方面感知最明显，没有特别突出的感知不明显的指标，主要原因在于商贸型城镇化能较好地依托地理区位优势，掌握供求信息，控制流通渠道，带动产业的快速发展，促进经济发展，增加了大量的就业机会，居民大多弃农从工，收入也有了较大的提高。交通型城镇化在房地产价格上涨、物价上涨、人均耕地面积减少等方面感知明显，在物产资源或风景得到保护、人均居住面积增加、收入增加等方面感知最不明显，主要原因在于交通型城镇是围绕综合交通枢纽站场（以机场、港口、车站等为主）打造城市综合体，形成以枢纽站场为中心的经济效应，紧靠综合交通枢纽的地理优势，吸引周边城镇的居民到此居住，居住人口增加，房地产需求上升。由于大规模的征地，失地农民也转变了就业方式，弃农从工，但没有为本地居民增加较多就业机会，居民的收入没有得到明显的提升。地产型城镇化没有感知特别明显的指标，在弃农务工和贫富悬殊等方面感知最不明显，主要原因在于地产型城镇化通过规模化房地产开发，地产、产业、商业联动发展，对经济发展有一定的促进，但并没有增加大量的就业机会，对居民的就业方式改变、收入增加影响不明显，因此，引起的贫富差距也较小。

在社会生活影响方面共有呈显著差异的指标 10 个，比较显著性差异的指标 1 个。交通型城镇化感知最明显的指标是生活中噪声污染增加，感知最不明显的指标除了身边使用电脑和手机的人增加外，其余指标均感知不明显，主要原因在于交通型城镇化在发展的过程中虽然能有效地促进当地经济发展，但是对当地居民的生活水平和生活质量提高影响较少，对于具有典型特征的噪声污染问题是这种城镇化途径无法克服的难题。商贸型城镇化对身边人使用电脑和手机增多、环境卫生条件变好、邻里关系融洽、交通更方便等指标感知最明显，主要原因在于商贸型城镇化的发展不仅能带动区域经济的发展和居民的收入，也能给居民的社会生活带来较大的改善，大部分居民从事与商贸业相关的职业，个体经营者居多。农业型城镇化在参加社保的人增多指标上感知最明显，主要原因在于农业型城镇化在发展过程中，居民对社会保障体系的完善满意度最高，政府对农民的社会保障关注度更高。旅游型城镇化没有感知最明显的指标，但是对于噪声污染指标感知最不明显，原因是在发展旅游业过程中，尽管有大量游客涌入城镇，但是当地居民并不认为会带来较大的噪声和社会治安问题，在游客离去之后，小镇也恢复到宁静的状态。地产型城镇化对社会福利满意度、政府工作到位、居住环境更加安全等指标感知最明显，主要原因在于地产型城镇化在拆迁补偿、交通条件、社会治安、政府工作和社会保障体系方面得到居民的认可，获得比较高的满意度。

在环境影响方面共有呈显著差异的指标 3 个，比较显著性差异的指标 1 个。农业型城镇化感知最明显的指标是新建公园和绿地，环境变好；地产型城镇化在新建工厂和设施没有带来新污染指标上感知最明显；而商贸型城镇化在修建高楼大厦指标上感知最明显，在环境变好和没有产生新污染方面感知最不明显；科教型城镇化在新建高楼大厦指标上感知最不明显。上述差异的主要原因在于农业型城镇化是利用当地现有的农业资源或通过对传统农业生产条件的改造升级，对当地环境破坏较少；地产型城镇化的发展过程中，为创造宜居的环境，对当地环境的改造中会尽量减少对生态环境的伤害；商贸型城镇化为配合主导产业的发展，大规模征地，对城镇原本的面貌改变较大，居民希望建更多的高楼大厦，发展现代化城市。详细结论如表 7 – 34 所示。

表 7 – 34 城镇化质量差异性分析汇总表

评价方面	显著性差异指标（按显著性排序）	城镇化途径	
		感知最明显	感知最不明显
经济影响	房地产价格上涨	交通型	旅游型
	物价上涨	交通型	旅游型
	资源或者风景得到了更好的开发和利用	农业型	交通型
	人均居住面积比以前大多了	商贸型	交通型
	您的购买力及购买欲望增加了	商贸型	旅游型
	您和您身边的朋友都不再务农，选择去打工	商贸型	地产型
	人均耕地面积大幅度减少了	交通型	农业型
	当地居民贫富差距变大	商贸型	地产型
	城镇化促进了当地经济的发展	商贸型	旅游型
	您的收入有了很大的提高	农业型	交通型
社会生活影响	社会保障体系更好了，您对现在的社会福利很满意	地产型	交通型
	您身边使用电脑和电话的人增多了	商贸型	科教型
	政府对环境卫生投入了很多，卫生条件变好了	商贸型	交通型
	您觉得政府管理部门工作很到位	地产型	交通型
	邻里关系比以前更加融洽了	商贸型	交通型
	居民的整体素质提高了	旅游型	交通型
	您居住的环境更加安全，犯罪现象少多了	旅游型	交通型
	您身边参加社保的人多了	农业型	交通型
	在拆迁补偿、规划建设等方面，政府听取了您和周围居民的意见	科教型	交通型
	生活中的噪声污染增加，生活的宁静被破坏	交通型	旅游型
	交通更加方便了	商贸型	交通型

评价方面	显著性差异指标（按显著性排序）	城镇化途径	
		感知最明显	感知最不明显
环境影响	新建了很多公园和绿地，环境比以前好多了	农业型	商贸型
	新建的工厂和其他城镇化设施都很好地保护了当地环境	地产型	商贸型
	我希望这里继续修建更多的高楼大厦	商贸型	科教型
	城镇化的过程保留和更好地保护开发了我们当地原来的景色，变得更漂亮了	地产型	交通型

第五节　旅游型城镇化质量评估

一、不同地区居民感知城镇化质量整体评估

为深入了解旅游型城镇化模式下居民感知城镇化质量现状，本节从经济、社会生活、环境三方面，通过对不同的影响指标进行平均值和标准差的统计分析，找出该模式下居民感知城镇化质量的总体情况，并对比分析不同地区呈现出的差异性。

（一）经济方面

通过 SPSS 统计工具，在诸如"您的收入有了很大的提高""物价上涨"等 13 条经济指标的衡量之下，对旅游型城镇化模式下的株洲市、成都市和北京市及其周边地区的城镇居民满意度进行了均值和标准差对比分析，结果如表 7-35 所示。

表 7-35 不同地区的旅游型城镇化居民对经济影响指标的感知和离散程度

经济影响指标	株洲市		成都市		北京市及其周边地区		总计	
	平均值	标准差	平均值	标准差	平均值	标准差	平均值	标准差
1. 您的收入有了很大的提高	3.282	1.2663	3.233	1.2469	3.173	1.3849	3.239	1.2819
2. 您的购买力及欲望增加了	3.343	1.1565	3.497	1.2125	3.214	1.1053	3.379	1.1721
3. 您周边的朋友收入都有很大的提高	3.442	1.1417	3.523	1.1230	3.347	1.1039	3.456	1.1259
4. 城镇化促进了当地经济的发展	3.425	1.3989	3.793	1.2070	3.279	1.2661	3.545	1.3104
5. 房地产价格上涨	3.497	1.3809	4.062	1.1798	3.551	1.3857	3.739	1.3282
6. 物价上涨	3.602	1.4479	4.078	1.2538	3.490	1.4590	3.773	1.3951
7. 人均居住面积比以前大多了	3.414	1.1783	3.223	1.3644	2.980	1.2516	3.246	1.2798
8. 资源或者风景得到了更好的开发和利用	3.740	1.2083	3.751	1.2249	3.334	1.1405	3.660	1.2106
9. 当地居民贫富差距变大	3.840	1.1114	3.756	1.2238	3.582	1.2675	3.752	1.1927
10. 和市区居住的人相比,经济收入差距缩小了	3.370	1.2871	3.306	1.3169	2.976	1.3242	3.262	1.3128
11. 人均耕地面积大幅度减少了	3.856	1.2344	4.000	1.1547	3.684	1.3362	3.879	1.2279
12. 您身边的朋友都不再务农,选择去打工	3.856	1.1553	4.057	1.0368	3.663	1.0644	3.898	1.0973
13. 您身边很多朋友返乡创业或者打工了	3.243	1.3567	3.756	1.0742	3.367	1.1250	3.479	1.2207

由上表可知，旅游型城镇化模式的居民对于城镇化所带来的经济性影响持中立以上或赞同的观点，总体均值在 3.2 以上，部分指标接近于 4（比较赞同），居民感知差异的离散程度集中在 1.1—1.4 之间，差距较小。居民普遍认为城镇化对当地经济的发展起到促进作用（3.545），自身（3.239）及周围人的收入（3.456）得到了相对的提高，购买力（3.379）也随之增加；居民明显地感受到城镇的物价（3.773）及房价（3.739）的上涨，当地的贫富差距呈现出扩大趋势（3.752），与市区居民的经济收入差距出现小幅的缩小（3.262）；在居住与耕地面积和资源利用方面，他们认为人均居住面积有了小幅的增加（3.246），人均耕地面积则有了大幅的减少（3.879），周围的资源或者环境得到了较好的开发和保护（3.660）；在工作倾向性方面，城镇居民更愿意选择不再务农，选择去打工（3.898），他们周围也有部分朋友返乡寻找工作机会或者创业（3.479）。旅游型城镇化模式的居民对于人均耕地面积减少、弃农务工的感知最为明显，对于物价、房价上涨与当地居民贫富差距变大也有了相对一致的认识，均值差异较小，而对于人均居住面积的增加和与市区居民相比经济收入差距的缩小，居民的感知不是很深刻，相对于自身收入增长，他们认为周围人收入增长的更多一些。

（二）社会生活方面

通过 SPSS 统计工具，在诸如"在拆迁补偿、规划建设等方面，政府听取了您和周围居民的意见""当地文化与传统风俗改变并逐渐消失"等18 条社会生活指标的衡量之下，对旅游型城镇化模式下的株洲市、成都市以及北京市及其周边地区的城镇居民的满意度进行均值和标准差对比分析，结果如表 7-36 所示。

表7-36 不同地区的旅游型城镇化居民对社会生活影响指标的感知和离散程度

社会生活影响指标	株洲市		成都市		北京市及其周边地区		总计	
	平均值	标准差	平均值	标准差	平均值	标准差	平均值	标准差
1. 在拆迁补偿、规划建设等方面，政府听取了您和周围居民的意见	2.780	1.3730	2.560	1.3950	2.720	1.3700	2.680	1.3820
2. 政府对环境卫生投入了很多，卫生条件变好了	4.271	0.8874	3.793	1.2199	3.163	1.2073	3.845	1.1727
3. 公共服务设施比以前丰富了，如医疗、教育、健身娱乐设施和商场	3.934	1.1382	3.855	1.0357	3.357	1.2702	3.782	1.1460
4. 交通更加方便了	4.260	0.9031	4.083	1.0121	3.541	1.1592	4.038	1.0378
5. 您身边的朋友的教育水平提高，更喜爱读书了	3.680	1.0419	3.280	1.1657	3.245	1.1493	3.426	1.1319
6. 您居住的环境更加安全，犯罪现象少多了	3.591	1.2644	3.487	1.2505	3.449	1.1041	3.519	1.2259
7. 当地文化与传统风俗改变并逐渐消失	3.365	1.1449	3.456	1.2948	3.612	1.0710	3.453	1.1953
8. 生活中的噪声污染增加，生活的宁静被破坏	3.475	1.3190	3.565	1.3606	3.745	1.1693	3.568	1.3080
9. 邻里关系比以前更加融洽了	3.768	1.0062	3.653	1.2327	3.357	1.1775	3.636	1.1467
10. 居民的整体素质提高了	3.945	0.9873	3.725	1.1780	3.214	1.2035	3.703	1.1441
11. 您的社会交际面比以前大多了	3.751	1.0430	3.803	0.9856	3.449	1.1134	3.710	1.0418
12. 您的工作信息时间有了很大的变化	3.591	1.2242	3.679	1.1182	3.347	1.1316	3.576	1.1668
13. 您身边使用电脑和电话的人增多了	4.243	1.0255	4.534	0.6456	3.990	1.0404	4.309	0.9156
14. 您觉得政府管理部门工作很到位	3.006	1.2225	2.751	1.3230	2.582	1.3842	2.814	1.3062
15. 您身边参加社保的人多了	4.094	1.0734	4.124	0.9869	3.592	1.1292	4.002	1.0698
16. 社会保障体系更好了，您对现在的社会福利很满意	3.442	1.1706	3.399	1.2168	3.092	1.2359	3.352	1.2083
17. 和市区居民的人的社会福利差距缩小了	3.387	1.1569	3.430	1.1931	3.143	1.1928	3.354	1.1819
18. 我很喜欢城镇化给我们带来的生活方式的变化	3.657	1.2036	3.420	1.3976	3.187	1.2709	3.462	1.3091

通过对上表进行观察，总体来说，旅游型城镇化模式下，居民对于自身包括周围发生社会变化或现象持有中立以上或相对赞同的观点，平均值高于3（中立）占大多数，部分指标超过了4（比较赞同），而其标准差即居民感知差异的离散程度也大部分集中在1.0—1.3之间，1.1左右占大多数，总体差距较小。周围环境方面，包括卫生、公共设施、交通、犯罪现象，居民普遍认为有改观，均值分别为3.845、3.782、4.038和3.519，其中"交通更加方便了"这一指标感知尤为明显；居民自身及人际交往、生活习惯方面，他们认为"邻里关系比以前更加融洽了"，自己的社会交际面也有所扩大，"身边的朋友的教育水平提高，更喜爱读书了"，居民素质有了一定程度的提升，其自身的工作时间较之前有了较大的变化，大家更是普遍认为周围使用手机和电脑等电子物品人数更多了；而对于城镇化带来相对不好的方面，如当地文化与传统习俗改变并逐步消失，以及生活中噪声污染的增加，居民也表示了某种程度的担忧，均值分别为3.453和3.568；政府工作方面，如拆迁工作中政府听取群众意见和政府管理部门工作是否到位，大家则表现出较不赞同的态度，均值分别为2.680和2.814，体现了政府相关工作需要改进；社会保障方面，城镇居民表示参加社保的人显著增加，对社会福利比较满意，认为与市区市民的社会福利差距在逐渐缩小；最后关于是否喜欢城镇化给自己生活带来的变化，不同地区城镇居民感知程度不同，标准差为1.3091，但大多数人表示喜欢这种改变，均值为3.462。

（三）环境方面

通过 SPSS 统计工具，在诸如"城镇化的过程保留和更好地保护开发了我们当地原来的景色，变得更漂亮了""新建了很多公园和绿地，环境比以前好多了"等五条环境指标的衡量之下，对旅游型城镇化模式下的株洲市、成都市以及北京市及其周边地区的城镇居民的满意度进行了均值和标准差对比分析，结果如表7-37所示。

表 7 - 37　不同地区的旅游型城镇化居民对环境影响指标的感知和离散程度

环境影响指标	株洲市		成都市		北京市及其周边地区		总计	
	平均值	标准差	平均值	标准差	平均值	标准差	平均值	标准差
1. 更好地保护开发了我们当地原来的景色	3.862	1.1144	3.902	1.1345	3.347	1.1496	3.771	1.1485
2. 新建的工厂和设施都很好的保护了当地环境	3.448	1.1850	3.212	1.2875	3.020	1.2098	3.263	1.2410
3. 新建了很多公园和绿地，环境比以前好多了	3.635	1.1877	3.756	1.1446	3.245	1.1671	3.604	1.1792
4. 我希望这里继续修建更多的高楼大厦	3.536	1.3479	3.326	1.3548	3.327	1.3376	3.407	1.3496
5. 我很喜欢居住在新城镇的感觉	3.696	1.3214	3.466	1.3190	3.306	1.2796	3.521	1.3177

由上表可知，旅游型城镇化模式下，居民对于自身包括周围发生的环境变化持有中立以上或相对赞同的观点，平均值均高于3（中立），居民感知差异的离散程度大部分集中在1.1—1.35之间，总体差距较小。居民普遍认为城镇化对当地原本的景色有保护和开发作用，均值为3.771；新建的公园和绿地在很大程度上改善了环境，均值为3.604；新建的工厂设施也与周围环境相对和谐，均值为3.263；大家也表示比较喜欢自己身处高楼之中，体验入住新城镇的感觉，均值分别为3.407和3.521。

二、不同地区居民感知城镇化质量差异分析

以区位作为固定因子，居民感性评估的各项指标作为因变量，通过SPSS软件对旅游型城镇化模式下三种不同区位的数据资料进行多元方差分析，得出以下结果，具体如7-38所示。

表7-38　不同地区的旅游型城镇化居民感知城镇化质量差异

影响指标	地区	
	F 值	sig.
1. 您的收入有了很大的提高	0.230	0.795
2. 您的购买力及购买欲望增加了	2.049	0.130
3. 您周边的朋友收入都有很大的提高	` 0.818	0.442
4. 城镇化促进了当地经济的发展	6.359**	0.002
5. 房地产价格上涨	10.066**	0.000
6. 物价上涨	8.224**	0.000
7. 人均居住面积比以前大多了	3.765*	0.024
8. 资源或者风景得到了更好的开发和利用	4.575*	0.011
9. 当地居民贫富差距变大	1.495	0.225
10. 和市区居住的人相比，经济收入差距缩小了	3.080*	0.047
11. 人均耕地面积大幅度减少了	2.219	0.110
12. 您和您身边的朋友都不再务农，选择去打工	4.463*	0.012

续表

影响指标	地区	
	F 值	sig.
13. 您身边很多朋友返乡创业或者打工了	9.078 **	0.000
14. 在拆迁补偿、规划建设等方面，政府听取了您和周围居民的意见	1.182	0.308
15. 政府对环境卫生投入了很多，卫生条件变好了	32.517 **	0.000
16. 公共服务设施比以前丰富了，如医疗、教育、健身娱乐设施和商场	9.008 **	0.000
17. 交通更加方便了	16.584 **	0.000
18. 您身边的朋友的教育水平提高，更喜爱读书了	7.614 **	0.001
19. 您居住的环境更加安全，犯罪现象少多了	0.538	0.584
20. 当地文化与传统风俗改变并逐渐消失	1.367	0.256
21. 生活中的噪声污染增加，生活的宁静被破坏	1.355	0.259
22. 邻里关系比以前更加融洽了	4.172 *	0.016
23. 居民的整体素质提高了	13.723 **	0.000
24. 您的社会交际面比以前大多了	4.041 *	0.018
25. 您的工作作息时间有了很大的变化	2.671	0.070
26. 您身边使用电脑和电话的人增多了	12.851 **	0.000
27. 您觉得政府管理部门工作很到位	3.762 *	0.024
28. 您身边参加社保的人多了	9.462 **	0.000
29. 社会保障体系更好了，您对现在的社会福利很满意	2.944	0.054
30. 和市区居住的人的社会福利差距缩小了	2.042	0.131
31. 我很喜欢城镇化给我的生活方式带来的变化	4.348 *	0.013
32. 城镇化的过程保留和更好地保护开发了我们当地原来的景色，变得更漂亮了	8.774 **	0.000
33. 新建的工厂和其他城镇化设施都很好地保护了当地环境	4.086 *	0.017
34. 新建了很多公园和绿地，环境比以前好多了	6.364 **	0.002
35. 我希望这里继续修建更多的高楼大厦	1.346	0.261
36. 我很喜欢居住在新城镇的感觉	3.095 *	0.046

注：* 显著性在 0.01—0.05 的水平，** 显著性在 0.01 以下的水平。

从上表可以看出，关于经济、社会生活和环境三方面的影响指标，株洲市、成都市和北京市及其周边地区的旅游型城镇居民在城镇化感知过程中具有显著性差异的指标较多，其中，sig 值在 0.01—0.05 之间的指标共有 10 个，小于 0.01 的指标共有 13 个，呈现很大的差异性。经济方面，共有指标 13 个，具有显著性差异水平的指标 8 个，如房地产价格上涨的 F 值为 10.066，sig 值为 0，物价上涨的 F 值为 8.224，sig 值为 0，另外关于城镇化发展促进地方经济的 F 值为 6.359，sig 值为 0.002；社会生活方面，共有指标 18 个，具有显著性差异水平的指标 11 个，如"政府对环境卫生投入了很多，卫生条件变好了"的 F 值为 32.517，sig 值为 0，"交通更加方便了"的 F 值为 16.584，sig 值为 0，"居民的整体素质提高了"的 F 值为 13.723，sig 值为 0；环境方面，共有指标 5 个，具有显著性差异水平的指标有 4 个，如城镇化发展"城镇化的过程保留和更好地保护开发了我们当地原来的景色"的 F 值为 8.774，sig 值为 0，"新建了很多公园和绿地，环境比以前好多了"的 F 值为 6.364，sig 值为 0.002。

（一）经济影响差异

经济影响指标共 13 个，其中有显著差异的指标 8 个，下面将结合前三个有显著差异的指标，对不同地区的旅游型城镇在经济方面存在的显著性问题，通过均值、标准差、样本频数以及均值差值的对比分析，找到存在的显著性差异，继而进行分析，具体如表 7-39 所示。

由表 7-39 可以看出，关于"房地产价格上涨"这一指标，成都市旅游型城镇居民意见最统一，标准差最低为 1.1798，感知程度最强，均值最高为 4.062；而相较来看，株洲市居民对这一问题感知程度最低，均值为 3.497，大家意见也不是很统一，标准差较高为 1.3809；对比北京市及周边地区城镇居民也对房价的上涨体会很深，这与城市扩张、辐射作用有一定的联系。对比均值差值，株洲市和北京市及其周边地区城镇居民均与成都市城镇居民对房价的感知程度存在显著性差异，这与近些年来旅游业在成都市城镇受到政府支持，持续发挥作用，拉动经济发展，从而提升房价密不可分。

表7-39　"房地产价格上涨"旅游型城镇化模式下不同地区的居民感知差异

变量	均值	均值排序	标准差	频数	1	2
株洲市	3.497	3	1.3809	181		
成都市	4.062	1	1.1798	193	-0.565*	
北京市及其周边地区	3.551	2	1.3857	98	-0.054	0.511*

注：＊显著性在0.05以下的水平。

从表7-40中的数据可以看出，三个地区的居民身边都有朋友有意愿返乡创业或者打工，均值都超过3，其中成都市与其他两地区居民对这一问题存在较大差异，均值差值分别为0.513和0.398，成都市旅游型城镇街子镇和安仁镇近些年来在政府的重点扶持下，大力发展旅游，多次被授予"四川十大古镇""全省旅游发展重点镇"等称号，吸引了本地居民回乡发展。

表7-40　"您身边很多朋友返乡创业或者打工了"旅游型
城镇化模式下不同地区的居民感知差异

变量	均值	均值排序	标准差	频数	1	2
株洲市	3.243	3	1.3567	181		
成都市	3.756	1	1.0742	193	-0.513*	
北京市及其周边地区	3.367	2	1.125	98	-0.124	0.389*

注：＊显著性在0.05以下的水平。

从表7-41中的数据可以看出，关于"物价上涨"这一指标，同样是成都市城镇居民比其他两个地区城镇居民感受更一致且更深刻，均值最高为4.078，标准差最低为1.2538，而这一问题，株洲市和北京市及其周边地区城镇居民感知程度相似，均值差值小，为0.112。从三个地区城镇居民感知均值差值的比较来看，其余两个地区与成都市在居民对物价感知上存在显著性差异，物价的上涨目前在成都的两个旅游型城镇的发展中影响更为显著。

表7-41 "物价上涨"旅游型城镇化模式下不同地区的居民感知差异

变量	均值	均值排序	标准差	频数	1	2
株洲市	3.602	2	1.4479	181		
成都市	4.078	1	1.2538	193	-0.476*	
北京市及其周边地区	3.49	3	1.459	98	0.112	0.588*

注：*显著性在0.05以下的水平。

通过对上述具有显著差异指标的分析可知，成都市城镇居民对城镇化带来的经济性影响的认同度高于其他两个地区，这与属地政府对当地旅游业的支持密不可分。

（二）社会生活影响差异

社会生活影响指标共18个，其中有显著差异的指标11个，下面将结合前三个有显著差异的指标，对不同地区的旅游型城镇在社会生活方面存在的显著性问题，通过均值、标准差、样本频数以及均值差值的对比分析，找到存在的显著性差异，继而进行分析。

从表7-42中的数据可以看出，株洲市旅游型城镇居民普遍认为由于政府对环境卫生的投入使他们生活中的卫生条件有了很大的改善，成都市旅游型城镇居民较为赞同此观点，而北京市及其周边地区的旅游型城镇居民对这一问题持近似中立的态度。由于三个地区的均值差距悬殊，说明三个地区在城镇化过程中，政府对环境卫生投入力度有所不同，北京市及其周边地区旅游型城镇需在此方面加大投入，促使经济环境发展共同进步。

表7-42 "政府对环境卫生投入了很多，卫生条件变好了"旅游型
城镇化模式下不同地区的居民感知差异

变量	均值	均值排序	标准差	频数	1	2
株洲市	4.271	1	0.8874	181		
成都市	3.793	2	1.2199	193	0.478*	
北京市及其周边地区	3.163	3	1.2073	98	1.107*	0.629*

注：*显著性在0.05以下的水平。

从表 7 - 43 中的数据可以看出，关于交通便捷度，株洲市和成都市城镇居民均有深切的感受，例如，株洲市的仙庾镇，沪昆高速、长株高速邻近而过，境内有省道 S211 线、茶马公路、县道龙樟公路等，加上旅游作为支柱产业的大力发展，其交通通达度迅速提高，而对比北京的十渡镇，距离市区 96 公里，旅游交通近些年才逐渐发展起来。北京地区旅游型城镇居民的平均感知度较低，与其余两个地区存在显著性差异，在这一方面有待增强。

表 7 - 43　"交通更加方便了"旅游型城镇化模式下不同地区的居民感知差异

变量	均值	均值排序	标准差	频数	1	2
株洲市	4.26	1	0.9031	181		
成都市	4.083	2	1.0121	193	0.177	
北京市及其周边地区	3.541	3	1.1592	98	0.719*	0.542*

注：*显著性在 0.05 以下的水平。

从表 7 - 44 中的数据可以看出，在旅游型城镇化建设过程中，株洲市和成都市做得较好，居民能较为明显地感受到大家整体素质的提升，而北京及其周边地区的旅游型城镇居民则并未明显感受到此项变化，与其他两个地区存在显著性差异。城镇化建设要能够促进居民素质的提升，居民的素质也要适应城镇化建设的发展的需要。

表 7 - 44　"居民的整体素质提高了"旅游型城镇化模式下不同地区的居民感知差异

变量	均值	均值排序	标准差	频数	1	2
株洲市	3.945	1	0.9873	181		
成都市	3.725	2	1.178	193	0.219	
北京市及其周边地区	3.214	3	1.2035	98	0.730*	0.511*

注：*显著性在 0.05 以下的水平。

通过对上述具有显著差异指标的分析可知，株洲市城镇居民对城镇化带来的社会生活影响的认同度高于其他两个地区，这主要是因为发展当地旅游业时对硬件环境重视程度不同的缘故。

（三）环境影响方面

环境影响指标共5个，其中有显著差异的指标4个，下面将结合前三个有显著差异的指标，对不同地区的旅游型城镇在环境影响方面存在的显著性问题，通过均值、标准差、样本频数以及均值差值的对比分析，找到存在的显著性差异，继而进行分析。

从表7-45中的数据可以看出，成都市在进行城镇化建设过程中，对风景做到了较为合理的开发和保护，获得较高的居民满意度，株洲市紧随其后，而北京市及其周边地区旅游型城镇发展却未能较好地开发和利用风景资源，居民对这项指标赞同程度较低，这反映出北京市及其周边地区城镇化发展在某种程度上对当地风景等资源有一定的破坏作用。如何较好地保持小镇的风景与特色，不破坏原有的小镇景观，这是旅游型城镇在进行城镇化过程中必须考虑的问题。

表7-45 "城镇化的过程保留和更好地保护开发了我们当地原来的景色，变得更漂亮了"旅游型城镇化模式下不同地区的居民感知差异

变量	均值	均值排序	标准差	频数	1	2
株洲市	3.862	2	1.1144	181		
成都市	3.902	1	1.1345	193	-0.040	
北京市及其周边地区	3.347	3	1.1496	98	0.515*	0.555

注：*显著性在0.05以下的水平。

从表7-46中的数据可以看出，城镇化建设确实给地区绿化环境带来了益处，三个均值都超过了3，成都市均值最高为3.756，表明其在城镇化建设中注意城区合理建设及环境的美化，而北京市及其周边地区的均值最低，仅为3.245，也反映出其城镇发展要注意相关绿化环境的问题，争取能够合理规划城镇公共资源，如公园和绿地，使居民能够更好地、更舒适地生活。

表7-46 "新建了很多公园和绿地，环境比以前好多了"旅游型
城镇化模式下不同地区的居民感知差异

变量	均值	均值排序	标准差	频数	1	2
株洲市	3.635	2	1.1877	181		
成都市	3.756	1	1.1446	193	-0.121	
北京市及其周边地区	3.245	3	1.1671	98	0.390*	0.512*

注：*显著性在0.05以下的水平。

从表7-47中的数据可知，株洲市和成都市在旅游型城镇化建设过程中，新建工厂和其他城镇化设施对当地环境起到了一定的保护作用，均值高于北京市及其周边地区，反映出北京市及其周边地区的旅游型城镇在城镇化建设过程中，设立的工厂和其他城镇化设施不是特别符合保护当地环境的需要，应该进行筛选或者整顿，从而使当地环境免遭破坏，提高居民对城镇化的满意度。

表7-47 "新建的工厂和其他城镇化设施都很好地保护了当地环境"旅游型
城镇化模式下不同地区的居民感知差异

变量	均值	均值排序	标准差	频数	1	2
株洲市	3.448	1	1.185	181		
成都市	3.212	2	1.2875	193	0.235	
北京市及其周边地区	3.02	3	1.2098	98	0.427*	0.192

注：*显著性在0.05以下的水平。

通过对上述具有显著差异指标的分析可知，成都市和株洲市城镇居民对城镇化带来的环境影响的认同度高于北京市及其周边地区，这与发展旅游业时对生态环境保护是否符合当地居民需求息息相关。

三、小结

同为旅游型城镇，株洲市、成都市和北京市及其周边地区的居民在经

济影响方面的感知差异较大。成都市的居民对当地旅游业带动经济的发展最满意，认为旅游业对经济有较好的促进作用，居民的收入与市区居民的收入差距缩小，大部分居民改变了就业方式，不再务农，选择从事旅游业相关的工作，也有很多人看到家乡旅游业发展的前景，选择返乡创业或者打工。同时，旅游经济发展也带来了房地产价格的上涨和物价的上涨，成都市地区的居民对这两个方面的感知也最显著。成都市地区旅游型城镇环境优美、空气质量好、气候宜人，依托丰富的旅游资源而建的融旅游、休闲、度假、居住为一体的房地产项目，吸引着更多人到此居住养老，房地产需求增加，刺激当地房地产价格上涨。相比之下，北京市及其周边地区的居民对旅游业带来的各项经济影响指标满意度最低。2016年，十渡镇的人均旅游收入远高于其他两个地区，但居民对当地经济发展带来的变化满意度最低。可见，经济收入的高低并不是直接影响居民感知城镇化质量的主要因素。北京地区居民对"和市区居住的人相比，经济收入差距缩小了"的指标均值只有2.976，环北京地区的居民认为与市中心的居民收入差距依然过大，对城镇的经济发展不满意。除此之外，北京市的居民对现有的居住面积满意度低，均值只有2.98，株洲市旅游城镇的整体经济发展虽然不如成都市，但是在株洲市旅游城镇的发展过程中更关注居民的实际需求。在"人均居住面积比以前大多了"和"和市区居住的人相比，经济收入差距缩小了"这两项经济指标方面，株洲市地区的居民满意度最高。

　　株洲市的居民对旅游业发展带来的社会生活影响的满意度最高，其次是成都市的居民，北京市及其周边地区的居民满意度最低。株洲市的旅游城镇在发展的过程中，更关注居民在社会生活方面的需求，对环境卫生、公共服务设施建设、交通建设、居民素质、社会保障方面的投入较多，居民在这些方面的满意度最高，且与其他地区有显著性差异。而居民的整体生活也有了较大的提高，包括邻里关系更融洽、社会交际面扩大、使用电脑和电话的人增多。相比之下，北京市及其周边地区的居民对旅游业带来的各项社会生活影响指标满意度最低。根据实地调研考察，北京市十渡镇的环境卫生、基础设施建设和社会保障等方面并没有明显落后于其他两个地区的旅游城镇，但与北京市市中心的设施和社会保障相比仍有较大的差距。可见，与市区居民的社会生活的差距的大小是影响居民感知城镇化质量的主要因素，差距越大，居民感知城镇化质量越低。虽然成都市旅游城镇的居民对经济影响最满意，但对社会生活影响的满意度属于中等水平，不如株洲市的居民满意度高。成都市的旅游城镇在追求经济发展的同时，也要更关注居民的社会生活变化，提升居民满意度。

株洲市的居民对旅游业发展带来的环境变化最满意，其次是成都市的居民，北京市及其周边地区居民满意度最低。株洲市的两个旅游案例城镇都属于自然风景旅游区，在城镇化发展的过程中，虽然经济发展不如成都市，但更关注居民的社会生活和居住环境，对当地自然环境资源有更好地保护和开发，也新建了公共休闲活动场所，不断改善环境质量。而成都市的两个旅游案例城镇均是古镇旅游景区，在发展旅游业的过程中，更注重的是古镇风貌的美化和统一，对当地的特色挖掘不足，把古镇建筑都规划建设为统一的风格，缺乏地方特色，与原来的古镇建筑有较大的差别。在旅游古镇内，为保护古镇风貌，一般不能大规模地建设公园和绿地，居民的公共休闲活动场所较少。北京市及其周边地区的旅游案例城镇是自然风景旅游区，在开发过程中较好地保护了原来的生态环境，但其每年接待的游客人数较多，对环境造成的破坏较大。而且受华北地区的空气污染影响，北京整体的环境质量不如西南地区和中部地区。

第六节　地产型城镇化质量评估

一、不同地区居民感知城镇化质量整体评估

为深入了解地产型城镇化模式下居民感知城镇化质量现状，本节选取了经济、社会生活和环境三大方面，通过对不同方面的影响指标进行平均值和标准差的统计分析，找出该模式下居民感知城镇化质量的总体感知情

况，并对比分析不同地区呈现出的差异性。

（一）经济方面

通过 SPSS 统计工具，在诸如"您的收入有了很大的提高""物价上涨"等 13 个经济指标的衡量下，对地产型城镇化模式的株洲市、成都市以及北京市及其周边地区的城镇居民的满意度进行了均值和标准差对比分析，结果如表 7–48 所示。

由表 7–48 可知，地产型城镇化模式的居民对于自身包括周围发生的经济变化持中立以上或相对赞同的观点，总体的平均值都高于 3（中立），部分指标接近于 4（比较赞同），居民感知差异的离散程度也集中在 1.0—1.3 之间，差距较小。收入和购买力方面，居民普遍认为城镇化发展促进了当地经济的发展，自身及周围人的收入得到了相对的提高，购买力也随之增加；物价房价与收入差距方面，居民明显感受到城镇的物价及房价的上涨，当地的贫富差距呈现出扩大趋势，而他们与市区居民的经济收入差距出现小幅的缩小；居住与耕地面积和资源利用方面，他们认为人均居住面积增加不明显，人均耕地面积有大幅度减少，周围的资源或者环境得到了较好的开发和保护；工作倾向性方面，城镇居民更愿意选择不再务农，选择去打工，他们周围也有部分朋友返乡寻找工作机会或者创业。三个地区居民对于物价和房价的上涨感知最明显，对于人均耕地大幅减小也有了相对一致的认识，而对于人均居住面积的增加，不同地区居民的感知差异较大，但总体而言这个变化比较细微，相对于自身收入增长，他们认为周围人收入增长更为明显。

（二）社会生活方面

通过 SPSS 统计工具，在诸如"在拆迁补偿、规划建设等方面，政府听取了您和周围居民的意见""当地文化与传统风俗改变并逐渐消失"等 18 个社会生活指标的衡量下，对地产型城镇化模式的株洲市、成都市以及北京市及其周边地区的城镇居民的满意度进行均值和标准差对比分析，分析结果如表 7–49 所示。

表 7-48　不同地区的地产型城镇化居民对经济影响指标的感知和离散程度

经济影响指标	株洲市		成都市		北京市及其周边地区		总计	
	平均值	标准差	平均值	标准差	平均值	标准差	平均值	标准差
1. 您的收入有了很大的提高	3.088	1.2706	2.953	1.2042	3.672	1.0075	3.263	1.1978
2. 您的购买力及购买欲望增加了	3.363	1.2782	3.365	1.1634	3.775	0.9195	3.515	1.1347
3. 您周边的朋友收入都有很大的提高	3.505	1.1193	3.329	1.0164	3.681	0.9531	3.516	1.0353
4. 城镇化促进了当地经济的发展	3.769	1.2743	3.600	1.1255	4.02	0.8994	3.810	1.1116
5. 房地产价格上涨	3.813	1.3073	3.871	1.0441	4.116	0.9215	3.942	1.1011
6. 物价上涨	4.055	1.2235	3.894	1.2152	3.989	1.0048	3.982	1.1426
7. 人均居住面积比以前大多了	3.055	1.5589	3.106	1.1754	3.377	1.1239	3.189	1.2995
8. 资源或者风景得到了更好的开发和利用	3.407	1.3415	3.447	1.1287	3.400	1.0242	3.417	1.1631
9. 当地居民贫富差距变大	3.802	1.2222	3.459	1.0528	3.588	1.074	3.618	1.1229
10. 和市区居住的人相比，经济收入差距缩小了	3.418	1.1932	3.329	1.0734	3.419	1.1698	3.391	1.1458
11. 人均耕地面积大幅度减少了	3.956	1.3492	3.812	1.0059	3.822	0.9963	3.863	1.1240
12. 您和您身边的朋友都不再务农，选择去打工	3.802	1.3100	3.729	0.8365	3.670	0.9178	3.731	1.0388
13. 您身边很多朋友返乡创业或者打工了	3.352	1.3854	3.753	0.8296	3.547	1.0038	3.546	1.1066

表7-49 不同地区的地产型城镇化居民对社会生活影响指标的感知和离散程度

社会生活影响指标	株洲市		成都市		北京市及其周边地区		总计	
	平均值	标准差	平均值	标准差	平均值	标准差	平均值	标准差
1. 在拆迁补偿、规划建设等方面，政府听取了您和周围居民的意见	2.350	1.4560	3.000	1.2910	3.250	1.0800	2.880	1.3280
2. 政府对环境卫生投入了很多，卫生条件变好了	4.110	1.0693	3.824	0.9408	3.588	0.9770	3.830	1.0175
3. 公共服务设施比以前丰富了，如医疗、教育、健身娱乐设施和商场	3.516	1.3853	3.706	1.1320	3.783	0.9503	3.673	1.1631
4. 交通更加方便了	4.308	0.9392	4.012	0.8930	4.009	0.9650	4.107	0.9422
5. 您身边的朋友的教育水平提高，更喜爱读书了	3.571	1.1464	3.482	1.0306	3.423	1.0443	3.490	1.0726
6. 您居住的环境更加安全，犯罪现象少多了	3.549	1.1476	3.671	1.0046	3.307	1.0111	3.497	1.0629
7. 当地文化与传统风俗改变并逐渐消失	3.429	1.2215	3.541	1.0299	3.649	0.9268	3.544	1.0617
8. 生活中的噪声污染增加，生活的宁静被破坏	3.659	1.3599	3.694	1.1236	3.772	0.8222	3.711	1.1093
9. 邻里关系比以前更加融洽了	3.659	1.1276	3.765	0.9593	3.255	1.1958	3.542	1.1245
10. 居民的整体素质提高了	3.978	0.9886	3.612	1.0476	3.344	1.0356	3.633	1.0542
11. 您的社交面比以前大多了	3.890	0.8876	3.800	1.0443	3.564	1.0294	3.742	0.9966
12. 您的工作信息时间有了很大的变化	3.451	1.3018	3.576	1.1273	3.677	1.0791	3.572	1.1700
13. 您身边使用电脑和电话的人增多了	4.571	0.7325	3.929	1.2129	4.048	1.0633	4.183	1.0530
14. 您觉得政府管理部门工作很到位	2.879	1.3403	3.282	1.2403	3.223	1.2329	3.129	1.2787
15. 您身边参加社保的人多了	4.451	0.7784	3.824	1.0256	3.977	0.7668	4.085	0.8937
16. 社会保障体系更好了，您对现在的社会福利很满意	3.846	0.9880	3.600	1.0823	3.408	0.9241	3.609	1.0083
17. 和市区居住的人的社会福利差距缩小了	3.670	1.1061	3.541	1.0066	3.318	0.9934	3.501	1.0424
18. 我很喜欢城镇化给我带来的生活方式上的变化	3.505	1.4014	3.624	1.0463	3.795	0.9045	3.648	1.1321

　　由上表可知，地产型城镇化模式的居民对自身包括周围发生的社会变化持中立或相对赞同的观点，平均值高于 3（中立）占大多数，部分指标超过了 4（比较赞同），居民感知差异的离散程度大部分集中在 1.0—1.3 之间，总体差距较小。周围环境方面，包括卫生、公共设施、交通、犯罪现象，居民普遍认为有改观，其中"交通更加方便了"尤为明显；居民自身及人际交往、生活习惯方面，他们大多认为邻里关系比以前更加融洽了，普遍觉得自己的社会交际面扩大了，周围朋友的教育水平慢慢提高并且更爱读书了，整个居民素质有了一定程度的提升，自身的工作时间较之前有了较大的变化，大家更是一致认为周围人使用手机和电脑等电子物品更加频繁；对于城镇化带来较差方面的影响，居民认为当地文化与传统习俗受到城镇化的冲击，生活中噪声污染的增加破坏了原本的宁静；政府工作方面，如拆迁工作中政府听取群众意见和政府管理部门工作是否到位，大家对政府态度差异较大，总体分别表现出较不赞同和偏中立的态度，说明政府相关工作需要改进；社会保障方面，城镇居民表示参加社保的人显著增加，社会保障体系更好了，对社会福利很满意，并认为与市区市民的社会福利差距在逐渐缩小，喜欢城镇化给自己生活带来的变化。

（三）环境方面

　　通过 SPSS 统计工具，在诸如"城镇化的过程保留和更好地保护开发了我们当地原来的景色，变得更漂亮了""新建了很多公园和绿地，环境比以前好多了"等五条环境指标的衡量之下，对地产型城镇化模式下的株洲市、成都市以及北京市及其周边地区的城镇居民的满意度进行了均值和标准差对比分析，分析结果如表 7-50 所示。

表7-50　不同地区的地产型城镇化居民对环境影响指标的感知和离散程度

影响指标	株洲市		成都市		北京市及其周边地区		总计	
	平均值	标准差	平均值	标准差	平均值	标准差	平均值	标准差
1. 城镇化的过程保留和更好地保护开发了我们当地原来的景色，变得更漂亮了	3.857	1.1979	3.871	1.0211	3.666	0.8707	3.791	1.0329
2. 新建的工厂和其他城镇化设施都很好地保护了当地环境	3.462	1.2588	3.329	1.1061	3.543	1.0514	3.451	1.1384
3. 新建了很多公园和绿地，环境比以前好多了	3.538	1.2588	3.565	1.1797	3.713	1.0773	3.611	1.1686
4. 我希望这里继续修建更多的高楼大厦	3.659	1.4002	3.259	1.1665	3.599	1.1423	3.515	1.2466
5. 我很喜欢居住在新城镇的感觉	3.659	1.2580	3.494	1.2595	3.745	1.0010	3.641	1.1705

由上表可知，地产型城镇化模式的居民对于自身包括周围发生的环境变化持有中立以上或相对赞同的观点，平均值均高于 3.4（3 为中立），居民感知差异的离散程度大部分集中在 1.1—1.3 之间，总体差距小。大多数居民认为城镇化对当地原本的景色有保护和开发作用，比如，新建的公园和绿地在很大程度上改善了环境，新建的工厂设施也与周围环境相对和谐，大家也表示比较喜欢自己身处高楼之中，很愿意居住在新城镇。

二、不同地区居民感知城镇化质量差异分析

以区位作为固定因子，居民感性评估的各项指标作为因变量，通过 SPSS 软件对地产型城镇化模式下三种不同区位的数据资料进行多元方差分析，结果如表 7-51 所示。

表 7-51　不同地区的地产型城镇化居民感知城镇化质量差异

影响指标	地区	
	F 值	sig.
1. 您的收入有了很大的提高	10.505**	0.000
2. 您的购买力及购买欲望增加了	4.366*	0.014
3. 您周边的朋友收入都有很大的提高	2.720	0.068
4. 城镇化促进了当地经济的发展	3.473*	0.032
5. 房地产价格上涨	2.103	0.124
6. 物价上涨	0.437	0.646
7. 人均居住面积比以前大多了	1.744	0.177
8. 资源或者风景得到了更好的开发和利用	0.042	0.959
9. 当地居民贫富差距变大	2.133	0.120
10. 和市区居住的人相比，经济收入差距缩小了	0.176	0.839
11. 人均耕地面积大幅度减少了	0.466	0.628
12. 您和您身边的朋友都不再务农，选择去打工	0.390	0.677
13. 您身边很多朋友返乡创业或者打工了	2.930	0.055

续表

影响指标	地区	
	F 值	sig.
14. 在拆迁补偿规划建设等方面，政府听取了您和周围居民的意见	12.454 **	0.000
15. 政府对环境卫生投入了很多，卫生条件变好了	6.622 **	0.002
16. 公共服务设施比以前丰富了，如医疗，教育、健身娱乐设施和商场	1.325	0.268
17. 交通更加方便了	3.101 *	0.047
18. 您身边的朋友的教育水平提高，更喜爱读书了	0.461	0.631
19. 您居住的环境更加安全，犯罪现象少多了	2.923	0.055
20. 当地文化与传统风俗改变并逐渐消失	1.047	0.353
21. 生活中的噪声污染增加，生活的宁静被破坏	0.262	0.770
22. 邻里关系比以前更加融洽了	5.693 **	0.004
23. 居民的整体素质提高了	9.270 **	0.000
24. 您的社会交际面比以前大多了	2.820	0.061
25. 您的工作作息时间有了很大的变化	0.904	0.406
26. 您身边使用电脑和电话的人增多了	10.123 **	0.000
27. 您觉得政府管理部门工作很到位	2.658	0.072
28. 您身边参加社保的人多了	13.047 **	0.000
29. 社会保障体系更好了，您对现在的社会福利很满意	4.696 *	0.010
30. 和市区居住的人的社会福利差距缩小了	2.892	0.057
31. 我很喜欢城镇化给我的生活方式带来的变化	1.615	0.201
32. 城镇化的过程保留和更好地保护开发了我们当地原来的景色，变得更漂亮了	1.195	0.304
33. 新建的工厂和其他城镇化设施都很好地保护了当地环境	0.823	0.440
34. 新建了很多公园和绿地，环境比以前好多了	0.632	0.532
35. 我希望这里继续修建更多的高楼大厦	2.668	0.071
36. 我很喜欢居住在新城镇的感觉	1.090	0.338

注：* 显著性在 0.01－0.05 的水平，* * 显著性在 0.01 以下的水平。

从上表可以看出，对于经济、社会生活和环境三个影响指标，株洲市、成都市和北京市及其周边地区的地产型城镇居民在城镇化感知中具有显著性差异的指标较少，其中，sig 值在 0.01—0.05 之间的指标共有 4 个，小于 0.01 的指标共有 7 个。经济方面，共有指标 13 个，具有显著性差异水平的指标有 3 个；社会生活方面，指标 18 个，具有显著性差异水平的指标有 8 个；环境方面，共有指标 5 个，没有具有显著性差异水平的指标。

（一）经济影响差异

经济影响指标共 13 个，其中有显著差异 3 个。下面具体针对株洲市、成都市和北京市及其周边地区的地产型城镇在经济方面存在的显著性问题，通过均值、标准差、样本频数以及均值差值的对比，找到存在的显著性差异，继而进行分析。

由表 7-52 可知，株洲市和成都市地产型城镇居民对收入增加的感知程度相似，均值都在 3 左右，处于较低水平，而北京市及其周边地产型城镇居民则对自身收入的增加有着比较明显的体会，均值为 3.672。北京市昌平区的东小口镇，作为一个典型的地产型城镇，近几年完成了大部分的拆迁工作，经过两年的发展，地产带动了经济的发展，给居民带来了与之息息相关的经济利处。而株洲市和成都市的地产型小镇分别为明照乡和花园镇，发展时间较短，地产行业还未形成大规模商业化的态势，居民感知不够强烈。

表 7-52 "您的收入有了很大的提高"地产型城镇化
模式下不同地区的居民感知差异

变量	均值	均值排序	标准差	频数	1	2
株洲市	3.088	2	1.2706	91		
成都市	2.953	3	1.2042	85	0.135	
北京市及其周边地区	3.672	1	1.0075	103	-0.584*	-0.719*

注：*显著性在 0.05 以下的水平。

从表 7 - 53 中的数据可以看出，株洲市和成都市的地产型城镇居民对于自身购买力、购买欲望的变化观点较一致，两者均值相似，而北京市及其周边地区的地产型城镇居民则对自己的购买力、购买欲望增加有了较为明显的体会，与其余两地有显著性差异。地产经济发展得好，居民手上有钱，购买力和购买欲望就会随之增加，这反映了北京地产型城镇即东小口镇地产行业发展良好，激发人们的消费欲望，提升了消费能力。

表 7 - 53   "您的购买力及购买欲望增加了"地产型
城镇化模式下不同地区的居民感知差异

变量	均值	均值排序	标准差	频数	1	2
株洲市	3.363	3	1.2782	91		
成都市	3.365	2	1.1634	85	- 0.002	
北京市及其周边地区	3.775	1	0.9195	103	- 0.412*	- 0.410*

注：* 显著性在 0.05 以下的水平。

从表 7 - 54 可以看出，在城镇化促进了当地经济发展方面，北京的地产型城镇东小口镇在这个方面有突出表现，人们对此指标的感知均值高于 4，标准差也较小，说明居民普遍较为赞同其地产行业的发展促进了经济的快速发展。相比来看，成都市花园镇的地产型城镇化发展水平偏低，还有很大的发展空间，其与北京的东小口镇在促进经济发展方面有显著性差异。

表 7 - 54   "城镇化促进了当地经济的发展"地产型
城镇化模式下不同地区的居民感知差异

变量	均值	均值排序	标准差	频数	1	2
株洲市	3.769	2	1.2743	91		
成都市	3.6	3	1.1255	85	0.169	
北京市及其周边地区	4.02	1	0.8994	103	- 0.251	- 0.420*

注：* 显著性在 0.05 以下的水平。

通过对上述具有显著差异指标的分析可知，北京市城镇居民对城镇化带来的经济性影响的认同度高于其他两个地区，北京城镇化地产带动了经济的发展，给居民带来许多经济优势，获得居民较高的认同感。

（二）社会生活影响差异

社会生活影响指标共18个，其中有显著差异的指标8个，下面将结合前三个有显著差异的指标，对不同地区的地产型城镇在社会生活方面存在的显著性问题，通过均值、标准差、样本频数以及均值差值的对比分析，找到存在的显著性差异，继而进行分析。

从表7-55中的数据可以看出，对于身边参加社保的人增多这一问题，成都市和北京市及其周边地区地产型城镇居民感知程度类似，而株洲市城镇化居民能深刻体会到城镇化使居民的社会保障范围扩大，福利的增加。与此同时，社保人数增加与老年人人数增长相关，如株洲市的明照乡，其规划建设中级养老基地，促进地区养老事业的开展，可能吸引老人们在此处定居。

表7-55　"您身边参加社保的人多了"地产型
城镇化模式下不同地区的居民感知差异

变量	均值	均值排序	标准差	频数	1	2
株洲市	4.451	1	0.7784	91		
成都市	3.824	3	1.0256	85	0.627*	
北京市及其周边地区	3.977	2	0.7668	103	0.474*	-0.153

注：*显著性在0.05以下的水平。

从表7-56中的数据可以看出，株洲市对比其他两个地区的地产型城镇，在城镇化道路上，政府未能在拆迁过程中重视群众的意见，居民意见差异大。总体来看，三个地区地产型城镇居民对政府在拆迁过程中接纳民意、听取意见的感知都不是很明确。政府在城镇化建设中，要尽量将决策权分散，积极深入到群众当中，倾听民意。

表7-56 "在拆迁补偿、规划建设等方面，政府听取了您和周围居民的意见"地产型
城镇化模式下不同地区的居民感知差异

变量	均值	均值排序	标准差	频数	1	2
株洲市	2.35	3	1.456	91		
成都市	3	2	1.291	85	-0.65*	
北京市及其周边地区	3.25	1	1.08	103	-0.90*	-0.25

注：*显著性在0.05以下的水平。

从表7-57中的数据可以看出，三个地区居民都较为赞同城镇化发展使周围越来越多的人使用电话、电脑等电子科技设备，其中以株洲市最为明显，标准差为三者最低，而均值却是三者最高，反映出株洲市地产型城镇即明照乡居民普遍持有相同的意见，城镇化的发展推动了居民日常电子科技工具的使用，从而改变了人们的日常生活。

表7-57 "您身边使用电脑和电话的人增多了"地产型
城镇化模式下不同地区的居民感知差异

变量	均值	均值排序	标准差	频数	1	2
株洲市	4.571	1	0.7325	91		
成都市	3.929	3	1.2129	85	0.642*	
北京市及其周边地区	4.048	2	1.0633	103	0.523*	-0.119

注：*显著性在0.05以下的水平。

通过对上述具有显著差异指标的分析可知，株洲市城镇居民对城镇化带来的社会生活影响的认同度高于其他两个地区，地产业的发展给当地社会生活带来较为明显的改变，但是在充分了解和尊重民意方面，相关政府职能部门有待改善。

（三）环境影响差异

环境影响指标共5个，其中有显著差异的指标0个。

三、小结

从整体的经济影响方面来说，北京市及其周边地区居民对地产业发展带来的经济变化最满意，株洲市和成都市居民则对此感知类似，程度较低。北京市及其周边地区居民对于地产行业的发展促进收入增长感知最强烈，收入增加促使居民购买力和购买欲望增强，故较其他两个地区居民，北京市及其周边地区居民普遍对这个方面更为赞同。发展地产型城镇化，促进了北京市当地经济的发展，其居民普遍赞同这一观点。由此可见，北京市及其周边地区地产城镇即东小口镇在城镇化带动经济发展、促进百姓收入水平提高方面效果显著。株洲市和成都市居民在购买力和购买欲望增加方面感知类似，而在其他两个方面，收入增加和城镇化促进经济发展上，株洲市居民的感知要稍稍高于成都市居民。对比北京市及其周边地区居民对经济变化的感知数据，株洲和成都地区在推进地产行业发展，城镇化建设中做的力度还不够，效果还不显著，居民相关的满意度还有待提高。

从社会生活影响方面整体来说，在地产类城镇化模式下，株洲市居民对城镇化建设带来的社会生活的改变满意度最高，成都市次之，北京市及其周边地区最后。株洲市居民认为城镇化建设使环境卫生、交通变好了，邻里关系相对融洽，居民素质有了很大的提高，普遍认为周围使用电脑和电话的人增多了。关于社会保障方面，株洲市居民也表现出满意的态度，认为社保体系更好了，周围越来越多的人加入了社保。但有一方面，株洲市居民表现出不满，即政府在拆迁规划过程中未能很好地听取居民意见，由此可以看出，株洲市居民整体上还是赞赏政府在城镇化建设中做出的贡献，但就听取意见方面不是很满意，也体现出政府在这方面做得不够好，株洲市居民主人翁意识的觉醒，渴望在城镇化建设中拥有话语权。北京市及其周边地区居民对于城镇化带来的环境、邻里关系、居民整体素质以及社保制度的改善感知程度最弱，说明在这些方面政府做得还不够，导致居民感知城镇化质量较低。对于参保人数、使用电脑和电话人数的增加以及政府征求意见这三个方面，北京市及其周边地区居民感知较为强烈。政府在城镇化建设中要注意从社会生活方面给居民提供更好的环境和更便利的设施，从而提高居民的满意度。成都市居民对于环境、交通、人际关系以及社保方面感知都处于中等，也体现出政府在这些方面需要继续努力，以切实提高居民在社会生活中的幸福感。

第七节　科教型城镇化质量评估

一、不同地区居民感知城镇化质量整体评估

为深入了解科教型城镇化模式下居民感知城镇化质量现状，本节选取了经济、社会生活、环境三大方面，通过对不同方面的影响指标进行平均值和标准差的统计和整理，找出该模式下居民感知城镇化质量的总体情况，并对比分析不同地区呈现出的差异性。

（一）经济方面

通过 SPSS 统计工具，在诸如"您的收入有了很大的提高""物价上涨"等 13 条经济指标的衡量之下，对科教型城镇化模式下的成都市以及北京市及其周边地区的城镇居民的满意度进行了均值和标准差对比分析，分析结果如表 7 - 58 所示。

表 7 - 58　不同地区的科教型城镇化居民对经济影响指标的感知和离散程度

经济影响指标	成都市		北京市及其周边地区		总计	
	平均值	标准差	平均值	标准差	平均值	标准差
1. 您的收入有了很大的提高	3.243	1.1055	3.160	1.0879	3.203	1.0952
2. 您的购买力及购买欲望增加了	3.577	1.0749	3.660	0.9941	3.618	1.0347

经济影响指标	成都市		北京市及其周边地区		总计	
	平均值	标准差	平均值	标准差	平均值	标准差
3. 您周边的朋友收入都有很大的提高	3.414	1.0133	3.304	1.0060	3.360	1.0089
4. 城镇化促进了当地经济的发展	3.847	1.0634	3.638	0.9058	3.745	0.9928
5. 房地产价格上涨	4.009	1.2613	4.167	0.9125	4.086	1.1051
6. 物价上涨	4.036	1.1903	4.085	1.0701	4.060	1.1309
7. 人均居住面积比以前大多了	3.360	1.2269	3.418	1.1693	3.389	1.1967
8. 资源或者风景得到了更好的开发和利用	3.550	1.0157	3.257	0.9749	3.407	1.0044
9. 当地居民贫富差距变大	3.829	1.1822	3.890	0.8885	3.859	1.0471
10. 和市区居住的人相比，经济收入差距缩小了	3.225	1.1653	3.417	1.0042	3.319	1.0913
11. 人均耕地面积大幅度减少了	3.820	1.2806	4.159	0.9099	3.986	1.1254
12. 您和您身边的朋友都不再务农，选择去打工	4.036	0.9432	3.821	0.9340	3.931	0.9427
13. 您身边很多朋友返乡创业或者打工了	3.505	1.0861	3.360	0.9853	3.434	1.0382

由上表可知，科教型城镇化模式居民对于自身包括周围发生的经济变化持中立以上或相对赞同的观点，总体的平均值都高于3（中立），部分指标接近甚至超过了4（比较赞同），居民感知差异的离散程度也基本集中在1.0—1.2之间，差距很小。收入和购买力方面，居民普遍认为城镇化发展促进了当地经济的发展，自身及周围人的收入得到了某种程度的提高，购买力较大程度地增加了；物价、房价与收入差距方面，居民很明显地感受到城镇的物价及房价的上涨，当地的贫富差距加大，而他们与市区居民的经济收入差距出现小幅的缩小；居住与耕地面积和资源利用方面，他们认为人均居住面积小幅度增加，人均耕地面积有了大幅的减少，周围的资源或者环境得到较好的开发和保护；工作倾向性方面，城镇居民会选择不再务农，选择去打

工，他们周围也有部分朋友返乡寻找工作机会或者创业。两个地区科教型城镇化模式的居民对于物价和房价的上涨感知最为明显，对于人均耕地大幅度减小和弃农务工的工作偏好有相对一致的认识。

（二）社会生活方面

通过 SPSS 统计工具，在诸如"在拆迁补偿、规划建设等方面，政府听取了意见""当地文化与传统风俗改变并逐渐消失"等 18 条社会生活指标的衡量之下，对科教型城镇化模式下的成都市以及北京市及其周边地区的城镇居民的满意度进行了均值和标准差对比分析，结果如表 7-59 所示。

表 7-59　不同地区的科教型城镇化居民对社会生活影响指标的感知和离散程度

社会生活影响指标	成都市		北京市及其周边地区		总计	
	平均值	标准差	平均值	标准差	平均值	标准差
1. 在拆迁补偿、规划建设等方面，政府听取了您和周围居民的意见	3.050	1.205	2.92	1.153	2.990	1.179
2. 政府对环境卫生投入了很多，卫生条件变好了	3.721	1.0016	3.035	1.201	3.386	1.1532
3. 公共服务设施比以前丰富了，如医疗、教育、健身娱乐设施和商场	3.964	0.9432	3.413	1.1736	3.695	1.0949
4. 交通更加方便了	4.126	0.9919	3.808	1.0307	3.971	1.0212
5. 您身边的朋友的教育水平提高，更喜爱读书了	3.514	1.1026	3.33	0.9609	3.424	1.0375
6. 您居住的环境更加安全，犯罪现象少了	3.459	1.2342	3.291	1.0319	3.377	1.1404
7. 当地文化与传统风俗改变并逐渐消失	3.532	1.0516	3.423	1.0588	3.478	1.0541
8. 生活中的噪声污染增加，生活的宁静被破坏	3.937	0.9561	3.91	0.880	3.924	0.9177
9. 邻里关系比以前更加融洽了	3.486	1.1351	3.277	0.9612	3.384	1.0565

续表

社会生活影响指标	成都市		北京市及其周边地区		总计	
	平均值	标准差	平均值	标准差	平均值	标准差
10. 居民的整体素质提高了	3.730	1.0353	3.198	1.1163	3.470	1.1057
11. 您的社会交际面比以前大多了	3.892	1.0475	3.484	0.9272	3.693	1.0092
12. 您的工作作息时间有了很大的变化	3.685	1.0786	3.50	1.0071	3.594	1.0460
13. 您身边使用电脑和电话的人增多了	4.261	1.0763	4.066	0.8425	4.166	0.9719
14. 您觉得政府管理部门工作很到位	3.126	1.2658	2.783	1.2345	2.959	1.2595
15. 您身边参加社保的人多了	3.856	1.0942	3.925	0.8696	3.889	0.9892
16. 社会保障体系更好了，您对现在的社会福利很满意	3.369	1.1276	3.264	1.1816	3.318	1.1528
17. 和市区居住的人的社会福利差距缩小了	3.423	1.0833	3.387	1.1261	3.406	1.1020
18. 我很喜欢城镇化给我的生活方式带来的变化	3.703	1.0409	3.621	1.0182	3.663	1.0283

由上表可知，科教型城镇化模式居民对自身包括周围发生社会变化持中立以上或相对赞同的观点，平均值高于3（中立）占大多数，部分指标超过4（比较赞同）或者低于3，居民感知差异的离散程度大部分集中在1.0—1.3之间，总体差距小。周围环境方面，包括卫生、公共设施、交通、犯罪现象，居民普遍认为有改观，其中"交通更加方便了"非常明显，均值为3.971，标准差为1.0212；居民自身及人际交往、生活习惯方面，他们大多认为"邻里关系比以前更加融洽了"，大多数觉得自己的社会交际面扩大了，周围一些朋友的教育水平慢慢提高并且更爱读书了，整体居民素质有了一定程度的提升，自身的工作时间较之前有了较大的变化，大家更是一致认为周围人使用手机、电脑等电子物品更加频繁，均值

为4.166；而对于城镇化带来相对不好的方面，居民认为当地文化与传统习俗受到了城镇化的冲击，产生改变并逐步消失，生活中噪声污染增加，破坏了原本的宁静；政府工作方面，如拆迁工作中政府听取群众意见和政府管理部门工作是否到位，大家对政府态度差异较大，总体表现出了偏中立、不很赞同的态度；社会保障方面，城镇居民纷纷表示参加社保的人显著增加，社会保障体系也变好了，并认为与市区市民在社会福利差距方面逐渐缩小，喜欢城镇化给自己生活带来的变化。

（三）环境方面

通过 SPSS 统计工具，在诸如"城镇化的过程保留和更好地保护开发了我们当地原来的景色，变得更漂亮了""新建了很多公园和绿地，环境比以前好多了"等五条环境指标的衡量之下，对科教型城镇化模式下的成都市以及北京市及其周边地区的城镇居民的满意度进行了均值和标准差对比分析，结果如表7–60所示。

表7–60　不同地区的科教型城镇化居民对环境影响指标的感知和离散程度

环境影响指标	成都市		北京市及其周边地区		总计	
	平均值	标准差	平均值	标准差	平均值	标准差
1. 城镇化的过程保留和更好地保护开发了我们当地原来的景色，变得更漂亮了	3.715	1.1050	3.472	1.0439	3.596	1.0800
2. 新建的工厂和其他城镇化设施都很好地保护了当地环境	3.275	1.1249	2.943	1.0586	3.113	1.1030
3. 新建了很多公园和绿地，环境比以前好多了	3.804	1.1009	3.377	1.0642	3.596	1.1016
4. 我希望这里继续修建更多的高楼大厦	3.179	1.2594	3.123	1.1356	3.152	1.1981
5. 我很喜欢居住在新城镇的感觉	3.542	1.0507	3.343	1.0129	3.445	1.0348

　　由上表可知，科教型城镇化模式的居民对自身包括周围发生的环境变化持中立以上（3 为中立）或相对赞同的观点，平均值均在 3.1—3.6 之间，居民感知差异的离散程度大部分集中在 1.0—1.2 之间，总体差距小。大多数居民认为城镇化对当地原本的景色有保护和开发作用，比如，新建的公园和绿地在很大程度上改善了环境，新建的工厂设施也与周围环境相对和谐，大家对继续修建高楼持偏中立的态度，但表示比较愿意居住在新城镇。

二、不同地区居民感知城镇化质量差异分析

　　以区位作为固定因子，居民感性评估的各项指标作为因变量，通过 SPSS 软件对科教型城镇化模式下成都市和北京市及其周边地区两种不同区位的数据资料进行多元方差分析，得出以下结果，具体如表 7－61 所示。

表 7－61　不同地区的科教型城镇化居民感知城镇化质量差异

影响指标	地区	
	F 值	sig.
1. 您的收入有了很大的提高	0.309	0.579
2. 您的购买力及购买欲望增加了	0.355	0.552
3. 您周边的朋友收入都有很大的提高	0.653	0.420
4. 城镇化促进了当地经济的发展	2.418	0.121
5. 房地产价格上涨	1.102	0.295
6. 物价上涨	0.099	0.753
7. 人均居住面积比以前大多了	0.125	0.724
8. 资源或者风景得到了更好的开发和利用	4.672*	0.032
9. 当地居民贫富差距变大	0.184	0.668
10. 和市区居住的人相比，经济收入差距缩小了	1.678	0.197
11. 人均耕地面积大幅度减少了	5.031*	0.026
12. 您和您身边的朋友都不再务农，选择去打工	2.852	0.093

续表

影响指标	地区	
	F 值	sig.
13. 您身边很多朋友返乡创业或者打工了	1.050	0.307
14. 在拆迁补偿、规划建设等方面，政府听取了您和周围居民的意见	0.690	0.407
15. 政府对环境卫生投入了很多，卫生条件变好了	20.910**	0.000
16. 公共服务设施比以前丰富了，如医疗、教育、健身娱乐设施和商场	14.607**	0.000
17. 交通更加方便了	5.366*	0.021
18. 您身边的朋友的教育水平提高，更喜爱读书了	1.707	0.193
19. 您居住的环境更加安全，犯罪现象少多了	1.178	0.279
20. 当地文化与传统风俗改变并逐渐消失	0.578	0.448
21. 生活中的噪声污染增加，生活的宁静被破坏	0.048	0.827
22. 邻里关系比以前更加融洽了	2.136	0.145
23. 居民的整体素质提高了	13.246**	0.000
24. 您的社会交际面比以前大多了	9.198**	0.003
25. 您的工作作息时间有了很大的变化	1.696	0.194
26. 您身边使用电脑和电话的人增多了	2.200	0.139
27. 您觉得政府管理部门工作很到位	4.081*	0.045
28. 您身边参加社保的人多了	0.260	0.610
29. 社会保障体系更好了，您对现在的社会福利很满意	0.451	0.503
30. 和市区居住的人的社会福利差距缩小了	0.060	0.807
31. 我很喜欢城镇化给我的生活方式带来的变化	0.338	0.561
32. 城镇化的过程保留和更好地保护开发了我们当地原来的景色，变得更漂亮了	2.779	0.097
33. 新建的工厂和其他城镇化设施都很好地保护了当地环境	4.982*	0.027
34. 新建了很多公园和绿地，环境比以前好多了	8.416**	0.004
35. 我希望这里继续修建更多的高楼大厦	0.121	0.728
36. 我很喜欢居住在新城镇的感觉	2.024	0.156

注：*显著性在 0.01－0.05 的水平，**显著性在 0.01 以下的水平。

由上表可知，对于经济、社会生活和环境三方面的影响指标，成都市和北京市及其周边地区的科教型城镇居民在城镇化感知过程中具有显著性差异的指标较少，其中，sig 值在 0.01—0.05 之间的指标共有 5 个，小于 0.01 的指标共有 5 个，差异性较小。经济方面，共有指标 13 个，具有显著性差异水平的指标有 2 个；社会生活方面，共有指标 18 个，具有显著性差异水平的指标有 6 个；环境方面，共有指标 5 个，具有显著性差异水平的指标有 2 个。

（一）经济影响差异

经济影响指标共 13 个，其中有显著差异的指标 2 个。下面具体针对成都市以及北京市及其周边地区的科教型城镇在经济方面存在的显著性问题，通过均值、标准差、样本频数以及均值差值的对比，找到存在的显著性差异，继而进行分析。

从表 7-62 中的数据可以看出，科教型城镇化模式下，成都市与北京市及其周边地区的城镇居民认为城镇化的发展对其资源或者风景的开发和保护有促进作用，但具体的居民感知程度有显著性差别，成都市城镇居民比北京市及其周边地区城镇居民对该指标感知程度更深，均值一大一小，具有差异性。城镇化发展应该促进资源或风景的保护和开发，北京市及其周边城镇在科教型城镇化发展模式下，应该更加注意对风景等资源的保护性开发，提升居民的满意度水平。

表 7-62　"资源或者风景得到了更好的开发和利用"科教型
城镇化模式下不同地区的居民感知差异

变量	均值	均值排序	标准差	频数	2
成都市	3.55	1	1.0157	111	
北京市及其周边地区	3.257	2	0.9749	106	0.293 *

注：* 显著性在 0.05 以下的水平。

从表 7 - 63 中的数据可以看出，两地区居民较为赞同城镇化发展使人均耕地面积大幅度减少，北京的科教型城镇沙河镇，城镇化率为 1.75%。近年来随着大学城的开工建设，其对周边地区的辐射作用逐渐增强，城镇化水平不断提高，而成都市的科教型城镇柳城镇，距离成都市 19 公里，综合城镇化率超过 95%，两个城镇的城镇化发展速度有很大的差异，居民对人均耕地面积的缩减变化感知程度具有差异性。

表 7 - 63　"人均耕地面积大幅度减少了"科教型城镇化
模式下不同地区的居民感知差异

变量	均值	均值排序	标准差	频数	2
成都市	3.82	2	1.2806	111	
北京市及其周边地区	4.159	1	0.9099	106	- 0.339[*]

注：* 显著性在 0.05 以下的水平。

（二）社会生活影响差异

社会生活影响指标共 18 个，其中有显著差异的指标 6 个，下面将结合前三个有显著差异的指标，对不同地区的科教型城镇在社会生活方面存在的显著性问题，通过均值、标准差、样本频数以及均值差值的对比分析，找到存在的显著性差异，继而进行分析。

从表 7 - 64 中的数据可得，就政府在城镇化过程中对环境卫生投入使卫生条件变好这一指标，成都市跟北京市及其周边地区的科教型城镇居民的感知程度有着显著性差异，成都市均值达 3.721，而北京市及其周边地区只有 3.035，这表明就环境卫生这一方面，北京的科教型城镇即沙河镇需要进一步改进，在探索城镇化发展道路上，要注意对环境卫生的投入力度，争创建设环境友好、卫生干净的新型城镇。

表7-64 "政府对环境卫生投入了很多,卫生条件变好了"科教型
城镇化模式下不同地区的居民感知差异

变量	均值	均值排序	标准差	频数	2
成都市	3.721	1	1.0016	111	
北京市及其周边地区	3.035	2	1.201	106	0.686*

注：*显著性在0.05以下的水平。

从表7-65中的数据可以看出,就公共服务设施较之前相比是否丰富这一指标,成都市科教型城镇柳城镇居民感知程度较北京市科教型城镇沙河镇更加深切,两者具有显著性差异,均值差值为0.551。城镇化发展的配套公共服务设施能够给居民提供一些便利的服务,要想提高居民对城镇化发展的满意程度,加强公共服务设施建设必不可少,北京沙河镇应该进一步加大此方面的投入力度。

表7-65 "公共服务设施比以前丰富了,如医疗、教育、健身娱乐设施和商场"
科教型城镇化模式下不同地区的居民感知差异

变量	均值	均值排序	标准差	频数	2
成都市	3.964	1	0.9432	111	
北京市及其周边地区	3.413	2	1.1736	106	0.551*

注：*显著性在0.05以下的水平。

从表7-66中的数据可以看出,关于居民素质在城镇化建设化中整体提高这一指标,成都市和北京市科教型城镇居民感知程度有着显著的差异,成都市科教型城镇柳城镇驻有西南财经大学、成都中医药大学、成都师范学院等七所高等院校,科教文化氛围浓厚;北京的沙河镇位于昌平区南部,沙河大学城吸引了更多的大学进驻昌平,两者对比科教发展水平及发展阶段有差异性。教育决定居民素质,在未来的城镇化发展过程中,两个城镇都要抓住科教这一动力,推动城镇化水平的提升。

表7-66 "居民的整体素质提高了"科教型城镇化模式下不同地区的居民感知差异

变量	均值	均值排序	标准差	频数	2
成都市	3.73	1	1.0353	111	
北京市及其周边地区	3.198	2	1.1163	106	0.532*

注：*显著性在0.05以下的水平。

（三）环境影响差异

环境影响指标共5个，其中有显著差异的指标2个。下面具体针对成都市以及北京市及其周边地区的科教型城镇在环境方面存在的显著性问题，通过均值、标准差、样本频数以及均值差值的对比，找到存在的显著性差异，继而进行分析。

从表7-67中的数据可以看出，成都市科教型城镇柳城镇在城镇化建设过程中，能够较好地进行城区规划，新建的公园和绿地很好地改善了居民的生活环境，居民满意度较高，均值接近4（较为赞同），而北京的科教型城镇沙河镇与其对比则稍显逊色，表明居民对绿地和公园建设感受还不够深。城镇绿化是关系城镇化水平的指标之一，良好的城镇化建设应该是城区与绿地均做出合理规划，未来沙河镇在这一方面还需继续加强。

表7-67 "新建了很多公园和绿地，环境比以前好多了"科教型城镇化模式下不同地区的居民感知差异

变量	均值	均值排序	标准差	频数	2
成都市	3.804	1	1.1009	111	
北京市及其周边地区	3.377	2	1.0642	106	0.427*

注：*显著性在0.05以下的水平。

从表7-68中的数据可以看出，就新建工厂和设施对当地环境起保护作用这一指标，成都市和北京市的科教型城镇居民感知程度有显著性差异。在城镇化建设中，新建的工厂和其他城镇化设施能够促进城镇经济发展，有促进就业、丰富市场等多项好处，但在这个过程中要注意对当地环境的保护，不可一味地开厂，政府要进行筛选和有效管理，保证不以牺牲环境为代价换取城镇化的发展。

表7-68　"新建的工厂和其他城镇化设施都很好地保护了当地环境"科教型城镇化模式下不同地区的居民感知差异

变量	均值	均值排序	标准差	频数	2
成都市	3.275	1	1.1249	111	
北京市及其周边地区	2.943	2	1.0586	106	0.332*

注：*显著性在0.05以下的水平。

三、小结

从经济影响方面来看，科教型城镇化模式下，成都市居民与北京市及其周边地区居民对大部分经济变化感知类似，只有少数指标存在显著性差异。成都市城镇居民对资源和风景利用方面更为满意，认为城镇化促进了资源保护性开发，而北京市及其周边地区居民对此满意度较低，表现出政府在这一方面存在不足，科教型城镇更应注重环境资源的合理开发和利用，营造一种宁静致远，充满书香的大学城氛围；对比人均耕地方面，北京市及其周边地区居民对此感知强烈，比较赞同人均耕地面积大大减少，成都市居民感知度稍微次之。对此，政府在城镇化建设过程中，应该积极征求居民"退耕换城"的意见，做好相关拆迁征地工作，加强社会保障，从经济和教育两个方面对失地居民进行扶持，让居民能更快、更好地适应城镇生活。

从社会生活影响方面来看，科教型城镇化模式下，成都市居民对于社会生活方面的相关指标满意度高于北京市及其周边地区居民。成都市居民认为城镇化建设，发展科教事业，使周围环境卫生得到了改善，交通也变得更加便利，公共服务设施更加完善，周围人的整体素质也得到了一定程度的提高，随着城镇化发展，自己的社交面越来越大，政府管理部门的工作做得不错。从这些方面可以看出，成都市政府为其城镇化建设做出了不少贡献，使居民的生活得到了改善，但对管理部门工作进行评分时，居民却出现了犹豫或动摇，均值只有 3.126，标准差较高为 1.2658。这反映出政府的工作还不是很切合民意，不能普遍地得到居民的认同。改进管理水平，塑造服务型政府，成都市政府需继续努力。北京市及其周边地区居民对城镇化带来的社会生活变化，如环境卫生、交通、公共设施，以及居民整体素质、社交面扩大方面的满意度都低于成都市居民，这体现了北京市及其周边地区城镇化发展对社会生活方面的促进作用还不明显，城镇化发展水平还较低。城镇化发展质量的好坏，不仅要看经济指标，还要看社会生活指标，这些指标对居民满意度也起到了很重要的影响。只有居民在社会生活中，住得舒心便利，城镇化发展才算是带给居民切实可感的利处，居民才能支持和促进城镇化建设深入发展。关于政府管理工作是否到位方面，北京市及其周边地区居民的满意度较低，只有 2.783，这值得政府深思，如何改进工作获得民心，比如，微笑服务、简化行政手续等。

从环境影响方面来看，科教型城镇化模式下，成都市居民对于环境方面指标满意度要高于北京市及其周边地区居民。不管是从新建的工厂和设施，还是新建的公园和绿地，成都市居民都认为这些建设对周围环境起到了良好的作用，而北京市及其周边地区居民则对这两个指标满意度较低。环境的好坏直接决定了居民在城镇中生活的健康度，由于受到一些环境污染的影响，北京市及其周边地区居民存在一些不满情绪。政府应该加大整治力度，增加对环境保护的支持力度，不仅从源头出发，限排限行，关停污染大的企业，增加绿化设施，更要在居民中广泛倡议，保护环境，这样才能建成一个环境良好、居民满意的宜居城镇。

第八节 农业型城镇化质量评估

一、不同地区居民感知城镇化质量整体评估

为深入了解农业型城镇化模式下居民感知城镇化质量现状,本节选取了经济、社会生活、环境三大方面,通过对不同方面的影响指标进行平均值和标准差的统计和整理,找出该模式下居民感知城镇化质量的总体情况,并对比分析不同地区呈现出的差异性。

(一) 经济方面

通过 SPSS 统计工具,在诸如"您的收入有了很大的提高""物价上涨"等 13 条经济指标的衡量之下,对农业型城镇化模式下的成都市以及北京市及其周边地区的城镇居民的满意度进行了均值和标准差对比分析,分析结果如表 7 - 69 所示。

表 7 - 69 不同地区的农业型城镇化居民对经济影响指标的感知和离散程度

经济影响指标	成都市		北京市及其周边地区		总计	
	平均值	标准差	平均值	标准差	平均值	标准差
1. 您的收入有了很大的提高	3.392	1.1687	3.152	1.2923	3.265	1.2382
2. 您的购买力及购买欲望增加了	3.608	1.2295	3.374	1.1843	3.485	1.2086
3. 您周边的朋友收入都有很大的提高	3.691	0.9504	3.477	1.1389	3.578	1.0568
4. 城镇化促进了当地经济的发展	4.021	1.0102	3.524	1.2544	3.759	1.1693
5. 房地产价格上涨	4.021	1.1363	3.82	1.4232	3.915	1.2962
6. 物价上涨	3.959	1.0985	3.793	1.3632	3.872	1.2448

续表

经济影响指标	成都市		北京市及其周边地区		总计	
	平均值	标准差	平均值	标准差	平均值	标准差
7. 人均居住面积比以前大多了	3.577	1.2897	2.961	1.3749	3.253	1.3673
8. 资源或者风景得到了更好的开发和利用	3.938	1.1163	3.434	1.1938	3.673	1.1822
9. 当地居民贫富差距变大	3.639	1.1473	3.745	1.1626	3.695	1.1538
10. 和市区居住的人相比，经济收入差距缩小了	3.505	1.0619	2.948	1.3371	3.212	1.2434
11. 人均耕地面积大幅度减少了	3.742	1.2186	3.555	1.3440	3.644	1.2865
12. 您和您身边的朋友都不再务农，选择去打工	4.186	0.8700	3.386	1.2558	3.764	1.1591
13. 您身边很多朋友返乡创业或者打工了	3.845	0.9611	3.203	1.2941	3.507	1.1902

由上表可知，农业型城镇化模式的居民对于自身包括周围发生的经济变化持中立以上或相对赞同的观点，总体的平均值都高于 3.2（3 为中立），居民感知差异的离散程度集中在 1.0—1.4 之间，差距一般。收入和购买力方面，居民普遍认为城镇化促进了当地经济的发展，自身及周围人的收入得到了某种程度的提高，购买力在一定程度上增加了；物价、房价与收入差距方面，居民很明显地感受到城镇的物价及房价的上涨，当地的贫富差距也在逐渐加大，他们与市区居民的经济收入差距出现小幅的缩小；居住与耕地面积和资源利用方面，他们认为人均居住面积小幅度增加，人均耕地面积有较大程度的减少，周围的资源或者环境得到较好的开发和保护；工作倾向性方面，城镇居民选择不再务农，去打工或者创业的概率较大，他们周围也有朋友返乡工作。

（二）社会生活方面

通过 SPSS 统计工具，在诸如"在拆迁补偿、规划建设等方面，政府

听取了您和周围居民的意见""当地文化与传统风俗改变并逐渐消失"等
18 条社会生活指标的衡量之下，对农业型城镇化模式下的成都市以及北京
市及其周边地区的城镇居民的满意度进行了均值和标准差对比分析，分析
结果如表 7 - 70 所示。

表 7 - 70　不同地区的农业型城镇化居民对社会生活影响指标和离散程度

社会生活影响指标	成都市		北京市及其周边地区		总计	
	平均值	标准差	平均值	标准差	平均值	标准差
1. 在拆迁补偿、规划建设等方面，政府听取了您和周围居民的意见	3.080	1.1610	2.770	1.3630	2.920	1.2780
2. 政府对环境卫生投入了很多，卫生条件变好了	4.113	1.0194	3.448	1.1949	3.763	1.1613
3. 公共服务设施比以前丰富了，如医疗、教育、健身娱乐设施和商场	4.134	0.9534	3.455	1.1708	3.776	1.1235
4. 交通更加方便了	4.320	0.9303	3.801	1.1968	4.046	1.1072
5. 您身边的朋友的教育水平提高，更喜爱读书了	3.660	1.1170	3.504	1.1788	3.578	1.1498
6. 您居住的环境更加安全，犯罪现象少多了	3.474	1.1374	3.333	1.2075	3.400	1.1741
7. 当地文化与传统风俗改变并逐渐消失	3.464	1.1371	3.630	1.1241	3.551	1.1305
8. 生活中的噪声污染增加，生活的宁静被破坏	3.505	1.2920	3.853	1.2830	3.688	1.2958
9. 邻里关系比以前更加融洽了	3.649	1.1091	3.323	1.2585	3.477	1.1984
10. 居民的整体素质提高了	3.722	1.1880	3.471	1.2258	3.590	1.2116
11. 您的社会交际面比以前大多了	3.866	0.9086	3.504	1.2427	3.676	1.1096
12. 您的工作作息时间有了很大的变化	3.845	1.1025	3.203	1.3159	3.507	1.2584
13. 您身边使用电脑和电话的人增多了	4.536	0.7509	4.151	1.0305	4.333	0.9271

社会生活影响指标	成都市		北京市及其周边地区		总计	
	平均值	标准差	平均值	标准差	平均值	标准差
14. 您觉得政府管理部门工作很到位	3.175	1.1903	2.704	1.4159	2.927	1.3319
15. 您身边参加社保的人多了	4.175	1.0105	4.065	0.8889	4.117	0.9476
16. 社会保障体系更好了，您对现在的社会福利很满意	3.577	1.2652	3.375	1.2663	3.471	1.2667
17. 和市区居住的人的社会福利差距缩小了	3.619	1.0940	3.343	1.2392	3.473	1.1780
18. 我很喜欢城镇化给我的生活方式带来的变化	3.649	1.1551	3.422	1.3080	3.529	1.2402

通过对上表进行观察，农业型城镇化模式的居民对于自身包括周围发生的社会变化持相对赞同的观点，大多数指标平均值高于3.4（3为中立），部分指标超过了4（比较赞同）或者低于3（中立），而居民感知差异的离散程度也大部分集中在1.1—1.3之间，总体差距较小。周围环境方面，包括卫生、公共设施、交通、犯罪现象，居民普遍认为有较大改观，其中交通更加方便这一点非常明显，均值为4.046；居民自身及人际交往、生活习惯方面，他们大多认为邻里关系比以前融洽了，大多数觉得自己的社会交际面也扩大了，周围一些朋友的教育水平慢慢提高并且更爱读书了，整体居民素质有了一定程度的提升，自身的工作时间较之前有了一些的变化，大家更是一致认为周围人使用手机、电脑等电子物品更加频繁；而对于城镇化带来相对不好的方面，居民认为当地文化与传统习俗受到了城镇化的冲击，发生改变并逐步消失，生活噪声污染的增加破坏了原本的宁静，两个地区居民意见差异较大，总体上持较为赞成态度；政府工作方面，如拆迁工作中政府听取群众意见和政府管理部门工作是否到位，大家对政府的态度差异较大，总体表现出了偏中立或不是很赞同的态度；

社会保障方面，城镇居民纷纷表示参加社保的人明显增加，社会保障体系也变好了，并认为与市区市民在社会福利差距方面有所缩小，喜欢城镇化给自己生活带来的变化。

（三）环境方面

通过 SPSS 统计工具，在诸如"城镇化的过程保留和更好地保护开发了我们当地原来的景色，变得更漂亮了""新建了很多公园和绿地，环境比以前好多了"等五条环境指标的衡量之下，对农业型城镇化模式下的成都市以及北京市及其周边地区的城镇居民的满意度进行了均值和标准差对比分析，结果如表 7 – 11 所示。

表 7 –71　不同地区的农业型城镇化居民对环境影响指标的感知和离散程度

环境影响指标	成都市		北京市及其周边地区		总计	
	平均值	标准差	平均值	标准差	平均值	标准差
1. 城镇化的过程保留和更好地保护开发了我们当地原来的景色，变得更漂亮了	3.918	1.0475	3.624	1.1754	3.763	1.1237
2. 新建的工厂和其他城镇化设施都很好地保护了当地环境	3.361	1.2515	3.225	1.2333	3.289	1.2407
3. 新建了很多公园和绿地，环境比以前好多了	4.000	1.0000	3.682	1.1918	3.832	1.1140
4. 我希望这里继续修建更多的高楼大厦	3.206	1.3302	3.380	1.4255	3.298	1.3806
5. 我很喜欢居住在新城镇的感觉	3.784	1.1014	3.492	1.2478	3.630	1.1869

通过对上表进行观察，农业型城镇化模式的居民对于自身包括周围发生的环境变化持中立以上或相对赞同的观点，平均值均高于 3.2（3 为中立），居民感知差异的离散程度大部分集中在 1.1—1.4 之间，总体差距较小。城镇居民认为城镇化对当地原本的景色有保护和开发作用，比如，新

建的公园和绿地在很大程度上改善了环境，新建的工厂设施也与周围环境相对和谐，大家也表示有比较希望继续修建高楼的愿望，愿意居住在新城镇。

二、不同地区居民感知城镇化质量差异分析

以区位作为固定因子，居民感性评估的各项指标作为因变量，通过SPSS软件对农业型城镇化模式下成都市和北京市及其周边地区两种不同区位的数据资料进行多元方差分析，分析结果如表7－72所示。

表 7－72　不同地区的农业型城镇化居民感知城镇化质量差异

影响指标	地区	
	F 值	sig.
1. 您的收入有了很大的提高	1.925	0.167
2. 您的购买力及购买欲望增加了	1.927	0.167
3. 您周边的朋友收入都有很大的提高	2.097	0.149
4. 城镇化促进了当地经济的发展	9.623 **	0.002
5. 房地产价格上涨	1.222	0.270
6. 物价上涨	0.904	0.343
7. 人均居住面积比以前大多了	10.882 **	0.001
8. 资源或者风景得到了更好的开发和利用	9.675 **	0.002
9. 当地居民贫富差距变大	0.430	0.513
10. 和市区居住的人相比，经济收入差距缩小了	10.741 **	0.001
11. 人均耕地面积大幅度减少了	1.080	0.300
12. 您和您身边的朋友都不再务农，选择去打工	27.48 **	0.000
13. 您身边很多朋友返乡创业或者打工了	15.99 **	0.000
14. 在拆迁补偿、规划建设等方面，政府听取了您和周围居民的意见	3.056	0.082
15. 政府对环境卫生投入了很多，卫生条件变好了	18.178 **	0.000

影响指标	地区	
	F 值	sig.
16. 公共服务设施比以前丰富了，如医疗、教育、健身娱乐设施和商场	20.46**	0.000
17. 交通更加方便了	11.812**	0.001
18. 您身边的朋友的教育水平提高，更喜爱读书了	0.939	0.334
19. 您居住的环境更加安全，犯罪现象少多了	0.735	0.392
20. 当地文化与传统风俗改变并逐渐消失	1.097	0.296
21. 生活中的噪声污染增加，生活的宁静被破坏	3.728	0.055
22. 邻里关系比以前更加融洽了	3.848	0.051
23. 居民的整体素质提高了	2.194	0.140
24. 您的社会交际面比以前大多了	5.546*	0.019
25. 您的工作作息时间有了很大的变化	14.183**	0.000
26. 您身边使用电脑和电话的人增多了	9.185**	0.003
27. 您觉得政府管理部门工作很到位	6.581*	0.011
28. 您身边参加社保的人多了	0.693	0.406
29. 社会保障体系更好了，您对现在的社会福利很满意	1.302	0.255
30. 和市区居住的人的社会福利差距缩小了	2.830	0.094
31. 我很喜欢城镇化给我生活方式带来的变化	1.730	0.190
32. 城镇化的过程保留和更好地保护开发了我们当地原来的景色，变得更漂亮了	3.540	0.061
33. 新建的工厂和其他城镇化设施都很好地保护了当地环境	0.610	0.436
34. 新建了很多公园和绿地，环境比以前好多了	4.242*	0.041
35. 我希望这里继续修建更多的高楼大厦	0.806	0.370
36. 我很喜欢居住在新城镇的感觉	3.104	0.080

注：* 显著性在 0.01—0.05 的水平，* * 显著性在 0.01 以下的水平。

从上表可以看出，在经济、社会生活和环境三个不同方面的影响指标中，成都市和北京市及其周边地区的农业型城镇居民在城镇化感知过程中具有显著性差异的指标较多，其中，sig 值在 0.01—0.05 之间的指标共有 3 个，小于 0.01 的指标共有 11 个，差异性较为显著。经济方面，其有指标 13 个，具有显著性差异水平的指标有 6 个；社会生活方面，共有指标 18 个，具有显著性差异水平的指标有 7 个；环境方面，共有指标为 5 个，具有显著性差异水平的指标有 1 个。

(一) 经济影响差异

经济影响指标共 13 个，其中有显著差异的指标 6 个，下面将结合前三个有显著差异的指标，对不同地区的农业型城镇在经济方面存在的显著性问题，通过均值、标准差、样本频数以及均值差值的对比分析，找到存在的显著性差异，继而进行分析。

从表 7-73 中的数据可以看出，农业型城镇化模式下，成都市的城镇居民选择工作更倾向于弃农转而去打工，他们对这一选择持较为赞同的态度，而北京市及其周边地区的城镇居民则对此选择有轻微偏好，两者对比来看具有显著性差距。作为农业型城镇，万春镇主要是引进花卉企业，建设农产品生产基地，这与传统的土地播种有很大的区别，而庞各庄镇主要依靠西瓜种植实现农业收入的增长，科技投入力度不够大，大多数农民未从土地上真正解放出来，因此，不一定去选择打工。

表 7-73　"您和您身边的朋友都不再务农，选择去打工"农业型
城镇化模式下不同地区的居民感知差异

变量	均值	均值排序	标准差	频数	2
成都市	4.186	1	0.87	97	
北京市及其周边地区	3.386	2	1.2558	108	0.8*

注：*显著性在 0.05 以下的水平。

从表 7-74 中的数据可以看出，农业型城镇化模式下，成都市的城镇居民能够感受到他们周围的人转而返乡创业或者打工的人越来越多了，而北京市及其周边地区的城镇居民对该方面感受并不强烈。城镇化水平越

高，对当地人选择返乡创业或者打工就越具有吸引力，成都市万春镇2017年城镇化率为66.4%，而北京市庞各庄镇2017年城镇化率为26.3%，差距较大。

表7-74　"您身边很多朋友返乡创业或者打工了"农业型
城镇化模式下不同地区的居民感知差异

变量	均值	均值排序	标准差	频数	2
成都市	3.845	1	0.9611	97	
北京市及其周边地区	3.203	2	1.2941	108	0.642*

注：*显著性在0.05以下的水平。

从表7-75中的数据可以看出，就人均居住面积比以前大多了这一指标而言，两个地区农业型城镇居民的感知差异性显著，成都市万春镇的居民较为赞同城镇化发展使其人均居住面积扩大了，但北京南郊的庞各庄镇居民则对此持偏中立或不知道的态度。城镇化建设初期，由于城乡的开发建设，人均居住面积应呈增加趋势，政府应根据城镇人口数量合理规划城镇化速度。

表7-75　"人均居住面积比以前大多了"农业型城镇化
模式下不同地区的居民感知差异

变量	均值	均值排序	标准差	频数	2
成都市	3.577	1	1.2897	97	
北京市及其周边地区	2.961	2	1.3749	108	0.616*

注：*显著性在0.05以下的水平。

（二）社会生活影响差异

社会生活影响指标共18个，其中有显著差异的指标7个，下面将结合前三个有显著差异的指标，对不同地区的农业型城镇在社会生活方面存在的显著性问题，通过均值、标准差、样本频数以及均值差值的对比分析，找到存在的显著性差异，继而进行分析。

从表 7-76 中的数据可以看出，农业型城镇化模式下，成都市城镇居民普遍感到城镇化发展使当地公共服务设施更加丰富了，而北京地区及周边城镇的居民则对此感觉不是很强烈。由此可知，成都市万春镇的农业型城镇化发展模式好，公共服务设施建设配合了城镇化发展的进程，满足了当地居民的日常需要，而北京的庞各庄镇可以在此方面加大力度，继续提升。

表 7-76　"公共服务设施比以前丰富了，如医疗、教育、健身娱乐设施和商场"
农业型城镇化模式下不同地区的居民感知差异

变量	均值	均值排序	标准差	频数	2
成都市	4.134	1	0.9534	97	
北京市及其周边地区	3.455	2	1.1708	108	0.679*

注：*显著性在 0.05 以下的水平。

从表 7-77 中的数据可以看出，在农业型城镇化建设过程中，成都市万春镇政府能够对环境卫生给予较多的重视，使当地卫生条件逐步变好，而北京市庞各庄镇均值为 3.448，表明其城镇居民对政府在卫生环境的投入力度感觉不是特别明显，卫生环境还可以继续提高。

表 7-77　"政府对环境卫生投入了很多，卫生条件变好了"农业型
城镇化模式下不同地区的居民感知差异

变量	均值	均值排序	标准差	频数	2
成都市	4.113	1	1.0194	97	
北京市及其周边地区	3.448	2	1.1949	108	0.665*

注：*显著性在 0.05 以下的水平。

从表 7-78 中的数据可以看出，在农业型城镇化发展过程中，成都市城镇居民对自己工作和作息时间的变化感知程度深刻。城镇化进程加快了生活节奏，工作时间很可能加长，作息时间也有一定的变化。两个城镇的城镇化率差异很大，成都市万春镇 2014 年城镇化率为 60.4%，而北京市庞各庄镇 2014 年城镇化率为 25.1%，这在某种程度上对人们的日常习惯

有较大的影响。

表 7 - 78　"您的工作作息时间有了很大的变化"农业型城镇化
模式下不同地区的居民感知差异

变量	均值	均值排序	标准差	频数	2
成都市	3.845	1	1.1025	97	
北京市及其周边地区	3.203	2	1.3159	108	0.642*

注：＊显著性在 0.05 以下的水平。

（三）环境影响差异

环境影响指标共 5 个，其中有显著差异的指标 1 个。下面具体针对成都市以及北京市及其周边地区的农业型城镇在环境方面存在的显著性问题，通过均值、标准差、样本频数以及均值差值的对比，找到存在的显著性差异，继而进行分析。

从表 7 - 79 中的数据可以看出，农业型城镇化发展过程中，成都市比北京市及其周边地区的城镇居民对政府新建绿地或公园，使周围环境变好了的感知程度深刻。城镇化建设过程要注意合理划分居民区、商业区以及休闲区等区域，使城镇化建设朝着规范有序的方向发展，在环境绿化方面，成都市农业型城镇显然比北京市及其周边地区的农业型城镇做得好，后者在推进城镇化深入发展的过程中，不可忽视一些基本的便民利民的公共基础设施以及环境美化工作。

表 7 - 79　"新建了很多公园和绿地，环境比以前好多了"农业型城镇化
模式下不同地区的居民感知差异

变量	均值	均值排序	标准差	频数	2
成都市	4	1	1	97	
北京市及其周边地区	3.492	2	1.2478	108	0.508*

注：＊显著性在 0.05 以下的水平。

三、小结

从整体来看，农业型城镇化模式下经济影响方面，成都市居民的满意度要高于北京市及其周边地区居民。成都市居民普遍认为城镇化发展促进了当地经济的发展，和市区居民相比，收入差距缩小了，人均居住面积也较之前有了增长。对于就业方面，成都市居民普遍选择不再务农，而是去打工或者创业，周围这样选择的人占有较高比例，反映出城镇化建设使就业选择逐渐多元化，北京市及其周边地区城镇化居民在这些方面就显得感知程度不太明显。北京市及其周边地区地区农业型城镇化刚刚起步，发展阶段较低，对经济的扶持作用还不太明显，未来需要更大的政策支持，指引发展方向，协调发展各方面的力量，增加居民协助支持，从而促使城镇化建设又好又快地发展。

社会生活影响方面，农业型城镇化模式下，成都市居民对社会生活方面的一些好的变化赞同度要高于北京市及其周边地区居民。成都市居民对社会生活中的一些好的变化，如卫生条件变好、公共设施更加丰富、交通通达度提高，以及政府工作感知都较为深刻，另外，对于一些与自身相关的变化也有比较清晰的认知，如社会交际面扩大，作息时间变化很大，周围人使用电话、电脑增多等。这些变化都体现了城镇化建设促进了生活环境的改善，居民逐渐适应了快节奏、信息化的生活状态，城镇化与居民日常生活息息相关，融为一体。对比北京市及其周边地区居民，他们则对这些社会生活的变化感知不够强烈，一些方面如卫生条件、服务设施、交通等有了进步，但进步不大，居民自身工作时间的变化也不够明显。关于政府管理部门的工作方面，两个地区城镇居民虽然都不够满意，但北京市及其周边地区仍处于偏低位置。城镇化的发展与政府工作是密切相关的，大多数居民都认为政府在城镇化建设中起主导作用。政府工作是否采纳了居民的意见，初衷是否是为了居民的幸福生活，工作过程是否体察民情等都需要相关人员加以关注。

第九节　小　结

本章主要是从经济、社会生活和环境三个方面，分别选取 13 个、18 个和 5 个指标，通过计算各影响指标的平均值和标准差，分析居民感知城镇化质量的总体情况；通过多元方差分析，研究不同城镇化模式的差异性。

首先，对多途径城镇化质量进行整体评估，城镇化对居民经济方面最突出的影响体现在："您和您身边的朋友都不再务农，选择去打工""人均耕地面积大幅度减少了""物价上涨"。城镇化在社会生活方面带来的改变中，居民最认同的改变包括："您身边使用电脑和电话的人增多了""交通更加方便了""您身边参加社保的人多了"。在环境影响方面，城镇化给人居环境带来的改变是显而易见的，新建的公园、绿地、高楼和马路为居民带来了较好的休闲娱乐场所，让居民切实感受到城镇化带来的改变。但同时，居民对城镇化过程中的环境污染问题存在一定的担忧，希望政府在城镇化进程中能够更加重视环境保护，在改善现有环境状况的同时杜绝新环境污染问题的出现，体现绿色发展和可持续性发展的理念。

其次，分析了不同城镇化模式在城镇化感知质量上的不同。在经济影响方面共有显著性差异指标 10 个，在社会生活影响方面共有显著性差异指标 11 个，在环境影响方面共有显著性差异指标 3 个，可见不同的城镇化模式在城镇化质量的社会、经济和环境方面是各有优势和劣势的，各地应该根据发展方向，选择最合适自己的城镇化模式。

最后，分析了不同区域城镇化模式在城镇化感知质量上的不同。中西部地区感知到多途径城镇化的经济变化和社会变化非常明显，多途径城镇化为中西部地区居民创造了很好的产业经济环境、更好的社会福利、更美丽的生活环境，所以中部地区乡村到城镇的变化非常明显。

同一个城镇化模式，因为地区的不同，也存在很大的差异。笔者在后面的研究中，针对不同种类的城镇化模式，分析了同一个模式在不同地区的差异，以期帮助地区在选择不同的城镇化模式时结合自己的地方特性，扬长避短。

第八章

环城市乡村地区多途径城镇化发展对策

结合文献综述和案例分析结果，我国环城市乡村地区的多途径城镇化建设有所进步，但城镇化整体综合水平仍存在较多问题，不同城镇化模式和不同地区的居民感知城镇化质量差异较大。为推动环城市乡村地区城镇化发展，制定切实可行的发展战略是首要的。一方面，结合地区背景和发展方向，因地制宜地制定符合区域特征的城镇化对策，为环城市乡村地区提供进一步改善城镇化质量的具体对策。另一方面，立足全局，从整体出发，提出优化中国环城市乡村地区多途径城镇化发展理念，优化配套的政治、经济、社会制度以及土地、人口、投资等政策体系。

第一节　多途径城镇化发展的问题与建议

一、农业型城镇化发展的问题与建议

农业型城镇化在发展的过程中，居民对城镇化发展带来的一系列经济影响、社会生活影响和环境影响的满意度较高。根据定性分析结果，受访居民主要关注居住环境和未来发展问题，居民对基础设施建设的满意度一般。农业型城镇化区域整体经济收入提升缓慢，城镇化发展缺乏系统性的详细规划，城镇公共服务设施、基础设施建设不完善，与其他类型城镇化

相比仍有较大的差距。在城镇未来发展方面，居民对城镇的未来规划不清楚，对未来经济发展和工作收入提高的信心不足。城镇化经济发展以产业为支撑，农业的产业升级发展是解决城镇化过程中促进城镇经济发展、提高农民收入、完善基础设施配套和公共事业服务等众多问题的关键点。因此，政府应对农业产业进行积极的推进和全面的引导，推动农业全产业链改造升级，扩大农业生产规模，推进农业产业化，不断拓宽农产品销售渠道，提高经济效益，增加农民收入。

除了积极发展农业主导产业外，还需要促进其他产业发展，比如，开展乡村旅游、建设田园综合体等。通过资源整合，带动多个产业共同发展，优化城镇产业结构，促进城镇经济增长，加快城镇化建设进程。积极建设完善农业型城镇的基础设施、供水排水设施、交通设施、通信设施、环保设施等，加强公共事业的建设，促进社会、科教、文卫事业发展，建立图书馆、羽毛球馆、乒乓球室等社区活动场所，普遍提高农民的知识水平，丰富农民的精神文化生活。加大对农村教育资源的投入，缩小城乡教育资源分配的差距，为孩子们的教育培养创造条件。建立和完善社区卫生机构和农村医保体系，为居民看病就医提供便利条件和保障。

根据定量分析结果，在经济影响方面，虽然农业对地区经济增长指标的促进作用不是最强的，但是农业的发展能直接带动农民收入的提高，居民对经济收入的变化感知程度最高（均值3.265，排序1）。农业型城镇化的发展主要是利用耕地等农业资源，对传统的农业生产进行改造升级，使资源得到更好的开发和利用（均值3.673，排序1），农民的人均耕地面积虽然有所减少，但减少幅度是六种多途径城镇化中最低的（均值3.644，排序6），而且选择弃农从工的居民也相对其他城镇化模式较少（均值3.764，排序5）。通过从事农业生产，居民能做到部分自给自足，当地的农产品价格较低，没有中间商差价，居民对物价上涨虽然有较明显的感知，但相较其他城镇化模式较弱（均值3.872，排序5）。同样地，居民对房地产价格上涨感知相对较弱，大部分居民继续住在原有房屋里，居住面积短期内不会有较大的变化，居民对房地产价格上涨的关注度也不如其他城镇（均值3.915，排序5）。虽然农业型城镇化的居民在经济收入方面有所提高，但实际提升幅度不高。与市区居民相比，他们的收入差距缩小程度较低（均值3.212，排序5），居民的实际购买力并没有得到有效的提升（均值3.485，排序5）。

在社会生活影响方面，居民对社会福利制度比较满意，对参加社保的人数增加这一变化感知最明显（均值4.117，排序1），对现有的社会福利制度也比较满意（均值3.471，排序2）。而且农业型城镇化的发展对当地的交通要求较低，外来人口较少，产生的噪声污染也相对较少（均值3.688，排序5），本地居民的生活方式也不会有太大的改变，他们更易于适应和融入城镇生活。居民对政府的管理工作、拆迁补偿和规划建设等方面满意度较低，此外，居民的整体素质并没有得到明显的提高（均值3.590，排序4），邻里关系的变化不明显（均值3.477，排序4）。

在环境影响方面，农业的发展能较好地保护当地的生态环境和居住环境，环境比以前好了（均值3.832，排序1），新建的设施也很好地保护了当地的环境（均值3.289，排序2）。居民普遍对农业小镇的环境变化感到满意，对在小镇建设更多高楼大厦的欲望较低（均值3.298，排序4）。

二、旅游型城镇化发展的问题与建议

旅游型城镇化是依托本地特色旅游资源，包括乡村旅游资源、古镇旅游资源或自然风景资源等，以旅游产业为主导，形成人口、消费、就业和服务集聚的区域综合开发，推动城镇化的发展。在发展旅游业的过程中，大批旅游者涌入目的地，对当地经济发展、居民的工作生活方式和环境变化均有较大的影响。

从定性分析结果来看，旅游型城镇化居民普遍关注未来发展、经济收入和环境影响三个方面的内容。受访的居民大部分都从事与旅游相关的工作，居民最关注当地旅游业未来的发展和经济的发展，这能直接影响他们的经济收入。此外，居民对环境问题也比较关注，包括生态环境和居住环境。旅游城镇化的发展对当地的生态环境保护和居住环境提升作用比较明显，但仍对当地的环境造成了一定的破坏，而环境的质量又是影响旅游业发展的重要因素之一。旅游产业是旅游型城镇化发展中的组成部分和发展维度，但不应该是全部。工业型城镇化和旅游型城镇化不应该是非此即彼的关系，两者可以相互促进，繁荣共生。要发展旅游、保护环境，就必须完全摒弃工业，这是对旅游型城镇化的狭义理解。旅游型城镇化在壮大旅游产业的同时，也必须促进旅游业与其他产业的整合，实现以旅游产业为核心的产业、消费和就业的集聚，拉动城镇经济整体提升，使城镇化朝着更加良性的方向发展，更好地提高居民的经济收入。如何保持当地旅游业的生命力，避免同质化竞争，持续不断地吸引更多游客到来，是旅游型城镇发展的难题之一。政府加强城镇旅游发展规划，对地域特色文化进行深入挖掘，创新地将其独具特色的文化内涵与旅游资源结合，再现、升华地区文化特质，吸引更多游客，保持旅游经济的生命力。除此之外，做好环境保护也是促进旅游型城镇发展的重要因素之一。控制建设用地指标，保证城镇绿地率；在进行城镇化规划和建设时，要践行环境保护原则和实现"绿色开发"；控制旅游业发展规模，在当地的环境承载力范围内发展旅游业；在旅游活动开展上，要有可持续发展意识，不能开展对环境有破坏的旅游活动；对旅游城镇居民和游客进行环保知识的宣传，提高人们的环保意识。

根据定量分析结果，居民对旅游业带来的经济增长和收入增长感知较弱。关于"城镇化促进了当地经济的发展"的指标感知均值为 3.545，"您的购买力及购买欲望增加了"的指标感知均值为 3.379，均是六种城镇化模式中最低的。居民对"收入提高"满意度一般（均值 3.239，排序 3）。为满足游客消费需求，旅游城镇虽然形成了吃、住、行、游、购、娱的消费经济链，但是作为休闲娱乐支出重要组成部分的旅游消费具有较高的收入弹性[149]，即旅游消费受到游客收入的影响，可能较一般消费具有更高的敏感性。依靠单一旅游消费收入，旅游型城镇的经济收入结构薄弱，旅游业的发展具有季节性的特征，淡季对旅游业经济的冲击较大。旅

游型城镇化过程中，当地的物产资源和风景得到了更好的开发（均值
3.660，排序2），促进了旅游业的发展，吸引了更多游客。当地居民对
"房地产价格上涨"和"物价上涨"的感知较弱，感知均值均是六种城镇
化模式中最低的，可见，在发展旅游业的过程中，虽然当地的物价会因大
量游客的到来而有所提高，但是居民普遍能够适应这种物价的变化。同
样，由于外来人口的涌入和旅游地产的发展，当地房地产价格虽然有了一
定幅度的上涨，但是大部分居民还是居住在原有的房子中，对房地产的需
求较弱，因此，对房地产价格感知较弱。为了促进旅游业的发展，吸引更
多游客前来旅游，当地基础设施建设和旅游服务设施建设有较大的升级改
造，注重生态环境和人文环境保护，城镇治安环境有了较大提高（均值
3.519，排序1），这些变化直接提高了本地居民的人居环境质量。随着游
客的增多，当地居民的社会交际面变广，有意识、主动地提升自身素质以
代表旅游城镇的形象，邻里关系也变得更融洽，居民对旅游型城镇化带来
的噪声污染不满意程度最低。虽然大量游客涌入了城镇，会带来一定的噪
声污染，但是居民并不介意。旅游型城镇化对当地环境有一个整体的提
高，居民认为旅游型城镇化过程中更好地开发了当地原来的景色，城镇变
得更漂亮了。

三、商贸型城镇化发展的问题与建议

根据定性分析结果，商贸型城镇的居民更关注城镇的未来发展（关键
词提及率13.34%）、经济发展和工作收入（关键词提及率11.23%）和生
态环境影响（关键词提及率7.43%）这三个方面。如何让商贸城镇的经济
保持稳定的增长发展趋势、不断提高居民的经济收入和改善城镇生态环境
现状是商贸型城镇居民最关注的问题，也是商贸型城镇发展过程中最显著
的问题。从城镇化、劳动力转移的角度看，物价与房地产价格上涨是城镇
化和产业化阶段的必然现象，这与贫富差距存在很高的相关性。政府引导
物价和房地产价格在合理区间内波动的宏观经济政策的关键在于缩小各阶

层的收入差距，调整经济结构[150]。加快城镇化步伐，能改善分配不公的状况，控制城镇内部分配不均等现象，让农民工在城市中，也能享受到同等的社会福利，在城镇安居乐业[151]。政府可以借助财税政策和产业政策，影响财富分配和资本、劳动力的产业分配，发挥信贷政策的结构调整功能，控制物价上涨。加大对城镇居民社会保障工作的投入，逐渐缩小城乡居民之间的社会福利保障制度的差距。统筹城乡社保工作，积极推进社会保险工作的落实，让每一个城镇居民均享有社会保障的权利，逐渐形成城乡统筹的社会保障工作机制。商贸型城镇化的发展要统筹人与自然和谐发展，统筹商贸经济发展和落实城乡社会保障一体化制度，在不影响生态环境和生活环境的前提下，制定城镇化可持续发展战略，加大城镇绿化和环境保护投入力度，促进城镇健康可持续发展。

商贸业对城镇当地经济发展的促进作用（均值3.868，排序1）最显著，为当地创造了大量的就业机会，居民弃农从商，就业方式有了较大的改变（均值4.053，排序1），居民的购买力和购买欲望也有了较大的提高（均值3.762，排序1），人均居住面积比以前大多了（均值3.556，排序1）。虽然商贸型城镇化能较好地促进城镇的经济发展，但是当地居民对经济影响的变化整体满意度不高。居民对经济收入提高的满意度较低（均值3.201，排序5），经济发展引起了居民收入分配不均等、居民贫富差距变大（均值3.974，排序1）、物价上涨（均值4.339，排序2）和房地产价格上涨（均值4.307，排序2）等问题。除此之外，为配合商贸物流产业的发展，建设商贸物流基地，城镇内的建设工程较多，城镇的原本面貌有了较大的变化。居民对当地物产资源利用的满意度较低（均值3.381，排序5）。

商贸型城镇化在重点关注产业发展和提高居民收入的同时，也着重改善区域内的交通（均值4.138，排序1）、文化教育（均值3.646，排序2）和卫生条件（均值3.868，排序1），对邻里关系的改善（均值3.693，排序1）和科技物质生活的改善（均值4.593，排序1）在六种城镇化模式中也是最显著的。可见，商贸型城镇化在发展的过程中，对居民的生活环境有了较大的改善，能较好地提高居民的生活质量，缩小与城乡居民在居住环境方面的差距。但是在发展商贸业的过程中，也给居民的生活带来了一些问题。随着外来人口的增多，社会治安的管理难度加大，城镇的犯罪现象未得到有效改善（均值 3.339，排序 5），居民对政府的管理部门工作（均值 2.635，排序 5）和现存的社会福利保障制度（均值 3.249，均值 5）满意度较低，与城市居民相比仍有较大差距。与其他城镇化模式不同，商贸型城镇化的居民更希望把城镇建设成现代化城市，修建更多的高楼大厦（均值 3.683，排序 2），但是这样的建设模式对当地的环境影响较大。整体来说，居民认为商贸城镇的环境保护工作不足，对生态环境破坏较大。城镇化过程中对当地景色的保护和开发满意度较低（均值 3.556，排序 5），对新建设施的环境保护和排污处理不满意（均值 2.799，排序 6），城镇环境绿化建设投入不足，环境整体比以前变得更差了（均值 2.968，排序 6）。

四、交通型城镇化发展的问题与建议

从定性分析的结果来看，交通型城镇的居民关注的是城镇的居住环境（关键词提及率 12.41%）、未来发展（关键词提及率 10.89%）、经济发展和工作收入（关键词提及率 10.29%）这三个方面。可见由于交通型城镇的发展对环境的改变较大，居民对此的关注度也更高。除此之外，如何让交通型城镇在发展经济的同时，提高居民的经济收入是交通型城镇居民最关注的问题之一。为了更好地发展交通型城镇化，要以"人"为核心，做好土地的征迁、居民安置、就业保障和社会保障等工作，提高居民幸福度指数。交通型城镇的发展要利用交通综合枢纽带来的人流、物流、财流和信息流，促进当地主导产业发展，带动会展业、休闲产业等发展，形成以交通业为主导产业，其他产业共同发展的多产业经济结构，提高交通型城镇的经济发展水平，同时为本地居民创造更多的就业机会。政府要加强居民的就业能力培训，让失地农民增强就业技能，更好地适应新城镇的新工

作要求，提高居民的经济收入水平，使居民更好更快地适应城镇化带来的一系列经济变化。从"以人为本"的角度规划建设城镇，以集约优化为原则做好用地规划，因地制宜构建交通路网、科学减少噪声污染，注重生态环境保护和城镇绿化建设，营造绿色低碳的新城环境。在城镇管理方面，政府要加强区域治安管理，对外来人口加强管理。着重改善区域内的教育、文化和卫生条件，提升居民的生活质量和文化素质水平。在社会保障方面，要落实社会保障城乡一体化工作，让每个居民都能够参加社保，并逐渐缩小与市区居民的社会福利差距。

　　从定量分析结果来看，居民对交通型城镇化发展带来的经济变化、社会生活变化和环境变化满意度较低。为建设大型交通枢纽站及周边综合体的配套设施，大量耕地被征收，人均耕地面积大幅度减少（均值4.144，排序1），弃农务工的人数增加（均值4.031，排序2），但是居民对经济收入的提高幅度并不满意（均值2.784，排序6），与市区居民相比，收入差距的缩小程度较低（均值3.155，排序6），当地居民的贫富差距在不断变大（均值3.938，排序2）。在大拆大建过程中，交通型城镇居民对当地物产资源的利用满意度较低（均值3.247，排序6），从平房移居到楼房后，人均居住面积普遍比以前小了。经济发展带来的一系列生活成本变化如房地产价格上涨（均值4.34，排序1）和物价上涨（均值4.34，排序1）在交通型城镇中也较为明显。凭借着紧靠综合交通枢纽的地理优势，交通型城镇吸引周边城镇或其他地区的居民到此居住，居住人口增加，房地产需求上升，从而导致房地产价格上涨和商品价格上涨。

　　在社会生活影响方面，交通型城镇居民对各项影响指标满意度非常低。居民对政府工作比较不满意，包括在拆迁补偿方面的工作（均值3.567，排序5）和管理工作（均值2.443，排序6）。对社区卫生条件（均值2.48，排序6）和交通条件（均值3.701，排序6）的满意度都较低。交通干线的运行带来噪声污染（均值3.959，排序1），同时，外来人口增多，使得社会治安差（均值2.959，排序6）、邻里关系变得淡漠。虽然参加社保的居民人数有所增加，但仍是六种城镇化类型中居民满意度最低的

（均值 3.629，排序 6），而且居民对现有的社会保障体系比较不满意（均值 2.794，排序 6）。大规模的交通设施等城镇化设施建设，对乡村地区的生态环境造成了显著的影响。在城镇化开发保护的过程中，对当地城镇面貌改变较大，而居民对这种改变的满意度较低（均值 3.495，排序 6），对新建的城镇化设施的环保工作和排污工作比较不满意（均值 2.948，排序 5），居民对修建更多的高楼大厦的期待值也较低（均值 3.165，排序 5）。可见，交通型城镇化对原本乡村地区的改造并不如意，并没有考虑居民的实际需求和愿望。

五、地产型城镇化发展的问题与建议

从定性分析结果来看，地产型城镇居民对"城镇未来发展""居住环境""生态环境""经济发展和工作收入"和"对城镇化的积极评价"的提及率较高，关键词频率在 9% 左右。整体来说，居民对地产型城镇化的发展满意程度较高，除了关注城镇化未来的发展和经济收入方面的情况，对环境的关注度也更高。要更好地发展地产型城镇化，环境保护也是重要因素之一，要打造环境宜居、综合配套设施齐全的城镇。地产型城镇化的发展，除了关注当下的经济发展，要更具备前瞻性，制定可持续的城镇发展规划。利用人口集聚优势，积极发展其他产业经济，共同促进城镇经济可持续增长；地产型城镇的发展规划还要做到"以人为本"，寻找有助于增加就业机会和提高人们收入水平的新型房地产开发模式，在促进经济发展和提高人居质量的同时，关注居民的就业情况和收入水平，推动房地产业与城镇化的相互协调与相互促进。政府要采取措施，引导失地农民转变思想观念，主动提高劳动技能，大力开展就业技能培训工作，提高农民的就业能力，从而提高居民的经济收入水平。

从定量分析结果来看，大部分居民对地产型城镇化带来的经济、社会生活和环境方面的影响均比较满意。对地产业发展带来的经济发展（均值 3.81，排序 2）和收入提高（均值 3.263，排序 2）作用感到比较满意。当

地居民的贫富差距虽然有所增加（均值3.618，排序6），但已经是六种城镇化模式中最低的，而且也大大地缩减了和市区居民的经济收入差距（均值3.391，排序1）。在地产型城镇化的发展过程中，居民本来居住的平房被征收，安置到新的小区楼房中，楼房的居住面积比平房小，居民普遍感觉居住面积并没有明显的增大（均值3.189，排序5）。发展地产型城镇化并没有直接给居民创造较多的就业机会，居民的就业方式改变较不明显（均值3.731，排序6），虽然当地居民可以通过转售或者出租其拆迁补偿的安置房来增加经济收入，但是居民的实际就业技能并没有得到提升，也没有解决居民的实际就业问题。地产型城镇化能带来较大的社会经济效益，对居民的社会生活带来较明显的改善。交通更方便（均值4.107，排序2）、社会治安变好（均值3.497，排序2），对现有的社保体系满意程度最高（均值3.609，排序1），身边参加社保的人也变多了（均值4.085，排序2），而且地产型城镇的居民对政府的管理工作评价最高（均值3.129，排序1）。为打造"宜居"城镇，政府和开发商更关注改善城镇生态环境，做好环境保护工作和城市绿化建设，居民对环境变化的满意度较高，认为城镇化更好地保护和开发当地原来的景色（均值3.791，排序1），而且对新建的城镇化设施的环境保护和排污处理工作比较满意（均值3.451，排序1）。居民也希望这里继续修建更多的高楼大厦（均值3.515，排序2），打造现代化都市生活圈。

六、科教型城镇化发展的问题与建议

根据定性分析结果，居民关注"未来发展"（关键词频率12.99%）、"经济发展与工作收入"（关键词频率11.24%）、"居住环境"（关键词频率13.55%）、"教育资源"（关键词频率8.76%）和"生态环境影响"（关键词频率7.25%）等五个方面的内容。科教型城镇化的发展对居住环境和生态环境带来的影响较大，居民生活在科教型城镇中，也更关注与教育相关的问题，有主动学习的意识。做好城镇规划，以人为本，加快科教型城镇化的发展进程，在促进经济发展的同时，提高居民收入。对居民进行就业技能培训，让居民更好地适应新城镇的新就业要求，提高就业竞争力。充分考虑未来科教新城居民的居住需求，注重基础设施配套建设，合理构建区域交通路网。加强社会治安管理，对外来务工人口实施有效的居住管理制度。积极建设城乡一体化的社会保障体系，逐渐缩小与市区居民的社会福利差距。发挥科教园区的软实力，积极开展社区文化活动，丰富居民的精神文化生活，改变居民的思想观念，培养居民学习的主观能动性，整体提高居民的文化素质水平。保护生态环境，加强城镇绿化建设，营造绿色新城。在建设新城镇的过程中，结合自身的优势，做到绿色开发，可持续发展。修建公园、社区中心等休闲活动场所，让社区居民有能聚在一起活动的地方，增进邻里关系，丰富居民的生活，不仅有利于开展社区文化宣传活动，而且可以提高居民的文化素养。

根据定量分析结果，居民对建设科教型城镇化带来的社会生活和环境影响满意度较低，对经济影响满意度一般。为建设教育园区和科技园区，城镇的耕地面积大幅度减少（均值3.986，排序2），居民们弃农从工的人数也增加了（均值3.931，排序3），居民的居住面积也有所提高（均值3.389，排序2）。科技园的建设，吸引了外商投资，为当地居民创造了大量的就业机会。同时，大学城的建设，增加了餐饮业、娱乐业、交通运输业、科教文卫等服务需求，促进农村劳动力向城镇转移，但是居民对收入提高的幅度整体满意度较低（均值3.203，排序4），认为科教型城镇化对当地经济的促进作用较弱（均值3.745，排序5）。

在社会生活影响方面，城镇面貌的改变和大量外来人口的涌入对居民的社会生活带来了一系列问题。为建设科教园区，大量土地被征收，拆迁安置工作任务重且难度大。与其他城镇化模式相比，虽然科教型城镇居民对政府工作评价较高，但均值仍低于3，证明居民对政府的拆迁补偿和管理工作比较不满意。而安置房周边的交通条件、卫生条件和配套设施不完善，虽然参加社保的人有所增加，但是对比其他城镇化类型，还是有一定差距（均值3.889，排序5），居民对现有的社会保障体系满意度一般（均值 3.318，排序 4）。从平房搬到楼房的过程中，原有的邻里关系被拆散，新的邻里关系难以建立。伴随着科教园区的落成，城镇外来人口增加，带来了噪声污染、社会治安等问题。除此以外，虽然是科教园区，但是文化活动较少，居民与外界接触的机会并没有明显增多，居民素质提升不明显。科教型城镇化的建设也带来了一系列的环境问题。居民对环境变化的满意度较低，对继续建设现代化城市，修建更多的高楼大厦的期待值最低（均值 3.152，排序 6）。城镇新增的公园和绿地设施不足，环境改善情况较差。

七、小结

环城市乡村地区是一种特殊的城郊结合、城郊互容的活动空间，这种区位优于常规乡村的交通互联的便利性，优于常规城市生存活动空间的宽敞性，空间上呈现出处于乡镇景观之中，格局上彰显出异于城市紧凑之内。不同途径城镇化模式有其独特的适应范围，但是仍然存在着可提升和改善的空间。农业型城镇化发展的问题集中体现在缺乏详细规划，公共服务设施、基础设施建设不完善、居民对城镇的未来规划不清楚，社会保障体制有待完善等，建议政府应对农业产业进行积极的推进和全面的引导，推动农业全产业链改造升级，扩大农业生产规模，推进农业产业化，不断拓宽农产品销售渠道。除了积极发展农业主导产业外，还要促进其他产业发展，通过资源整合带动多个产业共同发展。积极建设完善的基础设施，加强公共事业建设，促进社会、科教、文卫事业发展，提高农民的知识水平，丰富农民的精神文化生活，建立和完善社区卫生机构和农村医保体系，为居民看病就医提供便利条件和保障。旅游型城镇化发展的问题集中体现在旅游业对当地环境造成的破坏、旅游产业发展单一、同质化竞争严重、地域特色文化有待挖掘等，建议旅游型城镇化在进行规划和建设时，要践行环境保护原则和实现"绿色开发"，在当地的环境承载力的范围内发展旅游业。工业型城镇化和旅游型城镇化相互促进、繁荣共生，促进旅游业与其他产业的整合，实现以旅游产业为核心的产业、消费和就业的集聚，拉动城镇经济整体提升，使城镇化朝着更加良性的方向发展。加强城镇旅游发展规划，对地域特色文化进行深入挖掘，创新地将其独具特色的文化内涵与旅游资源结合，升华、再现地区文化特质。商贸型城镇化发展的问题集中体现在如何保障经济稳定增长、持续提高居民收入、改善城镇生态环境等，建议商贸型城镇化的发展要统筹人与自然和谐发展，统筹商贸经济发展和落实城乡社会保障一体化制度，在不影响生态环境和生活环境的前提下，制定城镇化可持续发展战略，加大城镇绿化和环境保护投入，促进城镇健康可持续发展。交通型城镇化发展的问题集中体现在对人居环境、未来发展、经济发展和工作收入等方面的担忧，建议交通型城镇化进程中，要以"人"为核心，做好土地征迁、居民安置、就业保障和社会保障等工作，利用交通综合枢纽带来的人流、物流、财流和信息流，促进当地主导产业发展，带动会展业、休闲产业等发展。以集约优化为原则做好用地规划，因地制宜构建交通路网，注重生态环境保护和城镇绿化建设，营造绿色低碳的新城环境。地产型城镇化发展的问题集中体现在对城镇未来发展、居住环境、生态环境、经济发展和工作收入的担忧，建议地产型城镇的发展规划做到"以人为本"，探索增加就业机会和提高居民收入水平，推动房地产业与城镇化的相互协调与相互促进。地产型城镇化的发展应具有前瞻性和可持续性，采取措施引导失地农民转变思想观念，主动提高劳动技能，提高就业能力。科教型城镇化发展的问题集中体现在对未来发展、居住环境、生态环境和教育资源等方面的担忧，建议做好城镇规划，以人为本，加快科教型城镇化发展进程，对居民进行就业技能培训，提高就业竞争力，注重基础设施配套建设，合理构建区域交通路网，加强社会治安管理，加强城镇绿化建设，营造绿色新城，做到绿色开发，可持续发展。

第二节　多地区城镇化发展的问题与建议

我国东、中、西部地区在城镇化发展的水平上有较大的差异，整体来说，城镇化率东部最高，中部居中，西部较低[152]。在城乡经济发展、居民生活、基础设施、社会保障、公共服务一体化上，也呈现出了东高西低的局面[153]。我国城镇化发展的水平与所在区域的行政级别也呈现出显著相关的特征，行政级别越高、自主性越大，城镇化健康程度越高[154]。从经济发展指标和城镇化发展指标看，东部地区的城镇化发展水平优于中部和西部地区，行政级别高的城镇化发展水平优于行政级别低的。但是，综合本次调研数据分析和实地考察结果发现，环东部首都城市的乡村地区城镇化的居民感知城镇化质量最低，中部普通地级市最高，西部省会城市次之，影响不同地区城镇化居民的幸福感关键因素是城乡差距。由于中国区域经济发展和城镇化发展的不平衡性，城镇化对城乡收入差距、城乡社会保障差距、城乡建设水平差距的影响存在显著的地区差异。在东部地区，城镇化对城乡收入差距的影响显著；在中、西部地区，城镇化对城乡收入差距的影响并不显著[155]。城乡差距对居民感知城镇化质量存在负面影响[156]，因而缩小城乡差距，对于提高环城市乡村地区居民的整体幸福感具有重要意义。

一、中部地区城镇化发展的问题与建议

整体来说，环中部普通地级市的乡村地区城镇化居民感知城镇化质量最高。中部地区在开展旅游型城镇化建设的过程中，居民对社会生活和环境保护方面的满意度最高。中部地区城镇化的推进，有效地缩小了城乡收入差距（均值3.370，排序1），改善了人居环境、区域交通条件和公共服务设施建设。城镇化过程致力于缩小城乡社会保障体系差距，统筹城乡就

业和社保工作，加快发展医疗资源和教育事业，保障居民享受医疗保障和接受教育的机会。在开展地产型城镇化建设过程中，中部地区的经济发展情况不如东部地区。地产型城镇的经济发展要依靠地区整体经济发展情况和居民的经济收入情况，在经济情况发展良好、居民经济收入持续稳健提升的情况下发展地产业，更大地刺激人们的购房、住房需求，促进当地城镇经济发展。

根据问卷调查结果，居民主要对中部地区的经济发展满意度较低。相对来说，中部普通地级市的乡村地区城镇化对经济增长的贡献率次于西部地区。中部地区城镇化发展的问题体现在发展城镇化的过程中，征地拆迁矛盾严重，株洲市的房屋征地拆迁存在拆迁信息不对称、补偿标准不统一、困难群体保障不到位、拆迁利益冲突等问题。居民对政府的管理工作满意度较低，认为城镇规划不合理，缺乏延续性，城镇化发展速度慢，城镇的公共设施配套与市区仍有较大差距。原因在于中部的行政级别较低，产业经济发展所需的市场、资金和开放度等条件都较差，社会资本吸引力不足，主导产业发展难度大。

解决房屋拆迁矛盾冲突，要建立以人为本的观念，制定完善的补偿标准，公开拆迁进度和补偿信息，强化对房屋拆迁中相关行为的监管，营造和谐的舆论氛围，加强居民对拆迁工作的理解和城镇化建设的认识，培养居民的主人翁意识，让居民积极主动地参与城镇化建设，从而促进城镇化建设进程，加快推进和谐社会的构建。加强对中部地区主导产业的引导和扶持，为城镇主导产业发展建立相适应的基础设施、法规政策、融资平台、创新融资制度等，给社会资本减免税收等优惠政策，尽可能吸引社会资本的投入。着力于城镇经济发展规划和相关政策法规落实，市场力量推动资源配置，达到市场经济效益的最大化。提高经济发展水平，缩小中部地区与其他地区的经济发展差距。在经济得到增长的同时不断提高居民的经济收入水平，增大居民的购买力和购买需求，刺激居民消费，扩大内需，从而促进当地经济的增长。

二、西部地区城镇化发展的问题与建议

改革开放以来，尤其是西部大开发战略的实施，加大了国家对西部地区的政策倾斜和资金投入力度，为西部地区的城镇化发展注入了新动力，促进西部地区城镇化进程。从调研分析结果看，整体上环西部省会城市乡村地区的居民对城镇化带来的经济增长满意度最高。除地产型城镇化外，西部地区其他多途径城镇化模式所带来的经济、社会生活和环境影响都优于东部地区。尤其是科教型城镇化和农业型城镇化，西部地区的居民对经济、社会生活和环境方面的绝大多数指标的满意度都优于东部地区。西部地区的旅游业对经济有较好的促进作用，居民的收入与市区居民的收入差距缩小，大部分居民不再务农转而选择从事旅游业相关的工作，也有很多人选择返乡创业或者打工。地产型城镇化的发展要综合考虑周边地区的经济发展情况和人口密度，经济发展好的地区，人们的经济收入有了较大提高，对房地产有较大的需求，经济红利为地产业的发展提供经济支持，而人口红利为地产业的发展提了供实的基础。地产业不应是简单的商品住宅的开发与销售，还应有整合资源、服务运营、金融支持的功能与价值，充分发挥地产业的服务功能，推动地区经济和社会发展。

西部地区城镇化发展的问题体现在收入增长和经济增长缓慢、现有社保制度有待完善、人口聚集情况有待提升、主人翁感较弱、对城镇化被动适应、城镇化规划不合理、属地文化特色缺乏有效保护、贫富差距较大、拆迁矛盾多等。原因在于西部地区特殊的地理区位、自然资源分布不均、民族结构组成复杂、经济基础薄弱等现实情况。

西部地区的旅游型城镇化在地理区位、自然环境资源、民族结构和经济基础等方面具有不同的特质[157]。鉴于西部地区特殊的资源条件和文化特质，要因地制宜地制定科学的城镇建设规划，听取当地居民的意见，从群众意见中挖掘城镇建设的重点，完善城镇基础设施建设和交通系统，加强城镇建设的文化保护意识，发扬不同城镇固有的历史文化及资源优势，

形成具有鲜明特色的城镇风貌，提高城镇文化品位；提高居民生活便利性；结合西部大开发战略，大力发展西部教育、科技事业，落实教育优先发展的战略地位；加强思想道德建设，转变居民落后的思想观念，全面提高人口思想道德素质；完善社会保障体系，缩小与城市居民的社会保障差距。

三、东部地区城镇化发展的问题与建议

尽管东部地区在城镇化经济发展水平、城市数量、城镇人口比率等指标上优于我国其他地区，但调研结果表明，东部地区城镇居民感知城镇化质量整体最低。从居民满意度的角度看，虽然东部地区的旅游型、科教型和农业型城镇化发展方面不如西部和中部地区，但是地产型城镇化带来的经济影响满意度最高。东部地区的地产业发展促进了当地经济的发展，提高了居民的收入和购买力。东部地区经济发展历史条件较优，医疗、教育等资源集聚，吸引了大量人口向东部地区集聚，房地产需求增加，房地产价格快速增长，带动地区生活服务业的发展，促进了城镇经济、增加了本地居民的经济收入。但是在社会生活影响和环境影响方面，东部地区居民的整体满意度仍低于其他地区。

东部地区城镇化发展的问题在于居民感知城镇化质量整体最低，社会公共服务不平等，资源环境面临巨大压力，生态环境受到破坏，空气、水污染等问题较为严重。原因在于城乡差距大，经济发展优势吸引人口、资源、要素和产业大规模向东部地区集聚，引起物价上涨、房价上涨、教育资源、医疗资源和自然资源极度紧张，导致居民感知城镇化质量下降。环北京市乡村地区虽然在经济发展、社会生活、城镇基础设施建设方面有了较大提高，但整体与北京市中心相比，城乡之间仍有较大的差距。户籍制度捆绑的医疗、养老、居住、就业、教育、公共文化等社会公共服务不公平的问题在东部地区更为突出。大规模人口集聚，外来人口和本地人口的社会福利待遇差距较大。

　　促进东部地区城镇化健康发展的关键在于缩小城乡差距，要加速城镇化发展，拉近城乡之间的发展差距，促进人们返乡就业，降低城市中心的人口和环境压力；逐步改造升级基础设施配套服务，以城市的标准完善乡村的公共服务配套；深化户籍制度改革，促进乡村—城镇的流动人口实现社会融合，逐步解决农民工在城镇享受基本的公共服务和社会保障待遇问题；积极推进农民的社会保险工作，逐渐缩小与城镇居民社会保障水平之间的差距。在发展城镇经济、提高居民物质福利的同时，要加大力度改善区域生态环境，提高城镇居民的环境保护意识，倡导居民绿色生活、绿色消费和绿色出行，营造全民参与、全民治污的良好氛围。

四、小结

　　城镇化进程在全国范围内展开，同一区域或许存在不同途径的城镇化模式，抑或是同一模式在不同区域均有应用。对东部、中部和西部而言，无论采取哪种途径的城镇化，均存在一些共性问题。首先，政府在城镇化中扮演的角色问题，无论哪种途径和地区都存在因政府角色扮演不到位或角色扮演过于深入而出现各种"官民"之间的矛盾，这一点应该在城镇化进程中引起关注。其次，城镇化进程中对生态环境的取舍，尽管是对生态环境影响最小的旅游型城镇化，即便是生态环境较好的西部地区，在城镇化过程中都面临环境保护与经济发展的取舍问题，如何破解这些问题，真正彰显"两山论"精神，在后续城镇化过程中值得深思。最后，居民获得感的问题，什么样的城镇化发展是居民喜闻乐见的，什么样的城镇化生活是居民趋之若鹜的，什么样的城镇化硕果是居民期待已久的，这些都是在开展城镇化探索之前必须弄清楚的。

　　环中部普通地级市的乡村地区城镇化居民感知城镇化质量最高，城镇化有效地缩小了城乡收入差距，改善了人居环境、区域交通条件和公共服务设施建设，但经济发展状况有待提升。主要问题体现在房屋征地拆迁存在拆迁信息不对称、补偿标准不统一、困难群体保障不到位、拆迁利益冲突、城镇规划不合理、城镇化发展速度慢、城镇的公共设施配套与市区仍有较大差距等问题。原因在于中部的行政级别较低,产业经济发展所需的市场、资金和开放度等条件都较差,社会资本吸引力不足,主导产业发展难度大。建议制定完善的补偿标准,公开拆迁进度和补偿信息,强化对房屋拆迁中相关行为的监管,营造和谐的舆论氛围,加强对中部地区主导产业的引导和扶持等。

环西部省会城市乡村地区的居民对城镇化带来的经济增长满意度最高,西部地区的旅游业对经济有较好的促进作用,居民的收入与市区居民的收入差距缩小,西部地区人口素质提升较慢,城乡社会保障差异较大。主要问题体现在收入增长和经济增长缓慢、现有社保制度有待完善、人口聚集情况有待提升、主人翁感较弱、对城镇化被动适应、城镇化规划不合理、属地文化特色缺乏有效保护、贫富差距较大、拆迁矛盾多等。原因在于西部地区特殊的地理区位、自然资源分布不均、民族结构组成复杂、经济基础薄弱等现实情况。建议因地制宜地制定科学的城镇建设规划,完善城镇基础设施建设和交通系统,落实教育优先发展的战略地位,形成特色鲜明的城镇风貌,转变居民落后的思想观念,缩小与城市居民的社会保障差距。

东部地区经济发展历史条件较优,医疗、教育等资源集聚,城市数量、城镇人口比率明显。主要问题在于居民感知城镇化质量整体最低,社会公共服务不平等,资源环境面临巨大压力,生态环境受到破坏,空气、水污染等问题较为严重。原因在于城乡差距大,经济发展优势吸引人口、资源、要素和产业大规模向东部地区集聚,引起物价上涨,房价上涨,教育资源、医疗资源和自然资源极度紧张,导致居民感知城镇化质量下降。建议加速城镇化发展,缩短城乡之间的发展差距,逐步改造升级基础设施配套服务,深化户籍制度改革,积极推进农民的社会保险工作,改善区域生态环境,倡导居民绿色生活、绿色消费和绿色出行。

第三节　环城市乡村地区多途径城镇化发展政策与建议

前文更多的是考虑差异性为不同城镇化模式、不同地区的城镇提出有针对性的意见。这一小节主要是根据研究成果，针对环城市乡村地区多途径城镇化问题的共性提出一些发展问题和建议。

一、经济方面：统筹规划帮助新市民融入城镇经济，积极发展新城镇产业

从整体上看，环城市地区的城镇化表现比较迅猛。在经济生活方面，几乎所有的环城市地区乡村居民都明显地感受到，人均耕地减少，身边务农的人减少，贫富差距变大，同时物价上涨，房价上涨，这都是快速城镇化的主要标志之一。在快速城镇化的过程中，原乡村居民普遍反映自身技能单一，然而可以依赖的生产资料却在变化，生活压力陡然变大，同时，自身的收入和居住条件并没有特别的变化。经济基础决定上层建筑，经济基础陡然变化的这个过程中，往往容易给城镇化进程带来一些问题。所以，政府在这个阶段最主要的工作之一就是应该通过各种制度，积极发展新城镇的特有经济产业。

（一）规划先行与城乡一体化

环城市乡村地区因为和城市相邻，城镇化的变化给居民的感受比普通地区的城镇化要更为明显。要更好地完成乡村地区城镇化，需要一套完整、可行、可持续的城镇发展规划安排乡村地区城镇化的途径、方式以及计划。在推进城镇化的过程中，要根据各个地区的资源条件、社会环境和人文环境，综合考虑编制城镇发展规划，要做一个科学性的、具有实际指导意义的和可持续的发展规划。各级政府在编制城镇化发展规划时，要贯

彻落实科学发展观的精神，从城市和农村的实际出发，综合考虑区域城镇之间的关联性和互补性，强化城镇之间的互利效应、开放效应、聚集效应和升级效应，促进区域内城镇化共同发展。重视各项城镇发展规划之间的协调与衔接，包括发展空间规划、基础设施建设规划、产业发展规划和社会事业发展规划等，促进城乡一体化发展的协同程度和融合程度。

（二）完善土地管理制度

建立城乡一体化的土地管理制度，淡化土地所有权管理，突出土地利用权的规范和管理，建立市场化的土地使用权流转制度。对失地农民妥善持续地提供就业辅导，解决其失地之后稳定的经济来源；对已在城镇稳定就业的农民工，允许以多种形式转让农房、土地、宅基地等资产来增加其经济收入，以此作为进城安居、创业的资本；允许把土地转让给从事农业的农民，让其扩大规模经营，发展规模化、现代化农业；允许将这些土地资产折价，以入股的形式加入集体资产，享受股权和每年分红；允许保留土地承包权，宅基地的用益物权和集体收益的分配权。环城市乡村地区多途径城镇化的土地管理制度改革，应以农民利益为前提，学习其他城镇的土地管理经验和教训，探索各地区的土地改革的路径，改变以往政府对土地资源的过度依赖，促进土地资源按照市场经济的原则实现最优配置，提高土地利用效率。

（三）加强对主导产业的引导与扶持

各地区应因地制宜地确定产业发展方向，深入挖掘并充分利用自身优势，发展特色产业。城镇化经济发展以产业发展为支撑，产业升级发展是解决城镇化过程中人员安置、资金补充、生态保护等众多问题的关键点，政府应对主导产业进行积极的推进和全面的引导。首先，健全市场化资源配置机制。市场决定资源配置是市场经济的一般规律，必须推进市场化改革，减少政府对资源的直接配置，让市场规则、市场价格、市场竞争和效率来推动资源配置最优化。其次，健全城镇投融资体制机制，完善投融资平台，拓宽融资渠道。采取政府指导、市场运作和社会参与相结合的方式，构建多元化投融资机制，尽可能吸引和鼓励社会资本投入。政府的职能着力于规划、制定和落实相应的规则，确保社会资本在税收政策、投融资门槛、土地使用权限和对外贸易等方面，与国有资本享受同等权益。最后，建立完善的城镇主导产业支撑体系。政府应为城镇主导产业建立相适应的服务组织，制定相应的法规政策，创新融资制度，为主导产业创新发展提供资金保障，加大对主导产业发展的财政支持。同时，建立各种技术培训中心，对农民进行技术培训，以便更好地适应城镇化主导产业的发展。

（四）政府主导与市场配置相结合

我国城镇化在发展的过程中，政府主导既是起点，也是核心动力，但市场配置的作用也是至关重要的。为了更好地发挥市场和政府的作用，必须推进政府转变职能，逐渐下放政府管理权限。城镇化规划的内容应是弥补市场调节力量的不足而提出政府调控的目标和措施，规划调控必须是为市场调节服务的，要促进政府从"经营管理城市"向"规划城市""监督规划实施"的理念转变，让市场力量去经营城市，形成一个市场配置推进城镇化发展的机制。在政府管理体制改革方面，要把建设服务型政府作为政府改革的基本目标。以为人民服务为宗旨、以公平为核心、以民主为基础、以法治为保障，规范政府的管理行为，发挥基层民主的作用。完善政府干部的管理考核制度，淡化经济发展速度与规模指标，强化对城镇居民的民生指标考量，在干部管理考核制度上确保城镇化和城镇建设的健康发展，解决好当下的政府和居民的关系问题。

二、社会方面：坚持以人为本保障农民切身利益

从社会生活方面来看，因为乡村城镇化所导致的社会变迁主要体现在社会生活的现代化方面。大部分的城镇居民都感受到在进入城镇化的过程中，社会的信息化程度提高了，社保覆盖也更为全面了，整个社会都在向现代化进程方面改变。然而，在这个社会变革的进程中，居民普遍认为政府在拆迁补偿、规划建设等方面，听取居民意见的比较少，管理部门工作仍然不够到位，同时居民虽然进入了城镇化的社保体系，然而得到的保障仍然不够。所以，在环城市乡村地区城镇化的过程中，政府需要更加积极主动地发挥政府职能，充分考虑居民在城镇化过程中的主人翁意识和积极参与城镇化的强烈意愿，问询居民意见，同时应该坚持以人为本的基本原则，保障农民的切身利益。

（一）坚持以人为本与保障农民切身利益

环城市地区城镇化过程中，因为靠近城市，大部分农田都面临着土地转性，变成城市居住用地，在这一过程中，农民的利益容易受到侵害，做好失地农民的安置就业和社会保障工作，是环城市乡村地区多途径城镇化建设的基础和前提，是社会稳定繁荣的重要影响因素。同时，因为处在环城市地区，农民新转化为居民会快速和原有城市居民融合，短时间让农村居民和城市居民发生密切联系，其社会影响和冲击远大于乡村地区渐进式城镇化的进程，新居民和原居民社会保障措施的比较，各种公共服务设施的差距都容易产生新的社会问题。

解决这些问题的关键，就是政府执政必须坚持"以人为本"，重点在于如何解决人的问题，也就是解决进城农民和外来人口最基本的居住、生活、就业和公共服务问题。在制定相关规划以及政策的时候，要充分考虑征询居民意见，凸显居民的主人翁精神，详细解释方案，做人民信任的政府。

制定农民就业促进方案，设立完善的就业配套设施，创造更多的就业岗位，帮助失地农民在本市范围内转移就业。引导原乡村地区居民转变思想观念，主动提高劳动技能，积极参与当地城镇化建设。大力开展就业技能培训工作，提高培训的有效性和实用性，对原乡村地区居民提供低费或免费的职业技能培训，提高他们的就业能力，从而提高他们的经济收入。

落实统筹城乡就业社保工作，形成城乡统筹的社会保障工作机制，积极推进原乡村地区居民的社会保险工作，逐渐缩小新市民群体与邻近城市居民生活水平之间的差距。在提高物质福利的同时，要进一步加快发展医疗资源和教育事业，让每个人都有平等享受医疗保障和接受教育的机会。

（二）完善基础设施与加强公共事业建设

基础设施是城镇化正常运行的基础，为社会整体发展和居民正常生活提供服务。环城市乡村多途径城镇化要求城镇不断加强基础设施建设，提升公共服务的能力，为村镇居民生活提供便利的设施条件，促进城乡一体化的发展。要提高城镇基础设施规划标准和建设水平，加强城镇基础设施建设力度，以完整的城镇化规划为前提，依据城市未来的人口规模和占地规模等目标，以满足人们可持续的生活需要为前提，积极建设完善基础设施、供水排水设施、交通设施、通信设施、环保设施、防灾设施等，保证新城镇健康有序运行。加强公共事业的建设，促进社会、科教、文卫事业发展。合理地修建公园、运动场所，满足人们的休闲活动需求，建立少年宫、科技馆和图书馆等，为孩子的教育创造条件。建立和完善社区卫生机构，为居民看病就医提供便利条件。应逐步加大城市基础设施社会化和市场化改革的力度，鼓励社会资本投入到城镇基础设施投资运营中，在统一的城市公共资产管理机构下，按照城市基础设施的性质，分别采取相应的经营管理模式。

（三）改革户籍制度

因地制宜地制定各类城镇户籍管理制度改革办法，在原乡村地区居民自愿的基础上，解决城镇稳定就业的农业转移人口的落户问题，逐步放宽户籍限制，允许符合条件的农民工申请打工所在地的城镇户口，户口迁移的条件可以设定为固定住所、居住的年限、纳税标准等。逐步解决农民工在城镇享受平等的公共服务和社会保障问题，加强社会管理配套制度改革，对城镇居民与农民工之间不平等的福利制度进行改革，逐步将农民纳入本城镇的各项社会管理，使农民工能够享受与城镇居民平等的住房保障、医疗保障、社会保障以及教育保障。逐步取消户籍城乡分置制度，取消附加在户籍制度上的经济社会方面的规定，探索城乡社会保障、子女教育和成年人就业等方面一体化的具体措施，提高社会保障统筹的层次。

三、环境：保留地方地脉文脉，促进人与自然和谐发展

在环境影响方面，环城市乡村地区城镇化的居民满意度普遍较高，不同的地区和模式最后城镇化的表现其实都是在建成环境上出现了城镇化的特征，比如，公园绿地、高楼等，大部分居民对此表示比较满意，特别是地产型和旅游型的城镇化，对当地的城镇形态更是有利好的影响，然后也有居民提出，明显感觉到环境受到了污染，垃圾和废水增多。但是总体来看，对于城乡环境的变化，大部分居民还是比较认可的。

（一）统筹人与自然和谐发展

环城市乡村作为城市的生态屏障，是城市环境向乡村环境转换、城市功能向乡村功能过渡的中间地带，环城市地区乡村城镇化的发展要特别注意统筹人与自然和谐发展，即体现新城镇与人口、经济、资源、环境的协调可持续发展。将发展优势与劣势有机地结合起来，充分考虑新城镇的环境承载能力、基础设施、城市环境和发展目标，划定生态保护红线、永久基本农田、城镇开发边界三条控制线，在不影响生态环境和生活环境的前提下，贯彻人口、自然、社会、土地利用和城镇空间的可持续发展原则，制定新城镇的可持续发展战略，促进城镇健康有序发展。新城镇建设要强调生态适应性，要强化当地的山水自然之美，突出传统文化之美，以绿色发展理念推进新型城镇化，把良好的人居环境作为新城镇化的主要指标，建设好城市的生态屏障，推动地区经济绿色环保发展，抓好污染防治，要求新兴经济企业坚持绿色生产，引导新市民绿色消费。

（二）保留地方特色，建设新时代城乡一体化的田园城市

城乡的二元问题——二元就是指不同，这个不同形成的差异不仅是物质差异，更是景观特质和文化差异。过去的乡村城镇化，大都是乡村失去了原有的乡村形态，全面向城市的物质形态变化[159]。而新时代新型城镇化的需求，更加强调在乡村城镇化的过程中，尽可能保留乡土环境，践行看得见山，望得见水，留得住乡愁。早在一百多年前，霍华德和刘易斯就已经指出"城与乡不能够完全分开，它们二者应该摆在同等重要的位置，并且应该有机结合在一起"①。很多理论和实践已经表明，大城市周边会出现很多新的市镇，这种市镇会保留很多乡村环境和文化，和中心城市一起形成城市体系，整体区域的居民既有城市的便捷，又有乡村的乐趣。这样的城乡一体化是乡村城镇化建设最终达成的状态，这时城乡差别消失，城乡平衡发展，居民身处任何地方都能享受到现代的生活条件和设施，感受到现代城市文明带来的益处。这样的城乡一体化地区，将最早出现在中国的环城市乡村地区城镇化过程中，城市人对于乡村田园的向往以及环城游憩的需求，需要一种不同于过去的环境改造模式。环城市周边的乡村城镇化将更加强调环境和文化特质的差异性，突出地方特色，保留青山绿水，通过积极推进山水田林湖整体保护、综合治理乡村环境，挖掘和保护地方文化，将乡村田园风貌、乡村生活和文化与现代化的设施结合，创造一种社会经济全面发展的、城乡一体化的新型中国环城市乡村城镇化发展模式。

第四节　小结

本章是研究的应用部分。基于之前关于环城市乡村地区多途径城镇化

---

① 康少邦，张宁. 城市社会学 [M]. 杭州：浙江人民出版社，1986.

内涵、动力机制以及城镇化质量的研究，特别是不同途径城镇化模式、不同地区城镇化模式与居民实际感知的城镇化质量的关系，针对不同模式的多途径城镇化过程提出有针对性的建议，针对不同地区的城镇化发展提出不同的城镇化方向。最后，综合针对环城市乡村地区多途径城镇化的经济、社会和环境三方面提出总的发展建议，希望本书基于基础实证上的研究，能够为我国不同模式不同地区的环城市乡村地区多途径城镇化提供科学的发展建议。

参考文献

［1］国家统计局．中华人民共和国 2016 年国民经济和社会发展统计公报［R/OL］．国家统计局网站，2017.

［2］李国平．我国工业化与城镇化的协调关系分析与评估［J］．地域研究与开发，2008（5）：6－11.

［3］熊婷燕．城镇化质量综合评价与实证分析［D］．南昌：江西财经大学，2006.

［4］赵康杰，马瑞婕．工业化与城镇化演进中城乡生态环境一体化研究——以山西省太原市为例［J］．中北大学学报（社会科学版），2018（2）：51－58.

［5］中共中央，国务院．国家新型城镇化规划（2014—2020）［R/OL］．新华社，2014.

［6］张莉．特色小镇：城镇化空间布局新模式［J］．环境经济，2016（ZB）：73－78.

［7］仇保兴．紧凑度和多样性——我国城市可持续发展的核心理念［J］．城市规划，2006（11）：18－24.

［8］宁越敏．新城镇化进程——90 年代中国城镇化动力机制和特点探讨［J］．地理学报，1998（5）：88－95.

［9］姚士谋，王成新，解晓南．21 世纪中国城镇化模式探讨［J］．科技导报，2004（7）：42－45.

［10］高敏．旅游、文化驱动特色发展［J］．中国经济信息，2014

（18）：38 –41..

［11］刘士鑫. 我国农村城镇化路径与模式研究［D］. 舟山：浙江海洋学院，2014.

［12］曹广忠，刘涛. 中国省区城镇化的核心驱动力演变与过程模型［J］. 中国软科学，2010（9）：86 –95.

［13］赵新平，周一星. 改革以来中国城镇化道路及城镇化理论研究述评［J］. 中国社会科学，2002（2）：132 –138.

［14］崔功豪，武进. 中国城市边缘区空间结构特征及其发展——以南京等城市为例［J］. 地理学报，1990（4）：399 –411.

［15］许文龙. 环城市乡村旅游带开发模式研究［D］. 西安：陕西师范大学，2008.

［16］株洲市统计局，株洲市统计学会. 株市统计年鉴2017［M］. 北京：中国统计出版社，2017.

［17］成都市统计局，成都市统计学会，国家统计局成都调查队. 成都统计年鉴2017［M］. 北京：中国统计出版社，2017.

［18］北京市统计局，国家统计局北京调查总队. 北京统计年鉴2017［M］. 北京：中国统计出版社，2017.

［19］刘立仁. 现代化的历史就是乡村城镇化的历史——关于城镇化的一些观点辨析［J］. 唯实，2013（8）：21 –23.

［20］RANIS G，FEI J C H. A theory of economic development［J］. The American Economic Review，1961，51（4）：533 –565.

［21］佟伟铭. 乡村城镇化背景下农村社区发展研究［D］. 北京：中国科学院大学（中国科学院东北地理与农业生态研究所），2017.

［22］LEWIS W A. Economic development with unlimited supplies of labour［J］. The manchester school，1954，22（2）：139 –191.

［23］LEWIS W A. Economic Development with Unlimited Supply of Labor［J］. Manchester School of Economic and Social Studies，1954，22：139 –191.

［24］TODARO M P. A model of labor migration and urban unemployment in less developed countries［J］. The American Economic Review，1969，59（1）：138－148.

［25］TÖPFER K. Rural poverty，sustainability and rural development in the twenty－first century：a focus on human settlements［J］. Zeitschrift für Kulturtechnik und Landentwicklung，2000，41（3）：98－105.

［26］PACIONE M. Urban geography：a global perspective［M］. London：Routledge，2009.

［27］魏凯. 东宁市绥阳镇林地共建城镇化问题研究［D］. 长春：吉林大学，2016.

［28］DE HAAS H. Migration and Development：A Theoretical Perspective1［J］. International Migration Review，2010，44（1）：227－264.

［29］GRAHAM D J. Identifying urbanisation and localisation externalities in manufacturing and service industries［J］. Papers In Regional Science，2009，88（1）：63－84.

［30］COURTNEY P，MAYFIELD L，TRANTER R，et al. Small towns as 'sub－poles' in English rural development：investigating rural－urban linkages using sub－regional social accounting matrices［J］. Geoforum，2007，38（6）：1219－1232.

［31］曹培慎，袁海. 城镇化动力机制——一个包含制度因素的分析框架及其应用［J］. 生态经济（学术版），2007（1）：75－78.

［32］刘敏，张坤领，刘倩. "一带一路"节点城市建设的实证研究——基于多维新型城镇化协同发展的视角［J］. 经济问题探索，2018（4）：106－115.

［33］王鹏. 中国产业结构演变与城镇化协调发展研究［D］. 长春：吉林大学，2017.

［34］MYRDAL G. Rich lands and poor：the road to world prosperity［M］. New York：Harper，1957.

［35］ HIRSCHMAN A O. Investment policies and "dualism" in underdeveloped countries ［J］. The American Economic Review, 1957, 47 (5): 550 – 570.

［36］ FIELDS G S. Rural – urban migration, urban unemployment and underemployment, and job – search activity in LDCs ［J］. Journal of Development Economics, 1975, 2 (2): 165 – 187.

［37］ 袁佳. 基于区域资源经济的城镇化发展模式研究 ［D］. 北京: 中国地质大学, 2014.

［38］ 刘晓鹰, 杨建翠. 欠发达地区旅游推进型城镇化对增长极理论的贡献——民族地区候鸟型 "飞地" 性旅游推进型城镇化模式探索 ［J］. 西南民族大学学报 (人文社科版), 2005 (4): 114 – 117.

［39］ 范虹珏, 沈费伟, 刘祖云. 农民工城市融入: "内源式" 替代 "外生式" 城镇化模式之构想 ［J］. 华东经济管理, 2017 (4): 52 – 59.

［40］ 陈锡文. 以新型城镇化与新农村建设双轮推进城乡一体化 ［J］. 求索, 2017 (11): 4 – 10.

［41］ 霍华德, 经元. 明日的田园城市 ［M］. 北京: 商务印书馆, 2000.

［42］ 刘易斯, 芒福德, 倪文彦, 等. 城市发展史: 起源, 演变和前景 ［M］. 北京: 中国建筑工业出版社, 1989.

［43］ 吴智刚, 黄晓冰, 陈忠暖. 乡村城镇化进程中农村居民点土地集约利用潜力评价——以重庆崇凫镇为例 ［J］. 广东农业科学, 2014 (22): 227 – 231.

［44］ 费孝通. 江村五十年 ［J］. 社会, 1986 (6): 5 – 11.

［45］ 吴大声, 居福田, 邹农俭. 江南农村十年大变迁 ［M］. 南京: 江苏人民出版社, 1993.

［46］ 邹农俭. 中国农村城镇化研究 ［M］. 南宁: 广西人民出版社, 1998.

［47］ 陈雪原. 村庄发展与新农村建设 ［D］. 北京: 中国社会科学院

研究生院，2010.

[48] 王萍. 村庄转型的动力机制与路径选择 [D]. 杭州：浙江大学，2013.

[49] 唐文进，李峰峰. 城镇化的二元结构分析框架与我国农村城镇化的模式创新 [J]. 经济评论，2004 (3)：62 –65.

[50] 陈肖飞，姚士谋，张落成. 新型城镇化背景下中国城乡统筹的理论与实践问题 [J]. 地理科学，2016 (2)：188 –195.

[51] 陈吉元，胡必亮. 中国的三元经济结构与农业剩余劳动力转移 [J]. 经济研究，1994 (4)：14 –22.

[52] 胡必亮，马昂主. 城乡联系理论与中国的城乡联系 [J]. 经济学家，1993 (4)：98 –109.

[53] 李哲. 河南省新型城镇化进程评估与发展预测 [D]. 武汉：华中师范大学，2014.

[54] 丁波. 新型城镇化背景下城镇化动力结构研究——基于社会学结构理论视角 [J]. 铜陵学院学报，2017 (4)：79 –83.

[55] 马仁锋，沈玉芳，刘曙华. 1949 年以来工业化与城镇化动力机制研究进展 [J]. 中国人口·资源与环境，2010 (5)：110 –117.

[56] 魏冶，修春亮，孙平军. 21 世纪以来中国城镇化动力机制分析 [J]. 地理研究，2013 (9)：1679 –1687.

[57] CHAN R C, SHIMOUY. Urbanization and sustainable metropolitan development in China：Patterns, problems and prospects * [J]. GeoJournal, 1999, 49 (3)：269 –277.

[58] ZHANG K H, SONGS. Rural – urban migration and urbanization in China：Evidence from time – series and cross – section analyses [J]. China Economic Review, 2003, 14 (4)：386 –400.

[59] SEEBORG M C, JIN Z H, ZHU Y P. The new rural – urban labor mobility in China：Causes and implications [J]. The Journal of Socio – Economics, 2000, 29 (1)：39 –56.

［60］TSANG N K F，HSU C H C. Thirty years of research on tourism and hospitality management in China：A review and analysis of journal publications ［J］. International Journal of Hospitality Management，2011，30（4）：886 – 896.

［61］WU F L. China's Recent Urban Development in the Process of Land and Housing Marketisation and Economic Globalisation ［J］. Habitat International，2001，25（3）：273 – 289.

［62］HEIKKILA E J. Three questions regarding urbanization in China ［J］. Journal of Planning Education and Research，2007，27（1）：65 – 81.

［63］FANG X，GHOREISHI M，WANG J. Investigating Causality Effect among Labor Productivity Growth and Industrialization，Urbanization，Globalization in China ［J］. Journal of Management Policy and Practice，2018，19（3）.

［64］GATES D F，YIN J Z. Urbanization and energy in China：Issues and Implications ［M］//LIU G G，ZHANG K H，CHEN A. Urbanization and Social Welfare in China. London：Routledge，2018：351 – 371.

［65］张荣天. 国内外城镇化研究述评 ［J］. 中国名城，2018（2）：4 – 11.

［66］辜胜阻，易善策，李华. 中国特色城镇化道路研究 ［J］. 中国人口·资源与环境，2009，19（1）：47 – 52.

［67］李保江. 中国城镇化的制度变迁模式及绩效分析 ［J］. 山东社会科学，2000（2）：5 – 10.

［68］殷存毅，姜山. 外来投资与城镇化发展——对东莞和昆山城镇化的实证研究 ［J］. 清华大学学报（哲学社会科学版），2004，18（6）：71 – 79.

［69］路永忠，陈波翀. 中国城镇化快速发展的机制研究 ［J］. 经济地理，2005，25（4）：506 – 510.

［70］叶裕民. 中国城镇化质量研究 ［J］. 中国软科学，2001（7）：

28 – 32.

[71] 吴江，王斌，申丽娟．中国新型城镇化进程中的地方政府行为研究 [J]．中国行政管理，2009 (3)：88 – 91.

[72] 许学强，李郇．改革开放 30 年珠江三角洲城镇化的回顾与展望 [J]．经济地理，2009，29 (1)：13 – 18.

[73] 项继权．城镇化的"中国问题"及其解决之道 [J]．华中师范大学学报 (人文社会科学版)，2011，50 (1)：1 – 8.

[74] 何流，崔功豪．南京城市空间扩展的特征与机制 [J]．城市规划汇刊，2000 (6)：56 – 60.

[75] 胡智勇．新时期沿海发达地带城镇化动力机制与战略对策的实例研究 [J]．科技进步与对策，2001 (6)：27 – 29.

[76] 谭雪兰，李诚固，刘西锋．吉林省区域经济发展的城镇化对策研究 [J]．资源开发与市场，2004，19 (6)：377 – 380.

[77] 李春华，张小雷，王薇．新疆城镇化过程特征与评价 [J]．干旱区地理，2004，26 (4)：396 – 401.

[78] 辜胜阻，刘传江，钟水映．中国自下而上的城镇化发展研究 [J]．中国人口科学，1998 (3)：1 – 10.

[79] 辜胜阻，李正友．中国自下而上城镇化的制度分析 [J]．中国社会科学，1998 (2)：60 – 70.

[80] 刘传江．关于中国自下而上城镇化的若干思考 [J]．学术论坛，1997 (1)：23 – 27.

[81] 钦北愚．我国城镇化发展的动因及理论分析 [J]．学术交流，2002 (2)：96 – 100.

[82] 冯健，刘玉，王永海．多层次城镇化：城乡发展的综合视角及实证分析 [J]．地理研究，2007，26 (6)：1197 – 1208.

[83] 杨云彦，陈浩，陈金永．乡村工业嬗变与"自下而上"城镇化 [J]．广东社会科学，2000 (1)：107 – 113.

[84] 刘红星．温州市城镇化特点分析和水平预测 [J]．城市规划，

1987（2）：39 - 43.

［85］朱磊，诸葛燕．温州城镇化机制研究［J］．经济地理，2002（S1）：166 - 170.

［86］刘世薇，张平宇，李静．黑龙江垦区城镇化动力机制分析［J］．地理研究，2013，32（11）：2066 - 2078.

［87］苏斯彬，张旭亮．浙江特色小镇在新型城镇化中的实践模式探析［J］．宏观经济管理，2016（10）：73 - 75.

［88］石忆邵．城乡一体化理论与实践：回眸与评析［J］．城市规划汇刊，2003（1）：49 - 54.

［89］CHENERY H B，SYRQUIN M，ELKINGTON H. Patterns of development，1950 - 1970［M］. London：Oxford University Press，1975.

［90］简·雅各布斯．美国大城市的死与生［M］．金衡山，译．南京：译林出版社，2006.

［91］陈立俊，王克强．中国城镇化发展与产业结构关系的实证分析［J］．中国人口·资源与环境，2010（S1）：17 - 20.

［92］陈柳钦．基于产业发展的城镇化动力机理分析［J］．重庆社会科学，2005（5）：9 - 15.

［93］杨文举．中国城镇化与产业结构关系的实证分析［J］．经济经纬，2007（1）：78 - 81.

［94］倪鹏飞．新型城镇化的基本模式、具体路径与推进对策［J］．江海学刊，2013（1）：87 - 94.

［95］李书峰，王维才，等．产业结构演变与新型城镇化互动机理及其反馈机制［J］．城市发展研究，2016，23（3）：1 - 4.

［96］徐传谌，王鹏，崔悦，等．城镇化水平、产业结构与经济增长——基于中国 2000—2015 年数据的实证研究［J］．经济问题，2017（6）：26 - 29.

［97］辜胜阻，刘江日．城镇化要从"要素驱动"走向"创新驱动"［J］．人口研究，2012，36（6）：3 - 12.

[98] 谢呈阳, 胡汉辉, 周海波. 新型城镇化背景下"产城融合"的内在机理与作用路径 [J]. 财经研究, 2016, 42 (1): 72-82.

[99] 杜作锋. 地级市市域城镇体系研究——以浙江省金华市为例 [J]. 中等城市经济, 2000 (3): 52-57.

[100] 方维慰. 以信息化推动江苏城镇化进程 [J]. 现代经济探讨, 2003 (1): 23-25.

[101] 罗震东, 何鹤鸣. 新自下而上进程——电子商务作用下的乡村城镇化 [J]. 城市规划, 2017, 41 (3): 31-40.

[102] 郭忠华. 我国区域城镇化推进测度与评价研究 [D]. 天津: 天津财经大学, 2014.

[103] 闫小培, 林彰平. 90 年代以来中国城市发展空间差异变动分析——兼谈中国区域经济发展战略 [C] //地理教育与学科发展——中国地理学会 2002 年学术年会论文摘要集. 北京: 北京师范大学, 2002.

[104] 陈明星, 郭莎莎, 陆大道. 新型城镇化背景下京津冀城市群流动人口特征与格局 [J]. 地理科学进展, 2018 (3): 363-372.

[105] BLACK D, HENDERSON V. A Theory of Urban Growth [J]. Journal of Political Economy, 1999, 107 (2): 252-284.

[106] 张妍, 黄志龙. 城市可持续发展 [J]. 城市发展研究, 2010 (11): 1-6.

[107] 邹晓平. 城镇化进程中的地方院校发展——以珠江三角洲为例 [J]. 高教探索, 2005 (4): 10-13.

[108] 韩增林, 刘天宝. 中国地级以上城市城镇化质量特征及空间差异 [J]. 地理研究, 2009 (6): 1508-1515.

[109] 方创琳, 王德利. 中国城镇化发展质量的综合测度与提升路径 [J]. 地理研究, 2011, 30 (11): 1931-1946.

[110] 黄丙志, 段景辉. 发达国家社会保障与城乡劳动力市场互动的绩效评估——城镇化加速期的数据考察 [J]. 华东理工大学学报 (社会科学版), 2011 (4): 43-48.

[111] 焦华富，丁娟，李俊峰．旅游城镇化的居民感知研究——以九华山为例 [J]．地理科学，2006（5）：5635 – 5640．

[112] 景普秋，张复明．工业化与城镇化关系研究综述与评价 [J]．中国人口·资源与环境，2003（3）：37 – 42．

[113] 袁晓玲，王霄，何维炜，等．对城镇化质量的综合评价分析——以陕西省为例 [J]．城市发展研究，2008（2）：38 – 41．

[114] 郑亚平，聂锐．从城镇化质量认识省域经济发展差距 [J]．重庆大学学报（社会科学版），2007，13（5）：1 – 5．

[115] 马林靖，周立群．基于科学发展观的镇域经济发展指数测度研究——以天津地区为例 [J]．城市，2009（8）：27 – 31．

[116] 王忠诚．城镇化质量测度指标体系研究——以我国直辖市为例 [J]．特区经济，2008（6）：32 – 33．

[117] 何平，倪萍．中国城镇化质量研究 [J]．统计研究，2013（6）：11 – 18．

[118] 顾朝林．改革开放以来中国城镇化与经济社会发展关系研究 [J]．人文地理，2004，19（2）：1 – 5．

[119] 王洋，方创琳，王振波．中国县域城镇化水平的综合评价及类型区划分 [J]．地理研究，2012，31（7）：1305 – 1316．

[120] 张春梅，张小林，吴启焰，等．发达地区城镇化质量的测度及其提升对策——以江苏省为例 [J]．经济地理，2012，32（7）：50 – 55．

[121] 顾朝林，于涛方，李王鸣．中国城市化：格局·过程·机理 [M]．北京：科学出版社，2008．

[122] 李明秋，郎学彬．城镇化质量的内涵及其评价指标体系的构建 [J]．中国软科学，2010（12）：182 – 186．

[123] 陈明．中国城镇化发展质量研究评述 [J]．规划师，2012，28（7）：5 – 10．

[124] 程广斌，申立敬，龙文．丝绸之路经济带背景下西北城市群综合承载力比较 [J]．经济地理，2015（8）：98 – 103．

[125] 武占云，单菁菁. 健康城市的国际实践及发展趋势 [J]. 城市观察，2017 (6)：138 – 148.

[126] 叶裕民. 中国城镇化质量研究 [J]. 中国软科学，2001 (7)：28 – 32.

[127] 王怡睿，黄煌，石培基. 中国城镇化质量时空演变研究 [J]. 经济地理，2017，37 (1)：90 – 97.

[128] 朱鹏华，刘学侠. 城镇化质量测度与现实价值 [J]. 改革，2017 (9)：115 – 128.

[129] 袁晓玲，贺斌，卢晓璐，等. 中国新型城镇化质量评估及空间异质性分析 [J]. 城市发展研究，2017，24 (6)：125 – 132.

[130] 郝华勇. 基于主成分分析的我国省域城镇化质量差异研究 [J]. 中共青岛市委党校. 青岛行政学院学报，2011 (5)：27 – 30.

[131] 余晖. 我国城镇化质量问题的反思 [J]. 开放导报，2010 (1)：96 – 100.

[132] 何文举，邓柏盛，阳志梅. 基于 "两型社会" 视角的城镇化质量研究——以湖南为例 [J]. 财经理论与实践，2009 (6)：118 – 121.

[133] 郝华勇. 基于熵值法的湖北省地级市城镇化质量实证研究 [J]. 湖北行政学院学报，2011 (6)：76 – 80.

[134] 于伟，吕晓，宋金平. 山东省城镇化包容性发展的时空格局 [J]. 地理研究，2018，37 (2)：319 – 332.

[135] 李成群. 南北钦防沿海城市群城镇化质量分析 [J]. 改革与战略，2007 (8)：107 – 110.

[136] 王德利，赵弘，孙莉，等. 首都经济圈城镇化质量测度 [J]. 城市问题，2011 (12)：16 – 23.

[137] 郝华勇. 基于主成分分析法的武汉城市圈城镇化质量实证研究 [J]. 武汉科技大学学报（社会科学版），2012 (3)：291 – 294.

[138] 徐素，于涛，巫强. 区域视角下中国县级市城镇化质量评估体系研究——以长三角地区为例 [J]. 国际城市规划，2011 (1)：53 – 58.

［139］喻国明．构建社会舆情总体判断的大数据方法——以百度海量搜索数据的处理为例［J］．新闻与写作，2013（7）：67－69．

［140］李强，陈宇琳，刘精明．中国城镇化"推进模式"研究［J］．中国社会科学，2012，7（82）：82－100．

［141］易善策．产业结构演进与城镇化互动发展研究［D］．武汉：武汉大学，2011．

［142］樊千，邱晖．我国产业结构演进与城镇化互动发展研究［J］．商业经济，2013（21）：19－20．

［143］陆大道．区域发展及其空间结构［M］．北京：科学出版社，1999．

［144］陈绍田．港口大都市郊区城镇化发展对策探讨［J］．城市，2005（2）：16－18．

［145］孟鹏，郝晋珉，郭文华，等．城镇化过程中郊区小城镇发展的区位分析——以北京市大兴区为例［J］．资源科学，2004（6）：145－151．

［146］吴靖．中国城镇化动力机制探析［J］．经济学家，2007（5）：121－122．

［147］王鹏．中国产业结构演变与城镇化协调发展研究［D］．长春：吉林大学，2017．

［148］樊一江．发挥综合交通枢纽在新型城镇化中的引导作用［J］．综合运输，2013（9）：4－9．

［149］KIM H, PARK J, LEE S K, et al. Do expectations of future wealth increase outbound tourism? Evidence from Korea［J］. Tourism Management, 2012, 33（5）: 1141－1147.

［150］李卫林．城镇化、劳动力转移与物价［J］．华东经济管理，2012（2）：84－88．

［151］万广华．城镇化与不均等：分析方法和中国案例［J］．经济研究，2013（5）：73－86．

［152］李秀敏，赵晓旭，朱艳艳．中国东、中、西部城镇化对经济增长的贡献［J］．重庆工商大学学报（西部论坛），2007（1）：69 – 73.

［153］赵成江．我国东、中、西部地区城乡一体化水平比较研究［D］．桂林：广西师范大学，2014.

［154］张占斌，黄锟．我国新型城镇化健康状况的测度与评价——以35 个直辖市、副省级城市和省会城市为例［J］．经济社会体制比较，2014（6）：32 – 42.

［155］洪丽，尹康．中国城镇化与城乡收入差距的"倒 U 型"拐点测度——基于东、中、西部地区省际面板数据的实证研究［J］．统计与信息论坛，2015（9）：12 – 21.

［156］何立新，潘春阳．破解中国的"Easterlin 悖论"：收入差距、机会不均与居民幸福感［J］．管理世界，2011（8）：11 – 22.

［157］曹宗平．西部地区城镇化面临问题及其模式解构［J］．改革，2009（1）：62 – 67.

［158］黄震方，黄睿．城镇化与旅游发展背景下的乡村文化研究：学术争鸣与研究方向［J］．地理研究，2018，37（2）.

［159］王海银，王涛．乡村风貌的地域性传承与更新——棣花古镇规划启示［J］．小城镇建设，2018（2）：93 – 97.